职业教育汽车类专业活页式新形态创新教材

新能源汽车整车控制系统检修

主　编　李　波
副主编　田　羽　宁　建　孙晓爽
参　编　马振洪　陈俊玲　刘艳红
　　　　郭三华　祝政杰
主　审　杨景军

机械工业出版社

本书采用基于工作过程系统化的理念和方法开发，以典型工作任务为载体组织内容，主要介绍了新能源汽车整车控制系统检修的八个项目：安全防护与检查；纯电动汽车上下电操作；驾驶员操作信号传感器检测；电机控制器的故障检测；高压电控总成结构原理与检测；空调控制系统原理与检测；整车CAN数据传输原理与检测；整车综合故障诊断。

本书图文并茂，以职业需求为导向，每个项目包括若干任务，每个任务以实际工作情景导入，实践操作技能以国产自主品牌车型为例，对标新能源汽车技能国赛标准工作流程，融合1+X职业技能等级证书，做到任务实施规范化、专业化、标准化、精细化，真正实现赛教融合、岗课赛证融通，以更好地促进新能源汽车专业人才培养与产业需求相衔接。

本书既可作为中等职业学校新能源汽车运用与维修、新能源汽车检测与维修等专业的教学用书，也可作为职业技能培训教材，还可作为汽车专业技术人员的参考用书。

图书在版编目（CIP）数据

新能源汽车整车控制系统检修 / 李波主编. — 北京：机械工业出版社，2022.12（2025.8重印）
职业教育汽车类专业活页式新形态创新教材
ISBN 978-7-111-72261-8

Ⅰ.①新⋯ Ⅱ.①李⋯ Ⅲ.①新能源-汽车-控制系统-车辆检修-中等专业学校-教材 Ⅳ.①U469.7

中国版本图书馆CIP数据核字（2022）第252561号

机械工业出版社（北京市百万庄大街22号 邮政编码100037）
策划编辑：邢 琛　　　　责任编辑：丁 锋
责任校对：樊钟英　张 征　封面设计：王 旭
责任印制：单爱军
中煤（北京）印务有限公司印刷
2025年8月第1版第5次印刷
184mm×260mm·16.5印张·257千字
标准书号：ISBN 978-7-111-72261-8
定价：49.90元

电话服务　　　　　　　　　　网络服务
客服电话：010-88361066　　　机 工 官 网：www.cmpbook.com
　　　　　010-88379833　　　机 工 官 博：weibo.com/cmp1952
　　　　　010-68326294　　　金 书 网：www.golden-book.com
封底无防伪标均为盗版　　机工教育服务网：www.cmpedu.com

前　言

汽车产业是我国国民经济的重要支柱产业之一，在国民经济和社会发展中发挥着重要的作用。发展新能源汽车是我国从汽车大国迈向汽车强国的必由之路，是应对气候变化、推动绿色发展的战略举措。当前，新能源汽车作为战略性新兴产业，有效推动了节能减排。因此，大力发展节能与新能源汽车对解决能源环境问题具有重大的意义。同时，围绕实现制造强国的战略目标，推动新能源汽车产业高质量发展，在2020年11月国务院办公厅印发的《新能源汽车产业发展规划（2021—2035年）》中，再次对新能源汽车技术发展提出了更为明确的思路和路径，当前新能源汽车检测与维修技术人员已然成为行业紧缺人才。

本书作为职业院校新能源汽车技术相关专业必修专业课的教材，坚持立德树人、德技并修，坚持面向实践、强化能力，依据国家职业技能标准及技能人才培养标准，以职业综合素质和行动能力培养为目标，将企业典型工作任务的实际工作过程和在校学习实践过程融为一体，贯彻以学生为中心、以能力为本位的教学理念，力求概念叙述清楚、实践条理清晰，整体上内容深入浅出，着力培养德技并修、技艺精湛的技能劳动者和能工巧匠，真正实现思想政治教育、知识传授、技能培养融合统一。

本书围绕"岗课赛证融通、教学做练一体、职业能力递进"的人才培养模式，坚持实用性与发展性相统一、过程性与结果性相统一，本着"够用、实用、应用"的原则，重构课程教学内容，精选典型工作任务，把工作过程的行动化领域转化成课程的学习领域，突出学生实践能力和职业技能培养，科学设计课堂教学任务，实施工作过程导向、引导学生自主学习的行动导向教学，让学生在"做中学、学中做"。同时，本书符合职业教育汽车类工学一体化培养模式的课程体系设置，以实用内容为核心，注重形式的灵活性和工作过程的标准化，通过构建工作过程系统化的课堂教学，真正实现了技术技能人才培养与企业需求精准对接。

本书在编写过程中，进行了大量的市场调研，紧跟行业发展进行"岗课赛证"一体化设计，主要介绍了新能源汽车整车控制系统方面的内容，包括安全防护与检查、纯电动汽车上下电操作、驾驶员操作信号传感器检测、电机控制器的故障检测、高压电控总成结构原理与检测、空调控制系统原理与检测、整车 CAN 数据传输原理与检测、整车综合故障诊断八个项目，共 15 个典型工作任务，每个任务以实际工作情景导入，实践操作技能以国产自主品牌车型为例，对标新能源汽车技能国赛标准工作流程，融合 1+X 职业技能等级证书，做到任务实施规范化、专业化、标准化、精细化，真正实现赛教融合、岗课赛证融通，避免了现有新能源汽车教材内容偏设计制造技术导致理论性太强的缺陷，使教材更加贴近汽车维修企业实际工作及职业教育的特点。

本书以职业教育工学一体化课程改革模式作为课程设置与内容选择参照点，教材主要特点是项目驱动、任务引领、理实一体、内容丰富、实车为例、图文并茂、通俗易懂、实用性强。本书还配套数字信息化资源，包括教学课件、任务工单、操作视频、教学动画等，易学易教，益教益学。

本书既可作为中等职业学校新能源汽车运用与维修、新能源汽车检测与维修等专业的教学用书，也可作为职业技能培训教材，还可作为汽车专业技术人员的参考用书。

本书由鲁北技师学院（滨州航空中等职业学校）李波担任主编，鲁北技师学院（滨州航空中等职业学校）田羽、宁建、孙晓爽担任副主编，鲁北技师学院（滨州航空中等职业学校）马振洪、陈俊玲、刘艳红以及烟台汽车工程职业学院郭三华、祝政杰参与编写。在编写过程中，查阅了大量书籍、文献和资料，引用了一些网上资源，借鉴了原厂维修手册，同时也得到了上海景格科技股份有限公司的大力支持，在此，全体编者向原作者们表示衷心的感谢！

由于新能源汽车技术的飞速发展，且编者水平有限，书中难免有疏漏和不足之处，敬请广大专家和读者批评指正。

编　者

二维码清单

书籍码 CB8UKNBVJ

名称	二维码	关联	名称	二维码	关联
1. 比亚迪·秦整车系统能量传递路线			8. 电控系统上下电控制		项目二
2. 北汽 EV160 纯电动汽车电控系统原理			9. 霍尔电流传感器工作原理		
3. 电动轿车控制单元结构图			10. 比亚迪·秦换挡控制系统组成		项目三
4. 荣威 E50 纯电动汽车电控系统组成		项目二	11. 比亚迪·秦换挡控制系统控制逻辑		
5. 北汽 EV160 纯电动汽车电控系统组成			12. 电动机控制系统类型		
6. 荣威 E50 纯电动汽车电控系统原理			13. 逆变器结构		项目四
7. 比亚迪·秦动力系统工作模式			14. 电动机控制器简介		

(续)

名称	二维码	关联	名称	二维码	关联
15. 逆变器电路板结构			23. 变频器DC-AC转换器工作原理		
16. 牵引逆变器结构			24. 比亚迪·秦驱动电机控制内部管压降检测		项目四
17. 电机控制器原理			25. 电机电路分析		
18. 逆变器拆装		项目四	26. 比亚迪·秦高压电器分布示意图		
19. 带转换器的变频器结构			27. 北汽EV160纯电动汽车高压控制盒组成		
20. 带转换器的变频器工作原理			28. 高压配电箱结构		项目五
21. 增压转换器结构			29. 高压配电箱功用		
22. 增压转换器工作原理			30. 漏电传感器工作原理（比亚迪·秦）		

（续）

名称	二维码	关联	名称	二维码	关联
31. 漏电传感器功用（比亚迪·秦）			38. 高压互锁断电保护		项目五
32. 北汽EV160纯电动汽车高压控制盒工作原理			39. CAN总线组成与基本工作原理、协议		项目七
33. 高压配电箱的拆卸与安装			40. 北汽实车CAN总线网络架构		
34. 驱动电机控制器电器与DC总成工作原理		项目五	41. 比亚迪·秦整车系统网络拓扑图		
35. DC/DC模块组成			42. 比亚迪·秦高压配电箱故障检测		项目八
36. DC/DC转换器工作原理			43. 比亚迪·秦直流母线电压故障检测		
37. 高压互锁检测开关工作原理（比亚迪·秦）			—	—	—

任务对标参考

项目	任务	对标技能等级证书	工作领域/任务	涵盖级别
项目一 安全防护与检查	任务 新能源汽车故障诊断前的准备工作	新能源汽车电子电气空调舒适技术	1.新能源汽车工作安全与作业准备	初、中、高
项目二 纯电动汽车上下电操作	任务1 无钥匙进入模块故障检修	新能源汽车网关控制娱乐系统技术	5.新能源汽车舒适电子控制网络系统检测	中、高
	任务2 供电线路熔断器断路故障检修	新能源汽车电子电气空调舒适技术	2.新能源汽车电子电气系统诊断分析	初、中、高
项目三 驾驶员操作信号传感器检测	任务1 开关输出信号线（+）断路故障检修	新能源汽车悬架转向制动安全技术	4.新能源汽车制动系统检测维修	初、中、高
	任务2 档位传感器供电线路断路故障检修	新能源汽车电子电气空调舒适技术	2.新能源汽车电子电气系统检测维修	初、中、高
		新能源汽车网关控制娱乐系统技术	2.新能源汽车动力控制网络系统检测维修	中、高
项目四 电机控制器的故障检测	任务1 电机控制器供电线路断路故障检修	新能源汽车动力驱动电机电池技术	4.电机驱动系统检测维修	初、中、高
	任务2 电机控制器CAN-H线断路故障检修	新能源汽车网关控制娱乐系统技术	2.新能源汽车动力控制网络系统检测维修	中、高
项目五 高压电控总成结构原理与检测	任务1 高压互锁线断路故障检修	新能源汽车电子电气空调舒适技术	2.新能源汽车电子电气系统检测维修	初、中、高
	任务2 充配电总成CP线断路故障检修	新能源汽车网关控制娱乐系统技术	2.新能源汽车动力控制网络系统检测维修	中、高
项目六 空调控制系统原理与检测	任务1 空调控制模块IG4继电器故障检修	新能源汽车电子电气空调舒适技术	3.新能源汽车空调系统检测维修	初、中、高
	任务2 鼓风机控制模块线路故障检修			
项目七 整车CAN数据传输原理与检测	任务1 BMS CAN-L线断路故障检修	新能源汽车动力驱动电机电池技术	5.动力电池系统检测维修	初、中、高
	任务2 动力CAN线互短故障检修	新能源汽车网关控制娱乐系统技术	3.新能源汽车中央网关及车身控制网络系统检测维修	中、高
项目八 整车综合故障诊断	任务1 整车综合故障诊断（一）	涉及智能新能源汽车不同领域	综合故障诊断与排除	对接国赛、省赛技能标准
	任务2 整车综合故障诊断（二）			

活页式教材使用注意事项

 根据需要,从教材中选择需要夹入活页夹的页面。

 小心地沿页面根部的虚线将页面撕下。为了保证沿虚线撕开,可以先沿虚线折叠一下。注意:一次不要同时撕太多页。

选购孔距为80mm的双孔活页文件夹,文件夹要求选择竖版,不小于B5幅面即可。将撕下的活页式教材装订到活页夹中。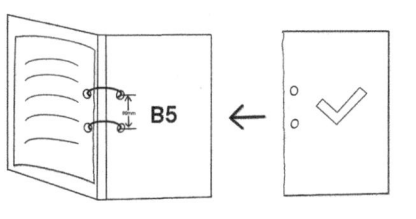

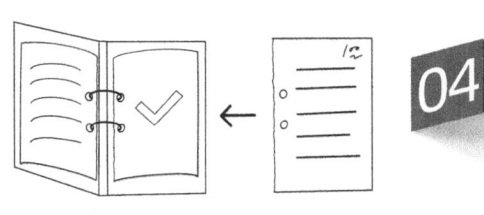 也可将课堂笔记和随堂测验等学习资料,经过标准的孔距为80mm的双孔打孔器打孔后,和教材装订在同一个文件夹中,以方便学习。

温馨提示:在第一次取出教材正文页面之前,可以先尝试撕下本页,作为练习

目　录

前言

二维码清单

项目一 / 001　　　　　　　　　　任务　新能源汽车故障诊断前的准备工作 / 009
安全防护与检查

项目二 / 024　　　　　　　　　　任务 1　无钥匙进入模块故障检修 / 034
纯电动汽车上下电操作　　　　　　任务 2　供电线路熔断器断路故障检修 / 045

项目三 / 056　　　　　　　　　　任务 1　开关输出信号线（+）断路故障检修 / 067
驾驶员操作信号传感器　　　　　　任务 2　档位传感器供电线路断路故障检修 / 077
检测

项目四 / 089　　　　　　　　　　任务 1　电机控制器供电线路断路故障检修 / 096
电机控制器的故障检测　　　　　　任务 2　电机控制器 CAN-H 线断路故障检修 / 106

项目五 / 118　　　　　　　　　　任务 1　高压互锁线断路故障检修 / 133
高压电控总成结构　　　　　　　　任务 2　充配电总成 CP 线断路故障检修 / 142
原理与检测

CONTENTS

项目六 / 154
空调控制系统原理与检测

    任务1   空调控制模块 IG4 继电器故障检修 / 163
    任务2   鼓风机控制模块线路故障检修 / 176

项目七 / 187
整车 CAN 数据传输原理与检测

    任务1   BMS CAN-L 线断路故障检修 / 203
    任务2   动力 CAN 线互短故障检修 / 214

项目八 / 226
整车综合故障诊断

    任务1   整车综合故障诊断（一）/ 227
    任务2   整车综合故障诊断（二）/ 238

参考文献 / 250

新能源汽车整车
控制系统检修

项目一
安全防护与检查

新能源汽车整车控制系统检修

项目描述

新能源汽车上有高达几百伏的高压直流电,比如比亚迪 e5 纯电动汽车动力电池额定电压为 653.4V,吉利帝豪 EV450 车型动力电池额定电压为 346V。因此,在进行新能源汽车维护作业时需要配备专门的防护用具,避免人体受到电击的伤害。同时,工作人员需要严格按照安全操作规程进行维修作业,确保人身安全。本项目主要介绍高压用电知识、新能源汽车维修作业防护知识及规范操作流程。

目标要求

1)掌握高压电对人体伤害的基本理论。
2)能够叙述新能源汽车高压防护用品种类。

3）掌握高压防护用品的检查步骤。

4）能够正确规范地检查和穿戴高压防护用具。

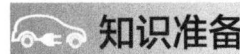 知识准备

一、高压电与人体伤害

（一）人体安全电压

行业规定安全电压为不高于36V，持续接触安全电压为24V，安全电流为10mA。电击对人体的危害程度，主要取决于通过人体的电流大小和通电时间长短。电流越大，致命危险越大；一般1mA的电流通过时人体就有感觉，25mA以上人体就很难摆脱，50mA即有生命危险。电击对人体的伤害主要是可以导致心脏停止和呼吸麻痹。

依据国家标准《电动汽车安全要求》（GB 18384—2020）中的人员触电防护要求，根据不同电压等级可能对人体产生的伤害和危险程度不同，在新能源汽车中，将工作电压按照类型和电压值分为两个等级，见表1-1。

表 1-1 电压等级

电压级别	工作电压（单位：V）	
	DC（直流）	50~150Hz AC（交流）
A	$0 < U \leq 60$	$0 < U \leq 30$
B	$60 < U \leq 1500$	$30 < U \leq 1000$

考虑到空气的湿度和人体在不同工作环境下的电阻，基于安全考虑将车辆工作电压分为以下安全级别：

1）A级是较为安全的电压等级，在直流中电压值小于或等于60V；在规定的50~150Hz频率下电压值低于30V，该电压等级下的维护人员不需要采取特殊的触电保护。

2）B级对人体会产生伤害，被认为是高压。在该电压等级下必须采用必要的防护设备对维护人员进行保护。

（二）人体触电伤害

如图1-1所示，电流通过头部可使人昏迷；通过脊髓可能导致瘫痪；通过心脏会造成心跳停止，血液循环中断；通过呼吸系统会造成窒息。因

此从左手到胸部是最危险的电流路径。从手到手,从手到脚也是很危险的电流路径。从脚到脚是危险性相对较小的电流路径。

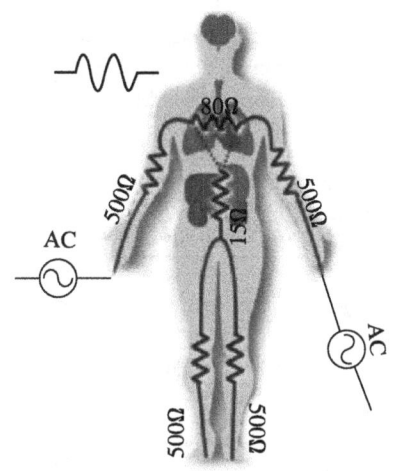

图 1-1　电流流过人体的路径

假如某辆电动汽车的动力电池额定电压是 650V,人体电阻为 500Ω,从图 1-2 和图 1-3 中可以看到,如果人的双手直接触碰动力电池的正负极,或者动力电池绝缘损坏,动力电池通过人体电阻产生的 1.3A 电流(650V/500Ω=1.3A),只要流经人体 0.03s,就可能使人出现心室纤维性颤动,直至死亡。

　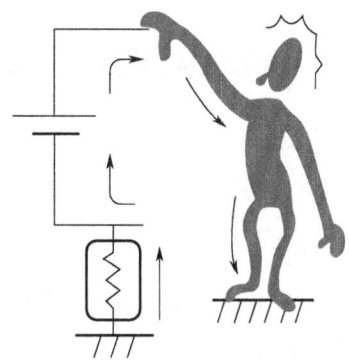

图 1-2　动力电池正负极通过人体形成回路　　图 1-3　动力电池与车身的绝缘损坏

(三)电击事故的急救流程

急救原则:自身安全第一。未明确伤者是否脱离电源,不要触碰其身体,第一时间切断高压电源。电击事故的急救流程如图 1-4 所示。

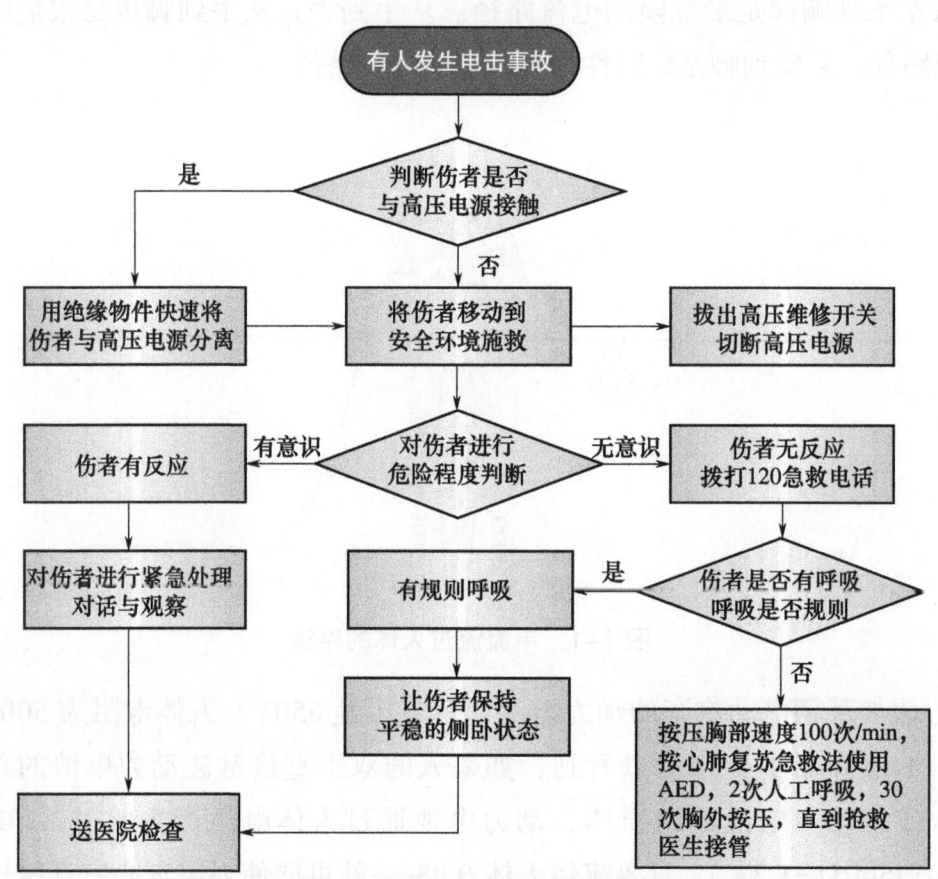

图 1-4　电击事故的急救流程

二、预防触电事故的措施

为了达到安全用电的目的，必须采取可靠的技术措施，防止触电事故发生。绝缘、安全间距、漏电保护、安全电压、遮栏及阻挡物等都是防止直接触电的防护措施。保护接地、保护接零是间接触电防护措施中最基本的措施。所谓间接触电防护措施是指防止人体各个部位触及正常情况下不带电，而在故障情况下才变为带电的电器金属部分的技术措施。

专业电工人员在全部停电或部分停电的电气设备上工作时，在技术措施上，必须完成停电、验电、装设接地线、悬挂标识牌和装设遮栏后，才能开始工作。

绝缘是用绝缘材料把带电体隔离起来，实现带电体之间、带电体与其他物体之间的电气隔离，使设备能长期安全、正常地工作，同时可以防止人体触及带电部分，避免发生触电事故，所以绝缘在电气安全中有着十分重要的作用。良好的绝缘是设备和线路正常运行的必要条件，也是防止触电事故的重要措施。

绝缘材料具有很强的隔电能力，被广泛地应用在许多电气设备、装置及电气工程上，如胶木、塑料、橡胶、云母及矿物油等都是常用的绝缘材料。

1. 绝缘手套

绝缘手套（图1-5）是用天然橡胶制成的，能起到对人的保护作用，具有防电、防油、耐酸碱等功能，主要在高压电器设备操作时使用，如动力电池高压回路放电、验电，高压部件的拆装。

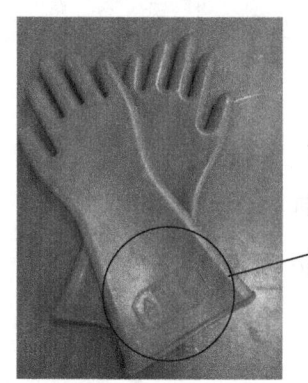 

图1-5 绝缘手套

绝缘手套的耐压等级必须是1000V（0级）以上，每次使用前应通过充气检查绝缘手套的气密性，并检查表面有无切口、缺陷、污垢、机油、润滑脂等。

2. 绝缘鞋

绝缘鞋（图1-6）的作用是高压操作时使人与地面绝缘，防止电流通过人体与大地之间构成通路，对人体造成电击伤害，把触电时的危险降低到最小程度。绝缘鞋的电阻值应在$100k\Omega \sim 1000M\Omega$，一般在较潮湿的场所使用，具有防静电、防滑、耐磨等功能。绝缘鞋应放在干燥、通风处，不能随意乱放，并且避免接触高温、尖锐物品，以及酸、碱、油类物质。

图1-6 绝缘鞋

3. 绝缘安全帽

绝缘安全帽（图1-7）在新能源汽车维修作业和举升作业时使用，既能防止维修人员头部与汽车底盘下部的高压部件接触而发生触电伤害，又能保护维修人员头部不受到磕碰、挤压等伤害。

图1-7 绝缘安全帽

4. 护目镜

护目镜（图1-8）是防御有害因素损伤眼睛的面部防护用品，在检查和维护新能源汽车时需要佩戴护目镜，以防御电器拉弧产生的电火花和液体飞溅对眼睛的损伤。

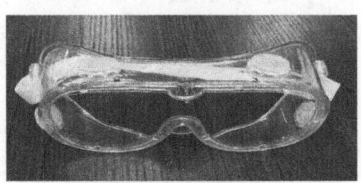

图1-8 护目镜

5. 绝缘服

绝缘服（图1-9）采用锦纶涂覆织物材料，具有绝缘性能，可防7000V以下高电压，同时具有阻燃、防酸碱的性能，主要用于维护人员带电作业时的身体防护。

6. 绝缘垫

绝缘垫（图1-10）是具有较大电阻率和耐电击穿的胶垫，主要在新能源汽车维护时用于地面的铺设，起到绝缘的作用。

图1-9 绝缘服

7. 高压维修工具

新能源汽车维护作业时，必须使用带有绝缘功能的工具，这些工具包括常用的套筒、扳手、钳子、电工刀等，也包括专用的仪表，比如数字式万用表、绝缘测试仪等，如图1-11所示。

图1-10 绝缘垫

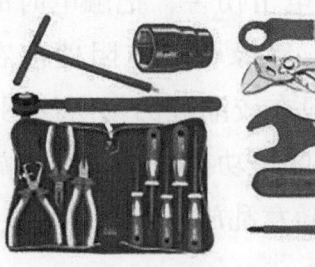

图1-11 绝缘工具

三、新能源汽车高压部件识别

（一）高压警示

为防止意外触及高压系统，新能源汽车高压部件均采用特殊的标识或颜色，对维修人员或车主给予警示。新能源汽车采用两种形式进行高压警示，即高压警示标记和导线颜色标记。

1. 高压警示标记

每个新能源汽车的高压组件外壳上都带有一个标记，如图 1-12 所示，高压警示标记采用黄色或者红色作为底色，上面标有高压触电国家标准图形符号。

图 1-12　高压警示标记

2. 导线颜色标记

新能源汽车上所有的高压导线全部采用橙色警示标记，高电压的导线插座以及安全插件也是采用橙色设计，如图 1-13 所示。

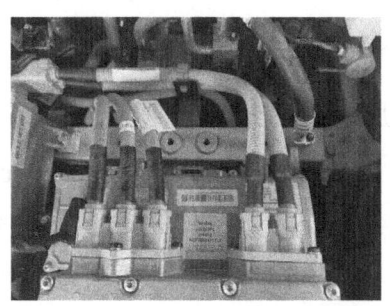

图 1-13　高压导线及插座

（二）新能源汽车高压安全措施

新能源汽车具有高压系统，存在高压用电危险，考虑到驾驶员和维修人员的安全，为了防止触电事故的发生，生产厂家在设计生产电动汽车时采用了一些高压用电安全措施：高压线束、高压标记牌、高压熔断器、维修开关（图 1-14）、高压互锁、漏电传感器等。

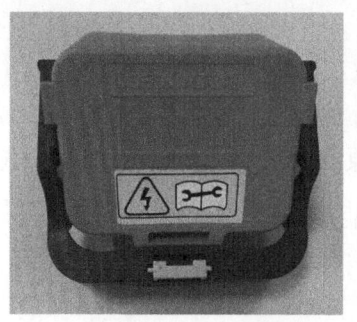 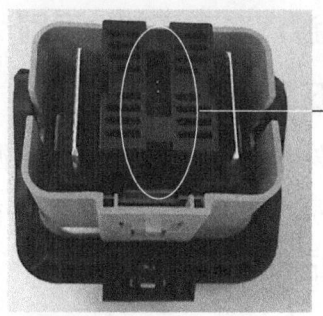

图 1-14 维修开关

高压互锁安全回路是环形线路,通过 12V 电网元件来监控高电压电网,由动力电池控制模块(BMS)监控,每个高压电缆插接器以及高压控制器端盖上都有高压互锁开关(图 1-15),如互锁回路发生断路故障,会导致高压系统立即切断。

高压电池包到PDU输出电缆插接器-短接片　　电动空调压缩机-短接片

图 1-15 高压连接上的高压互锁装置

(三)新能源汽车维修安全规范

新能源汽车涉及高压的部分有整车橙色线束、动力电池包、高压配电箱、车载充电机、驱动电机控制器总成、电加热芯体 PTC、空调配电盒、漏电传感器等。为确保维修人员人身安全,避免违规操作引起安全事故,在进行高压电器维修时,应严格按照以下要求及规范执行:

1)维修人员必须佩戴必要的防护物品,如绝缘手套、防酸碱手套、绝缘鞋、绝缘垫、防护服及护目镜等,其耐压等级必须大于 1000V。

2)维修车辆时,必须设置专职监护人一名,监护人工作职责为监督维修的全过程,具体如下:

① 监督维修人员组成、工具使用、防护用品佩戴、备件安全保护、维修安全警示牌等是否符合要求。

② 检查紧急维修开关的接通和断开情况。

③ 负责对维修过程中的安全维修操作规程进行检查，监护人要按照安全维修操作规程指挥维修人员操作，维修人员在做完一个操作后要告知监护人，监护人要在作业流程单上做标记。

④ 监护人要认真负起责任，确保维修过程的安全，避免发生安全责任事故。

⑤ 监护人及维修人员必须具备国家认可的"特种作业操作证（电工）"，即低压电工上岗证，严禁无证进行维修操作。

⑥ 监护人及维修人员必须经过主机厂的培训，并通过考核。

⑦ 严禁未经培训人员进行高压部分检修，禁止带有一切侥幸心理的危险操作，避免发生安全事故。

典型工作任务

任务　新能源汽车故障诊断前的准备工作

一、任务导入

（一）任务描述

现有一辆 2019 款比亚迪 e5 出现故障，需要进行检测与维修。作为维修技师，请你分析在故障诊断前应该了解的故障诊断注意事项，并提供具体的故障诊断前的准备工作流程。

（二）任务分析

要进行新能源汽车故障的诊断，准备工作需要按照以下几个方面进行考虑：

1）个人防护套装检查。
2）维修场地的检查。
3）设备、仪表的检查。
4）车辆基本信息检查、车辆基本维保项目的检查。

二、任务资讯

在开展新能源汽车故障诊断前，对于安全用电、各类防护套装使用、检测工具检查、仪器仪表校准等都有一些基本要求。

（一）安全用电原则

场地用电需符合国家安全用电的相关标准，相关用电安全原则必须达到《电动汽车安全要求》（GB 18384—2020）所规定的人员触电防护要求、功能安全防护要求等。在实际故障诊断前，个人除遵守安全用电的要求，随身不得携带电子产品、首饰、金属物品。

（二）灭火器的选择要求

灭火器一般选择水基型和干粉型灭火器两种，灭火器需要定期更换，即使在使用有效期内，一般也会采取一年一更换的原则，进而保障现场火灾的及时扑救。

灭火器的检查，需要注意以下几个方面：

1）在对灭火器进行检查时，必须对灭火器压力表指针指向的三个区域进行区分，红色区域表示灭火器内的压力较小，有无法喷出或者内部灭火剂已经失效的可能性；绿色区域表示灭火器内部压力正常，灭火器可以正常使用；黄色区域表示灭火器内的压力过大，可以正常使用，但是存在灭火器爆炸的危险。

2）在对灭火器瓶体进行检查时，需要保障灭火器瓶体无生锈、无破裂，瓶体油漆无剥落现象。

3）在对灭火器软管进行检查时，需要检查灭火器的软管是否破裂、喷嘴是否完好。

4）需要检查灭火器的插销是否完好。

（三）绝缘手套的选择要求

绝缘手套使用橡胶、乳胶、塑料等材料制成，具有防电、防水等功能。高压绝缘手套用于高电压下作业，适用于500~36000V的工作电压范围。新能源汽车故障诊断过程中选用的绝缘手套，必须满足DC1000V及以上的绝缘防护要求。

（四）绝缘工具的选择要求

纯电动汽车绝缘工具是指涉及高压的零件拆装而使用的绝缘拆装工具，

绝缘拆装工具必须装有耐压1000V以上的绝缘柄，可以在额定电压AC30V和DC60V以上的带电和近电体上进行零部件的拆装。

（五）绝缘测试仪的使用注意事项

1）应严格按照使用手册的规定使用，否则可能会破坏测试仪提供的保护措施。

2）在将测试仪与被测电路连接之前，始终记住选用正确的端子、开关位置和量程。

3）用测试仪测量已知电压来验证测试仪操作是否正常。

4）端子之间或任何一个端子与接地点之间施加的电压不能超过测试仪上标明的额定值。

5）电压值在AC 30Vrms（交流有效值）、AC 42V（交流）峰值或DC 60V（直流）以上时应格外小心，这些等级的电压有造成触电的危险。

6）出现电池低电量指示符时，应尽快更换电池。

三、任务组织

（一）实施准备

1）所需的各种防护用品准备：工位、隔离带、安全警告标志牌、车辆挡块、灭火器（水基型、干粉型）、绝缘垫、绝缘工作台、防护服、棉线手套、绝缘手套、防静电手套、护目镜、安全帽、车外三件套、车内多件套、洗手液、急救包、除颤仪等。

2）常用工具、设备准备：万用表、示波器、诊断仪、万用接线盒、绝缘工具套装等。

3）资料准备：维修手册、电路图、其他资料。

（二）制订计划

依据任务要求、任务分析，结合实施准备，小组内相互讨论，制订工作计划，将工作计划步骤、选择该步骤的理由写在表1-2相应位置，并选派代表进行汇报展示。

表 1-2 计划表

1. 作业计划			
序号	作业项目	操作要点	注意事项
1			
2			
3			
4			
5			
6			
7			

2. 设备清单				
序号	设备名称	用途	规格型号	数量
1				
2				
3				
4				
5				
6				

3. 其他材料清单				
序号	材料名称	用途	规格型号	数量
1				
2				
3				
4				

审核	小组审核意见:	组长签字: 年 月 日
	教师审核意见:	教师签字: 年 月 日

四、任务实施

在做好个人安全防护、维修场地安全检查之后,按照维修诊断的准备流程,做好诊断前的各项准备工作。

(一)故障诊断前的准备工作流程

1. 个人防护套装检查

在进行个人防护套装检查时,需要保证自身未携带各类首饰、电子产品、金属制品等,不得在浑身水气或者雨水打湿的情况下开展检查工作。

个人穿戴防护用品主要包括防护服、绝缘鞋、安全帽、护目镜、绝缘手套、棉线手套等。

防护服主要检查衣着是否整洁、有无污渍、干燥情况等；绝缘鞋主要检查鞋面有无损坏、是否干燥、底板有无刺穿，绝缘等级是否高于6kV等。典型的防护服检查项目如图1-16所示。

检查安全帽、护目镜、棉线手套、绝缘手套等其他个人防护用具，典型的检查项目分别如图1-17、图1-18所示。

图1-16　防护服的检查

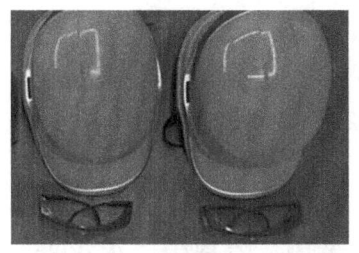

图1-17　安全帽和护目镜

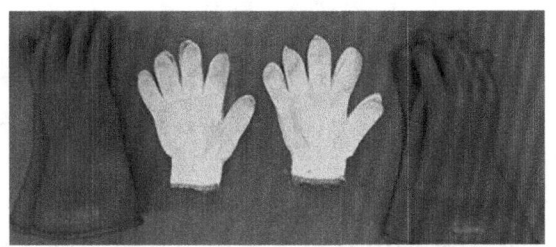

图1-18　绝缘手套和棉线手套

在检查安全帽时，需要检查其是否为合格产品、有无产品商标标识、表面是否有裂纹和划痕、防护等级是否达到要求等；护目镜检查主要是考虑护目镜是否清晰、有无划痕等，主要检查的操作如图1-19、图1-20所示。

图1-19　安全帽检查

图1-20　护目镜检查

棉线手套与防静电手套的检查方法比较类似，需要检查手套外观是否存在污垢、潮湿等问题，若存在，则必须及时更换；并对手套的做工进行检查，查看是否有做工粗糙导致的线头、漏手指等问题，一旦发现，必须及时更换。棉线手套检查如图1-21所示。

绝缘手套检查主要检查手套表面是否整洁、有无划痕、是否干燥、气密性是否良好、是否为正规产品、是否满足 DC1000V 以上防护要求等内容。在进行气密性检查时，不得通过用嘴对手套内部吹气的方式进行检查，否则容易导致绝缘手套内部潮湿问题；需要先穿戴好棉纱手套，再将绝缘手套旋转 360°，待空气进入后，攥紧手套口，检查内部空气是否有泄漏，进而判断绝缘手套的气密性。绝缘手套的检查如图 1-22 所示。

图 1-21　棉线手套检查　　图 1-22　绝缘手套的检查

2. 场地安全检查

工作前场地安全检查主要包括警示牌、绝缘垫、隔离带、灭火器、防火沙、车辆摆放、工位挡块摆放、工作环境是否潮湿、充电桩（枪）的连接、通风状况是否完好等内容。

首先确定场地是否干燥、有无潮湿现象。警示牌、隔离带需要保持整洁、干燥。灭火器采用水基型和干粉型灭火器，在进行灭火器检查时，灭火器的压力表指针需要在绿色区域内，若出现压力表指针指向黄色区域或红色区域，则必须进行更换；灭火器的保质期一般为一年，达到保质期后需要及时更换；若未到过期的时间，压力表指向不在正常范围区域（压力表指向非绿色区域）时，也需要及时更换。典型的检查如图 1-23、图 1-24 所示。

图 1-23　检查警示牌　　图 1-24　检查灭火器

灭火沙检查，需要检查灭火沙是否单独放置、检查消防桶内是否存有灭火沙，如图1-25所示。

图1-25 检查消防桶内是否存有灭火沙

确定挡块放置位置是否正确、车辆摆放是否周正，需要两人分别站在车辆前面、后面中间位置，从左侧、右侧、车顶位置整体上确定车辆停放是否周正，如图1-26所示。

图1-26 目测车辆停放是否周正

在对充电桩进行检查时，需要查看充电桩整体放置位置是否干燥整洁、底座安装是否牢固、充电枪是否放在规定位置、与配电设备连接是否正常，以及使用环境是否满足安全用电要求。典型检查如图1-27所示。

3. 仪器仪表调试和工具检查

工作前检查工具车上是否有需要使用的绝缘工具，校准各类仪器仪表，实施万用接线盒的线束检查、诊断仪的连接测试等。

图1-27 交流充电桩充电设备检查

在对绝缘工具进行检查时，需要检查工具车内工具是否齐全、工具耐压等级是否达到要求，以及常用工具是否干净、整洁等。典型检查如图 1-28 所示。

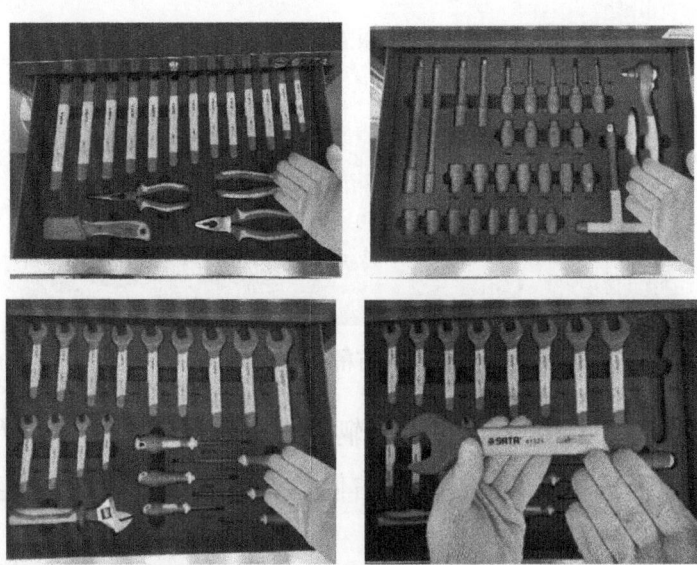

图 1-28　逐层检查工具箱各工具及安全耐压等级

在对万用表、示波器进行检查和调试时，必须对示波器进行校准，对万用表进行校零调试，如图 1-29 所示为万用表的校零调试。

绝缘测试仪在进行测试检查时，需要戴好绝缘手套，选择合适的量程，一般选择 DC1000V 档位，完成绝缘测试仪的开路、短路和实际工作场地绝缘性检测。

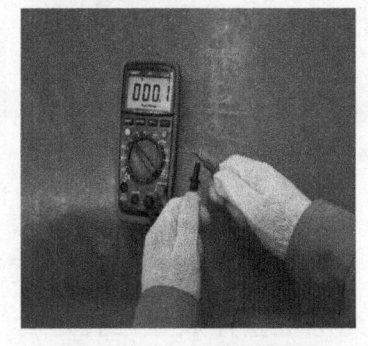

图 1-29　万用表校表

绝缘测试仪在做开路、短路测量时，需要戴好绝缘手套，选择 DC1000V 档位，按下测试键 10s 左右后，再次按下测试键，完成开路、短路测量，该测量值即为开路、短路测量的实际值。典型测量如图 1-30 所示。

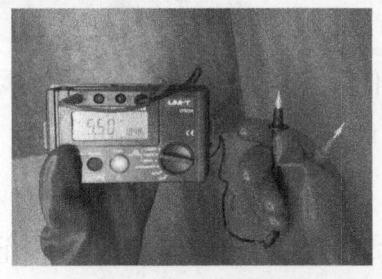 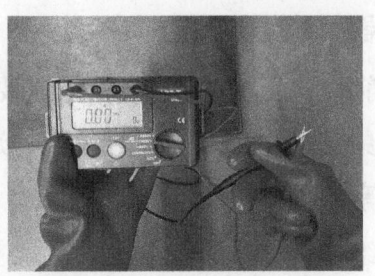

图 1-30　绝缘测试仪使用前做开路、短路测试

使用绝缘测试仪对场地绝缘垫的 4 个角与地面之间分别进行绝缘测量，测量时间、量程选择与开路、短路调试要求相同。在进行实际测量时，确定绝缘测试仪是否性能良好，一般绝缘垫与地面（接地）之间的电阻值达到吉欧数量级及以上，测试如图 1-31 所示。

图 1-31　绝缘垫分 4 个角与地面之间依次进行绝缘性检测

在对万用接线盒进行检查时，需要查看插针是否齐全、针脚是否有弯曲等情况，诊断仪需要做开机检查和连接检查，确保万用接线盒内的线束能够有效利用，诊断仪能够合理使用。典型检查如图 1-32 所示。

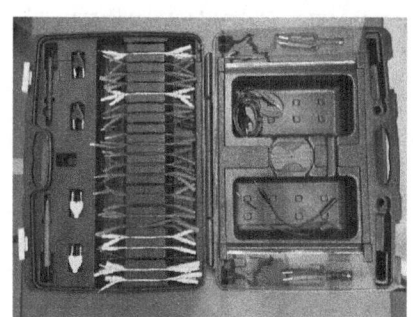 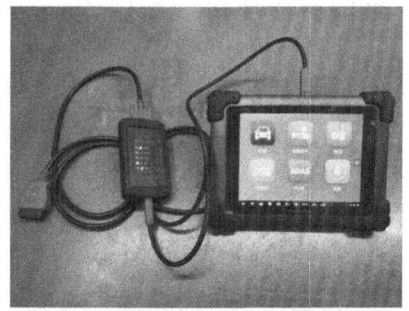

图 1-32　万用接线盒线束检查和诊断仪的连接检查

4. 车辆基本信息

在故障诊断工作开展之前要掌握车辆的一些基本信息并记录，如车辆品牌、VIN、电池的容量及电机功率等，如图 1-33 所示。

 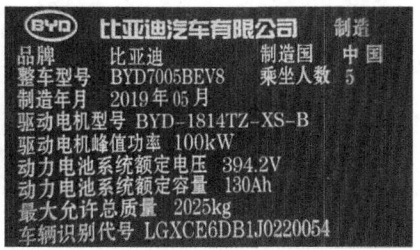

图 1-33　车辆基本信息检查

5. 基本维保项目的准备及检查

在汽车故障诊断与排除工作中要做到无车身划伤，无碰触工作痕迹，做好干净整洁的标准化操作，如铺设翼子板布和前格栅布，铺设车内地板垫、座椅套、方向盘套等，如图 1-34 所示。

图 1-34　驾驶室、前机舱防护套件的准备

基本维保项目检查主要包含"三液、两固"的检查。

"三液"是指冷却液液位、洗涤液液位、制动液液位的检查，液位处于"FULL"和"LOW"之间即为合格；"两固"是指低压蓄电池安装是否牢固、各类橙色连接线束和插座连接是否牢固。典型的检查项目如图 1-35~图 1-39 所示。

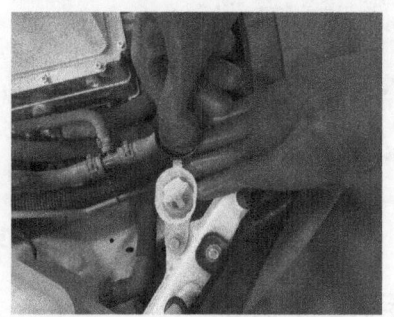

图 1-35　冷却液液位检查　　图 1-36　洗涤液液位检查

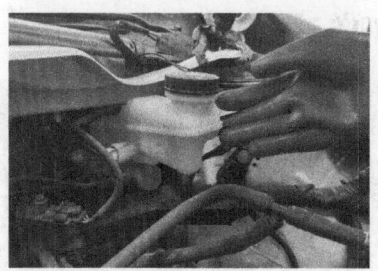

图 1-37　制动液液位检查　　图 1-38　蓄电池牢固性检查

图 1-39　各类橙色高压线束和插座的连接检查

（二）任务记录工单

1. 手套检查

	绝缘防护电压	
	漏电电流	
	气密性检查	
	检查结果	□良好　□漏气

2. 绝缘鞋、护目镜、安全帽检查

		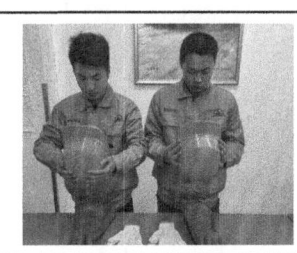
外观检查	外观检查	外观检查
□良好　□破损	□良好　□破损	□良好　□破损

3. 场地安全检查

警示牌		□布置到位 □没有
绝缘垫		□布置到位 □没有

（续）

隔离带		□布置到位 □没有
灭火器		□压力正常 □有，但压力不正常 □没有
防火沙		□布置到位 □没有
车辆摆放		□布置到位 □没有
工作环境是否潮湿		□干燥 □潮湿
充电桩（枪）的连接		□布置到位 □没有

4. 劳保用品穿戴检查

安全帽	□已穿戴　□未穿戴
护目镜	□已穿戴　□未穿戴
工作服	□已穿戴　□未穿戴
绝缘手套	□已穿戴　□未穿戴
绝缘鞋	□已穿戴　□未穿戴

5. 仪器仪表调试和工具检查

绝缘工具	□已齐备 □未齐备	□状态正常 □状态不正常
万用表	□已齐备 □未齐备	□状态正常 □状态不正常
绝缘测试仪	□已齐备 □未齐备	□状态正常 □状态不正常
万用接线盒	□已齐备 □未齐备	□状态正常 □状态不正常

6. 基本维保项目准备、基本维保项目的检查

车身检查	□状态正常 □状态不正常	不正常情况记录：
"三液、两固"的检查	□状态正常 □状态不正常	不正常情况记录：

（三）相关知识拓展

上述准备工作不得缺少，需要注意的是在使用绝缘测试仪时，必须佩戴绝缘防护手套，对各类高压线束进行检查时必须佩戴绝缘手套，其他各环节根据场地实际情况，有针对性地进行准备工作，非高压连接或者测量时，根据实际需要决定佩戴棉线手套还是防静电手套即可。

在整个准备、诊断与排除故障、恢复等工作过程中，需要按照整理、整顿、清扫、清洁、素养、安全、节约的 7S 管理制度开展系列工作。

五、任务评价

新能源汽车故障诊断前的准备工作		姓名：	
日期：	班级：	学号：	
自我评价：□熟练 □不熟练	组长评价：□熟练 □不熟练		教师签名：
教师评价：□优秀 □良好 □合格 □不合格			

新能源汽车故障诊断前的准备工作 【评分细则】

序号	评分项	得分条件	分值	评分要求	自我评价	组长评价	教师评价
1	安全/7S/态度	□1. 能接受任务并完成任务 □2. 能进行设备和工具安全检查 □3. 能进行车辆安全防护操作 □4. 能进行人员高压安全防护操作 □5. 能进行三不落地操作 □6. 能进行团队合作作业 □7. 能进行工位7S操作 □8. 能进行有效沟通	20	未完成1项扣3分，扣分不得超过20分	□能做到 □做不到	□能做到 □做不到	□优秀 □良好 □合格 □不合格
2	工具及设备使用能力	□1. 能正确检查维修工具 □2. 能正确检查充电装置 □3. 能正确检查万用表、诊断仪、示波器等诊断设备 □4. 能正确检查专用工具 □5. 能正确检查作业环境 □6. 能正确检查车辆情况	60	未完成1项扣10分，扣分不得超过60分	□熟练 □不熟练	□熟练 □不熟练	□优秀 □良好 □合格 □不合格
3	表单填写及撰写能力	□1. 字迹清晰 □2. 语句通顺 □3. 无错别字 □4. 无涂改 □5. 无抄袭	10	未完成1项扣2分，扣分不得超过10分	□熟练 □不熟练	□熟练 □不熟练	□优秀 □良好 □合格 □不合格
4	素养	□1. 注重团队合作 □2. 注意安全防护 □3. 注意保护实训设备 □4. 做到三不伤害 □5. 保护环境	10	未完成1项扣2分，扣分不得超过10分	□能做到 □做不到	□能做到 □做不到	□优秀 □良好 □合格 □不合格

否决项：1.操作过程产生高压危险或设备损坏；2.操作人员或其他人员受伤；3.隐瞒车辆故障或其他安全隐患

总分：

中国汽车人物

郭力：中国汽车工业的开创者

他是新中国汽车工业的先行者，带着艰巨的使命开始了新中国关于汽车的探索。

郭力，1916年生于直隶省（现河北省）大城县大高庄子村，早年曾就读于哈尔滨第一工科学校，并参加了秘密抗日活动。

1938年起，郭力任冀中军区锄奸队教导员、冀中军区兵工管理处政委、晋察冀边区工业部兵工处处长、兵工厂厂长等职。新中国成立后，担任重工业部顾问室主任，参与苏联援建我国重大工业项目的前期洽谈和准备工作。

1952年4月，中国重工业部任命时年36岁、年富力强的"技术派"郭力担任第一汽车制造厂（简称一汽）的第一任厂长。出乎意料的是，半年后，郭力主动让出"一把手"的位置，转而担任第一副厂长兼总工程师。

1953年7月15日，一汽正式奠基建设。1954年初，郭力作为领队，带领500名实习生赶赴苏联学习，期间，郭力代表中方审批了一汽的技术设计方案。

回国后，郭力全面负责一汽的生产准备工作。据了解，在郭力的组织和领导下，一汽建立了以经济核算为核心的经济管理制度，将庞杂、分散的一系列生产准备工作统一规划，统一目标。而在生产条件基本具备后，郭力更是大胆采取了迂回工艺，于1956年7月推出了新中国第一辆自制汽车——解放牌汽车，而且试生产一次即成功。

此后，新中国第一辆轿车东风，以及后来的红旗，也都与郭力这位总工程师密切相关。而红旗的成功，也证明了郭力所确定的设计原则的正确性。

1959年末，郭力再次担任一汽厂长，带领一度停产的一汽实现复产，并逐步走上正轨，为后来的高速发展奠定了基础。

1964年8月，郭力赴京，在原汽车局的基础上筹建了中国汽车工业公司。其间，根据我国国情，并借鉴国外经验，郭力主持起草了《汽车托拉斯的组建报告》。1965年1月，郭力被正式任命为一机部副部长兼中国汽车工业公司总经理。此后，北京、南京等地的汽车分公司相继成立。至此，我国汽车工业开始了第一次飞速发展。

1976年2月，郭力病故，享年60岁。

后来，人们在评价郭力对中国汽车工业的巨大贡献时，用的最多的关键词是"卓绝德行，难以磨灭"。

项目二
纯电动汽车上下电操作

新能源汽车整车
控制系统检修

项目描述

整车控制系统统一协调电动汽车动力系统各部件的工作,其功能相当于纯电动汽车的大脑,是整车控制策略的最终运行载体;是实现汽车动力系统协同工作的关键部件;是纯电动汽车正常行驶、再生制动能量回收、故障诊断处理和车辆状态监视等功能的主要控制部件。由此可见,整车控制系统在新能源汽车动力系统中具有重要的意义。

本项目主要介绍新能源汽车整车控制系统的组成、功能、对车辆性能的影响以及原理。

目标要求

1)了解整车控制系统功能。
2)掌握整车控制系统的原理。

3）能通过维修手册查找无钥匙进入系统故障原因，使用检测工具进行故障排除。

4）能够完成低压无法上电的故障诊断及排除。

知识准备

一、新能源汽车整车控制系统的组成

整车控制系统是新能源汽车正常运行的控制中枢，它主要由整车控制器、电机控制器（有的车辆称为 PDU）、电池管理系统、CAN-USB 等组成，如图 2-1 所示。

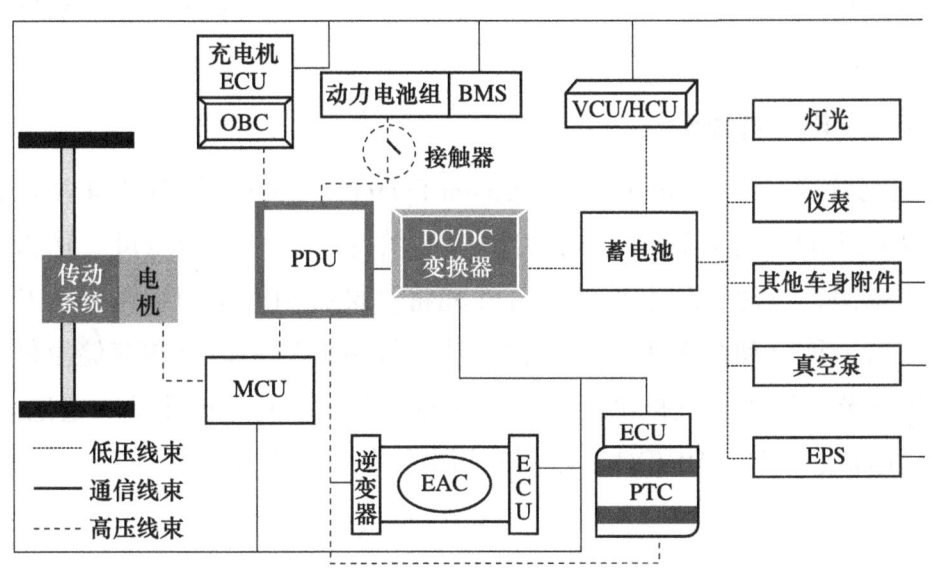

图 2-1　新能源汽车整车控制系统示意图

（一）整车控制器

整车控制器（Vehicle Control Unit，VCU）如图 2-2 所示，它是整个汽车的核心控制部件，通过采集加速踏板信号、制动踏板信号及其他部件信号并做出相应判断后控制下层控制器的动作。具体来讲，VCU 通过采集驾驶员驾驶信号和车辆状态，通过 CAN 总线对网络信息进行管理、调度、分析和运算，进行相应的能量管

图 2-2　整车控制器

理，实现整车驱动控制、能量优化控制、制动能量回馈控制、高压上下电控制、充电过程控制、实时监测车辆状态和故障诊断与处理等功能。

（二）电机控制器

电机控制器（Motor Control Unit，MCU）如图 2-3 所示，有的车辆称为 PDU。它有两个功能：一是响应并反馈 VCU 根据驾驶员意图发出的各种指令，实时调整驱动电机输出，以实现控制驱动电机的转速、转向、转矩和通断；二是通信和保护，实时进行状态和故障检测，保护驱动电机系统和整车安全可靠运行。

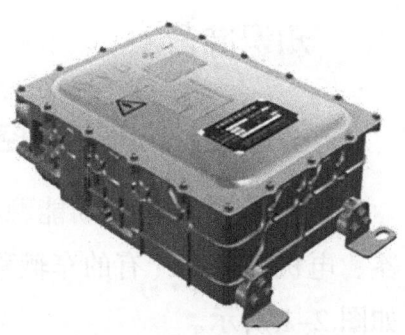

图 2-3　电机控制器

（三）电池管理系统

电池管理系统（Battery Management System，BMS）如图 2-4 所示，它是电动汽车的"动力源"，主要为整车提供持续、稳定的能量。作为整车的动力来源，电池管理系统的综合性能将直接影响整车的续驶里程及动力性能。对于纯电动汽车来讲，动力电池系统主要用于接收和存储由外置充电装置和能量回收装置提供的电能，并通过高压控制盒连接动力电池组件，为驱动电机、空调、DC/DC 变换器等用电设备提供电能。

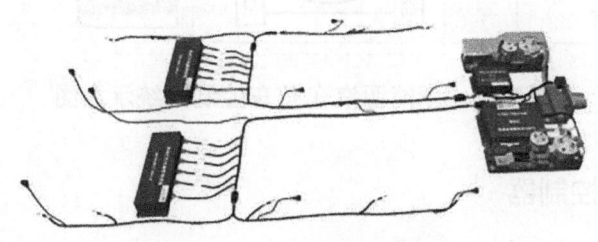

图 2-4　电池管理系统

（四）OBD 针脚端口定义

OBD 是英文简写，中文含义是"车载诊断系统"。当系统出现故障时，故障指示灯点亮，同时 OBD 系统将故障信息存入储存器，可以通过诊断仪读取系统故障码和数据流，根据故障码和数据流进行诊断，确定故障部位。OBD 诊断接口位置及形状如图 2-5 所示。

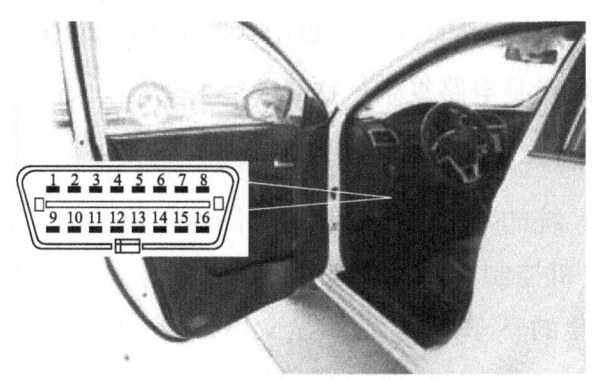

图 2-5　OBD 诊断接口位置及形状

OBD 针脚接口定义说明如图 2-6 所示。

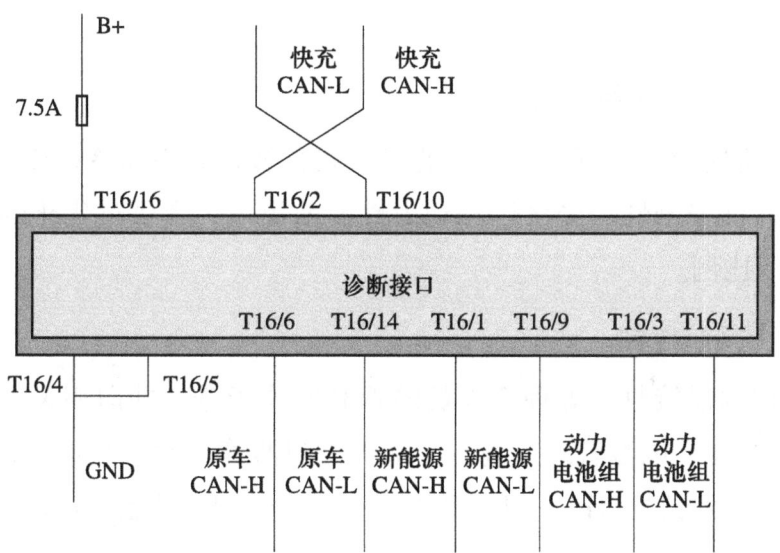

图 2-6　OBD 针脚接口定义说明

二、整车控制系统分类、功能及影响

（一）整车控制系统分类

电动汽车整车控制系统主要分为集中式控制系统和分布式控制系统。这两种系统都是由整车控制器、电池管理系统和电机控制器等部件组成，其区别在于两者的布置方式不同。

1. 集中式控制系统

集中式控制系统的基本原理是整车控制器独自完成对输入信号的采集，并根据控制策略对数据进行分析和处理，然后直接对各执行机构发出控制指令，驱动纯电动汽车正常行驶。集中式控制系统的优点是处理集中、响应快和成本低，缺点是电路复杂，并且不容易散热。

2. 分布式控制系统

分布式控制系统的基本原理是整车控制器采集一些驾驶员信号，同时通过 CAN 总线与电机控制器和电池管理系统通信，电机控制器和电池管理系统分别将各自采集的整车信号通过 CAN 总线传递给整车控制器。整车控制器根据整车信息并结合控制策略对数据进行分析和处理，电机控制器和电池管理系统收到控制指令后，根据电机和电池当前的状态信息控制电机运转和电池放电。分布式控制系统的优点是模块化和复杂度低，缺点是成本相对较高。

（二）整车控制系统功能

整车控制系统的主要功能是根据驾驶员的操作和当前整车及零部件工作状况，在保证安全性、经济性和动力性的前提下，提供最优化的工作模式和能量分配比例。

1. 动力系统控制

整车控制器接收、处理驾驶员的驾驶操作指令，并向相关部件控制器（如电机控制器、电池管理系统、发动机控制器等）发送控制指令，从而准确可靠地执行驾驶员意图，对车辆进行上下电管理并控制其正常行驶。

2. 电池管理系统控制

电池管理系统是连接动力电池和新能源汽车的重要纽带，是保护和管理高压电池包的核心部件。它主要用于监测动力电池组的荷电状态、工作状态和单体电池间的均衡。

3. 通信功能

整车控制器与电机控制器、电池管理系统、防抱死制动系统（Anti-lock Braking System，ABS）、电动助力转向系统、仪表等控制器进行可靠通信，通过控制器局域网（CAN）总线进行数据的采集输入及控制指令的输出。另外，整车控制器经常位于整车平台 CAN 网络和动力系统 CAN 网络中，整车控制器也起到网关作用，这两个网络的信息可以通过整车控制器实现数据信息的相互传递。

4. 车辆状态监测

实车运行中，任何部件都可能出现差错，从而导致器件损坏甚至危及车辆安全。整车控制系统要接收各个零部件信息，结合能源管理单元提供当前的动力系统状况信息，这是保证汽车行驶安全的必备条件。

5. 整车自诊断功能

整车控制系统对整车系统故障进行实时判断，动态检测系统信息，并记录历史故障。它在检测出故障后做出相应处理，在保证整车安全的条件下，使各部件在正常范围内工作，以满足驾驶意图。

（三）整车控制系统对车辆性能的影响

1. 动力性和经济性

整车控制器决定发动机和电机转矩的输出，并直接关系到汽车动力性能。燃料电池轿车和大客车有两个或两个以上的能量来源，在汽车实际行驶过程中，整车控制器实时控制能量源之间的能量分配，从而实现整车能量的优化，获得较高的经济性。

2. 安全性

除了传统汽车的安全性问题（如制动和操纵稳定性），新能源汽车还增加了高压电安全和燃料电池等新的安全隐患，如动力电池等能量储存单元和动力总线、电动汽车电机及其控制器等强电环节、燃料电池轿车和大客车上的储氢瓶等。整车控制器必须从整车的角度及时检测各个部件的工作状态，并对可能出现的危险进行及时处理，以保证驾乘人员和车辆的安全。

3. 驾驶舒适性及整车的协调控制

采用整车控制器管理汽车上的各部件工作，可以整合汽车上各项功能，如自动巡航、ABS、自动换档等，实现信息共享和全局控制，改善驾驶舒适性。整车控制器根据驾驶员操作信号进行驾驶意图解释，根据各个部件和整车工作的状态进行整车安全管理和能量分配决策，通过 CAN 总线向整车其他电子单元发送指令，并通过硬件资源驱动整车安全操作和仪表显示。

三、整车控制系统的原理

新能源电动汽车常用的是分布式控制系统，因此我们主要介绍典型分布式整车控制系统（图 2-7）及其工作原理。分布式整车控制系统包含三个层次：最底层是执行层，由部件控制器和一些执行单元组成，其任务是正确执行中间层发送的指令，这些指令通过 CAN 总线进行交互，并且有一定的自适应和极限保护功能；中间层是协调层，即整车控制器，它的主要任务包含两个方面，一方面根据驾驶员的各种操作和汽车当前的状态解释驾驶员的意图，另一方面根据执行层的当前状态，做出最优的协调控制；最高层是组织层，由驾驶员或者自动驾驶仪来实现车辆的闭环控制。

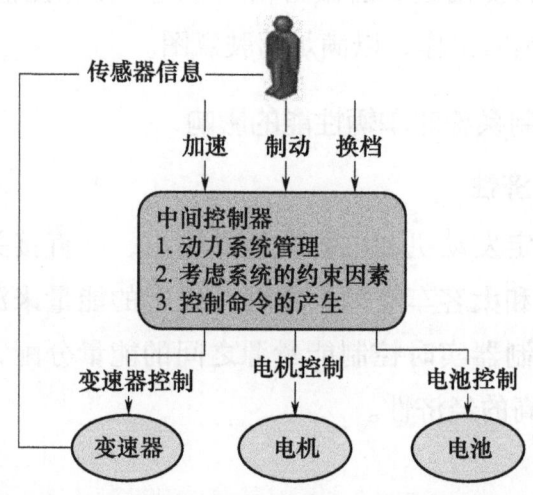

图 2-7　典型分布式整车控制系统示意图

因此，总体来讲，分布式整车控制系统的工作原理是整车控制器采集加速踏板信号、制动踏板信号和档位开关信号等驾驶信息，同时接收 CAN 总线上电机控制器和电池管理系统发出的数据，并结合整车控制策略对这些信息进行分析和判断，提取驾驶员的驾驶意图和车辆运行状态信息，最后通过 CAN 总线发出指令来控制各部件控制器的工作，保证车辆的正常行驶。

四、整车控制低压上电与唤醒

（一）整车供、断电过程概述

整车供、断电包括：低压供电与断电、唤醒与取消唤醒、高压供电（上电）与断电（下电）。其中控制功能涉及整车所有控制单元。这些控制单元包括：整车控制器（VCU）、电机控制器（MCU）、DC/AC 变换器、动力电池管理系统（BMS）、空调系统、DC/DC 变换器、终端监控模块以及组合仪表等。整车供、断电由整车控制器进行协调。低压上电后，要进行信息交互和故障检测,在整个控制过程中必须做到逻辑严谨、过程合理以及故障检测有效。

(二)低压供电及唤醒原理

电动汽车/混合动力汽车各控制器的协调工作、高压上电或有效放电以及充配电等,都需要由低压蓄电池供电,为了保障供电安全,整车控制器必须在确保整车主要高、低压部件正常的情况下,才可以使车辆激活放电和充配电功能。这些功能需要先唤醒整车控制器,整车控制器被唤醒之后再将各子系统唤醒。通常整车供电与唤醒分为:BATT 供电、点火开关唤醒、快/慢充唤醒以及远程唤醒。

1. BATT 供电、点火开关唤醒

BATT 长供电连接图如图 2-8 所示。由蓄电池直接供电给整车控制器(VCU)、组合仪表(ICM)、数据采集终端(RMS)、DC/DC 变换器以及动力电池管理器。

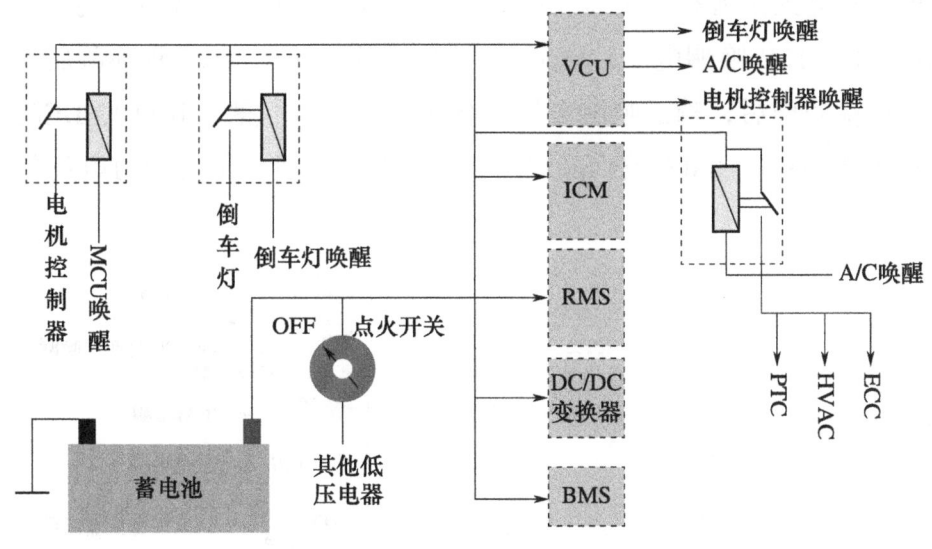

图 2-8 BATT 长供电连接图

电磁线圈提供 12V 电源,通过继电器内部的电磁线圈输出与地接通,线圈产生磁场,触点闭合,继电器开始为整车控制器(VCU)、组合仪表(ICM)、终端监控模块(RMS)提供开关唤醒电源(DC 12V)。VCU、ICM 和 RMS 有了工作唤醒电源后进行自检,VCU 自检完毕后,通过内部电路输出电压分别唤醒 BMS 与 DC/DC 变换器模块。BMS 与 DC/DC 变换器模

块被唤醒后开始工作。非充电模式下各控制器唤醒原理如图 2-9 所示。

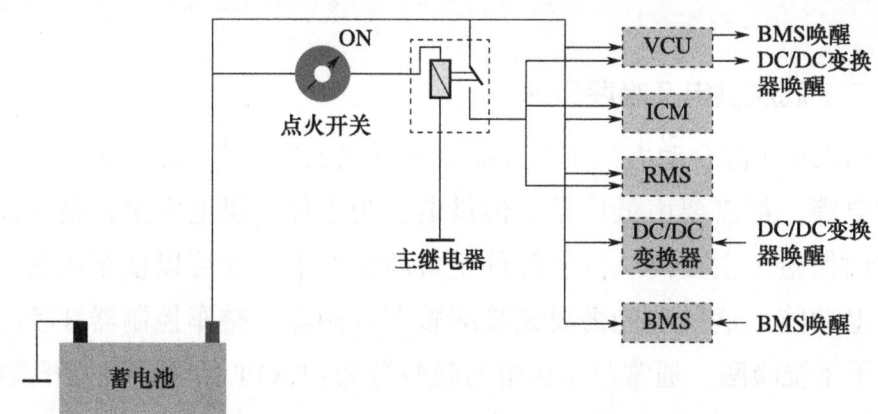

图 2-9　非充电模式下各控制器唤醒原理

2. 快 / 慢充唤醒

交流慢充控制器唤醒原理连接图如图 2-10 所示。在交流慢充系统中，外部交流供电设备与车辆端交流慢充口完全连接后，车载充电机被唤醒，车载充电机控制的交流继电器工作，分别向整车控制器和终端监控模块（RMS）输送 12V 唤醒电压，VCU 和 RMS 开始工作。VCU 被唤醒后，进行自检，自检完毕后，输送唤醒电压，分别唤醒组合仪表（ICM）、DC/DC 变换器模块和 BMS。BMS 被唤醒后与 RMS 进行通信，采集动力电池的重要参数。

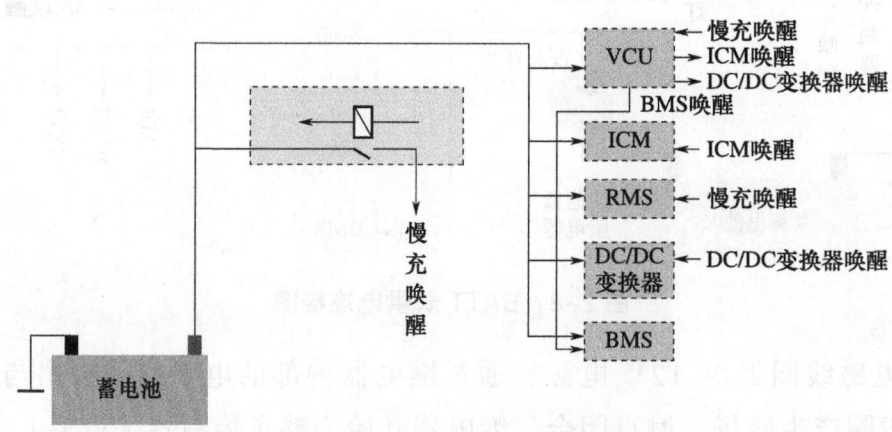

图 2-10　交流慢充控制器唤醒原理连接图

快充模式下各控制器唤醒连接电路图如图 2-11 所示。在快充模式下，直流充电桩与直流充电口建立连接关系后，充电桩通过 A+ 发出唤醒信号给整车控制器和数据采集终端（RMS）。整车控制器被唤醒后，再向 BMS、DC/DC 变换器以及 ICM 仪表发出唤醒信号。

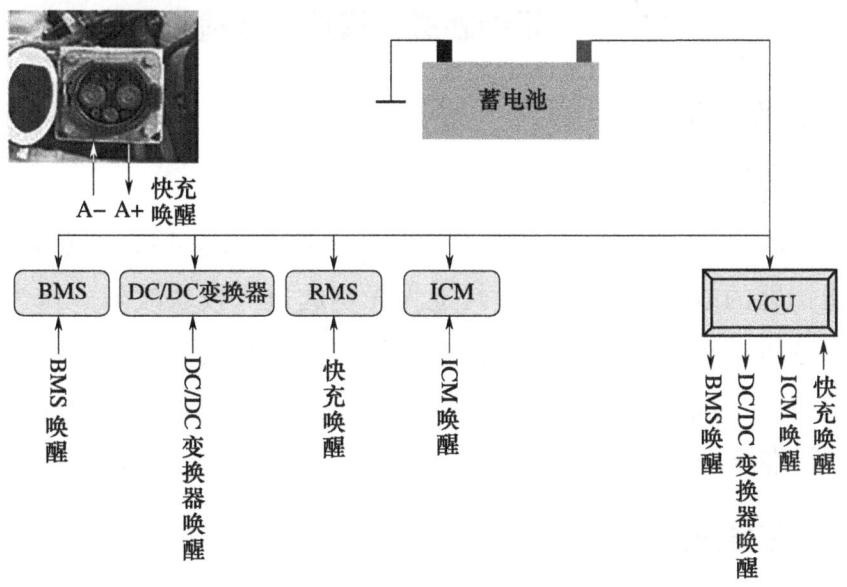

图 2-11 快充模式下各控制器唤醒连接电路图

3. 远程唤醒

在远程模式下，控制器唤醒有远程唤醒、远程 App 唤醒和整车控制器唤醒。如图 2-12 所示，远程 App 唤醒信号输送给数据采集终端（RMS），RMS 被唤醒后，将唤醒信号输送至整车控制器（VCU），整车控制器送出唤醒信号后，开始唤醒仪表 ICM、DC/DC 变换器模块和 BMS。在远程慢充模式下，车载充电机通过 BMS 向总线发送报文进行唤醒。

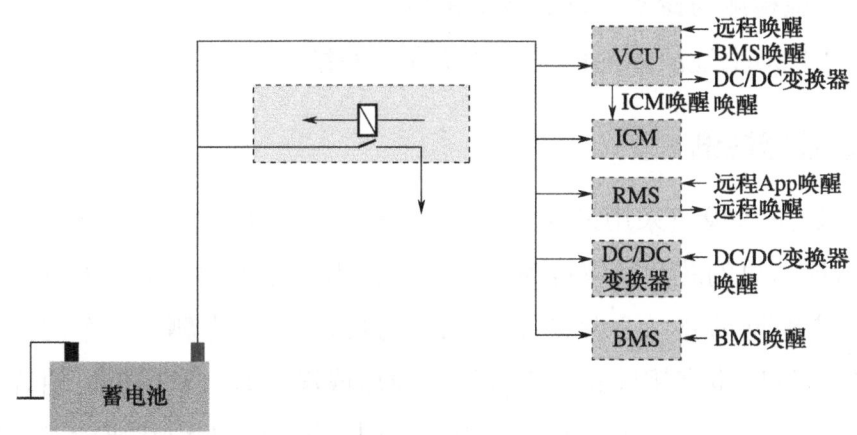

图 2-12 远程模式下各控制器唤醒原理连接图

典型工作任务

任务1　无钥匙进入模块故障检修

一、任务导入

（一）任务描述

现有一辆2019款比亚迪e5出现低压不上电、仪表不亮、仪表显示未检测到智能钥匙的故障现象，初步判定为无钥匙进入模块故障。作为维修技师，请你分析该车型智能钥匙模块系统的特点、组成、电路图，并对故障进行系统检测，依据检测结果确认故障点，按照维修手册中的标准与规范对故障进行维修。

（二）任务分析

要实现该故障的检测，需要按照以下主要步骤进行分析：

1）确认该车辆的故障现象，是否与用户所述故障现象一致。

2）根据故障现象分析可能的诊断策略，通过诊断仪进一步确定可能的故障原因。

3）依据读取到的故障码或者数据流，进一步分析可能存在问题的模块并查阅对应的电路图。

4）分析电路图，进一步分析可能的故障原因，比如模块供电、搭铁、通信、自身损坏等。

5）实施检测与诊断，确定故障范围。

6）实现对上述故障的修复，并验证诊断结果。

二、任务资讯

无钥匙进入模块采用最先进的射频识别（RFID）技术，通过车主随身携带的智能卡里的芯片感应自动开关门锁，当走近车辆一定距离时，门锁会自动打开并解除防盗。一般装备有无钥匙进入系统的车辆，其车门把手上有感应按钮，同时也有钥匙孔，当智能卡损坏或没电时，车主仍可用普通方式开启车门。当车主进入车内时，车内的检测系统会马上识别智能卡，再按动车内的启动按钮，就可以正常启动车辆了。

三、任务组织

（一）实施准备

1）所需的各种防护用品准备：工位、隔离带、安全警告标志牌、车辆挡块、灭火器（水基型、干粉型）、绝缘杆、绝缘垫、绝缘工作台、棉线手套、绝缘手套、防静电手套、护目镜、安全帽、车外三件套、车内多件套、车间纸巾、洗手液、急救包、除颤仪。

2）常用工具、设备准备：万用表、诊断仪、万用接线盒、绝缘工具套装。

3）资料准备：维修手册、电路图、其他资料。

（二）制订计划

依据任务要求、任务分析，结合实施准备，小组内相互讨论，制订工作计划，将工作计划步骤、选择该步骤的理由写在表 2-1 相应位置，并选派代表进行汇报展示。

表 2-1 计划表

1. 作业计划

序号	作业项目	操作要点	注意事项
1			
2			
3			
4			
5			
6			
7			

2. 设备清单

序号	设备名称	用途	规格型号	数量
1				
2				
3				
4				
5				
6				

（续）

3. 其他材料清单

序号	材料名称	用途	规格型号	数量
1				
2				
3				
4				

审核	小组审核意见：	组长签字：	年 月 日
	教师审核意见：	教师签字：	年 月 日

四、任务实施

在做好个人安全防护、维修场地安全检查之后，按照维修诊断的准备流程，做好诊断前的各项准备工作。

（一）故障诊断流程

1. 车辆故障现象确认

启动按钮指示灯不亮，钥匙无法遥控车辆解锁，踩下制动踏板后按动启动按钮，仪表提示"未检测到钥匙"，故障现象如图2-13所示。

图2-13 故障现象

2. 模块通信状态及故障码检查

车辆下电，连接故障诊断仪，读取相应故障码，依据故障码或者数据流确定可能的故障原因。

1）故障码文字描述：根据故障现象，连接故障诊断仪，诊断仪无法与智能钥匙系统通信，无法进入诊断模块。初步判定防盗模块相关系统线路以及模块自身存在故障。

2）故障诊断仪显示的故障信息如图 2-14 所示。

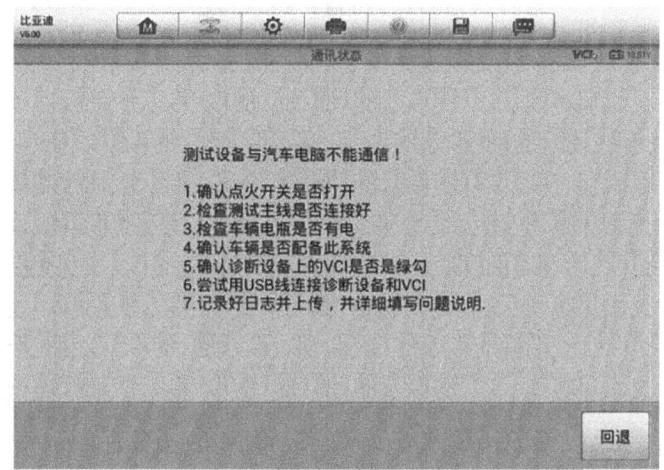

图 2-14　智能钥匙模块无法进入

3）相关数据流文字描述：无法读取数据流。

4）故障诊断仪显示相关数据流：无。

3. 确认故障范围

故障范围包括智能钥匙模块供电（含供电线路、熔断器等元件）、搭铁、通信 CAN 线、高频接收模块等。

4. 检测分析

在确保智能钥匙正常工作的前提下，对车辆进行遥控解锁时发现，遥控钥匙无法对车辆进行解锁（确保低压蓄电池有电的情况下），仅能使用机械钥匙打开车门。踩下制动踏板按下启动按钮后，启动按钮并未显示制动信号灯，仪表提示"未检测到智能钥匙"，通过查阅电路图册锁定故障范围并且进行有序诊断排查。检测电路图如图 2-15 所示。

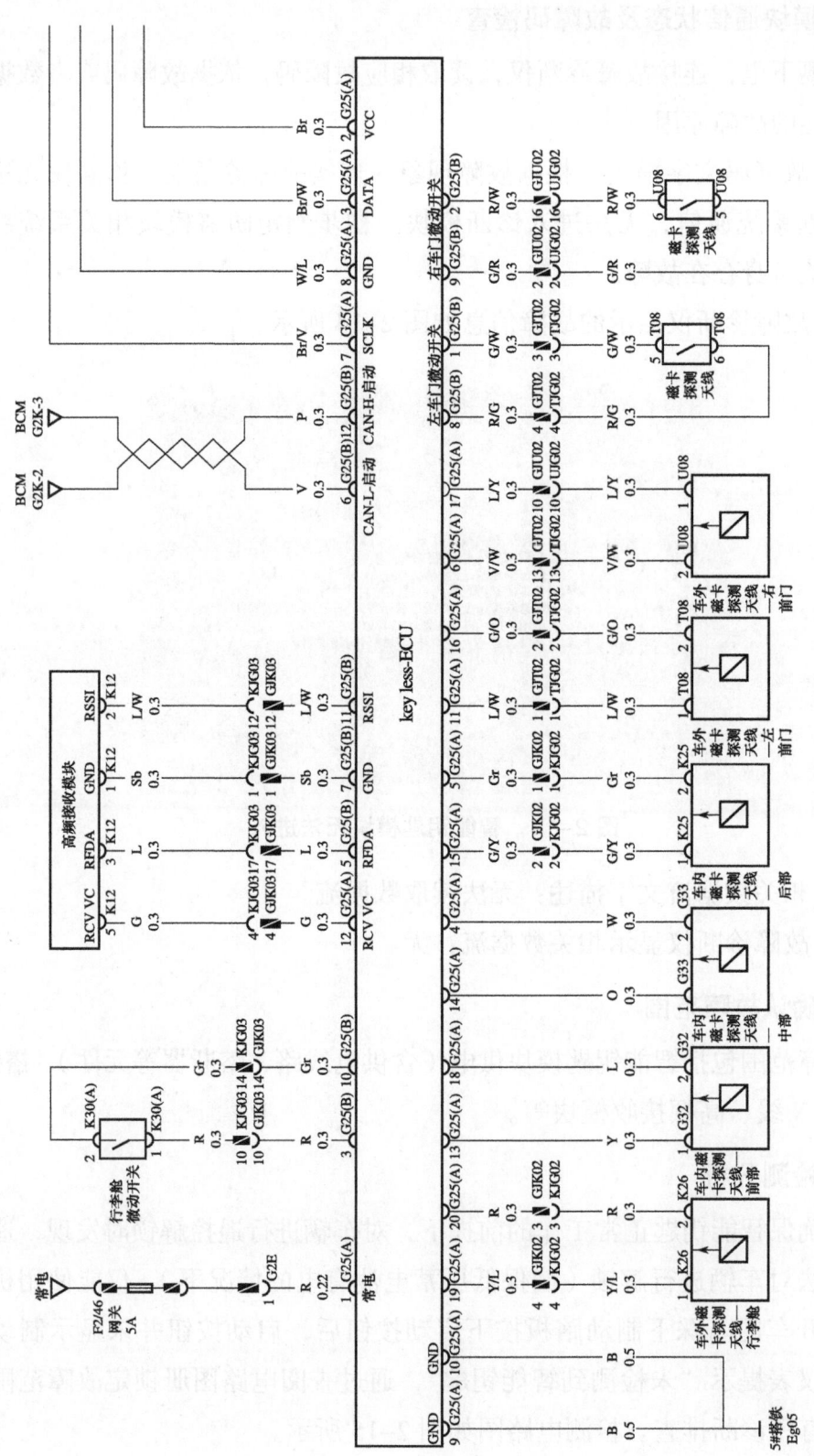

图 2-15 部分电路图

5. 具体检测过程

（1）故障点的初步检测

用背插法测量智能钥匙模块的供电线路的电压值是否正常，标准电压值为 12V，如图 2-16 所示。

图 2-16　用背插法测量智能钥匙模块 G25（A）/1 号线与接地之间的电压值

背插法一般仅在测量电压时才使用，原因在于背插法容易破坏原车线束。但为了快速判断，我们一般是先采用背插法测电压，然后再结合分析，断开部分线路，通过测电阻的方法判定导线的通断。如果直接采用测电阻的方法，则操作过程相对繁琐，不容易从整体上快速判断线路是否正常。在故障检测过程中，一般要将万用接线盒的相关测量线束连接到万用表的两个表笔上面，若线路两个端点距离太长，万用接线盒内的线束长度不够，则需要额外的跨接线，一端接在万用表的两个探针上，另一端再使用万用接线盒内的相关线束。

（2）详细故障点检测

经过上述步骤的排查后，发现供电线路的电压值异常，需要进一步对关联线路进行断电、分段检查。在断开低压供电的前提下，通过万用表测量线路的通断，具体检测步骤如图 2-17~图 2-22 所示。

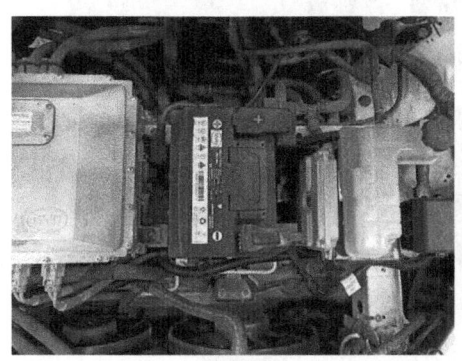

图 2-17　车辆下电，断开低压电源负极

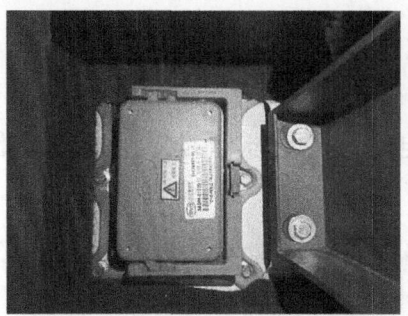

图 2-18 断开维修开关,置于收纳盒中,车辆静置 5min

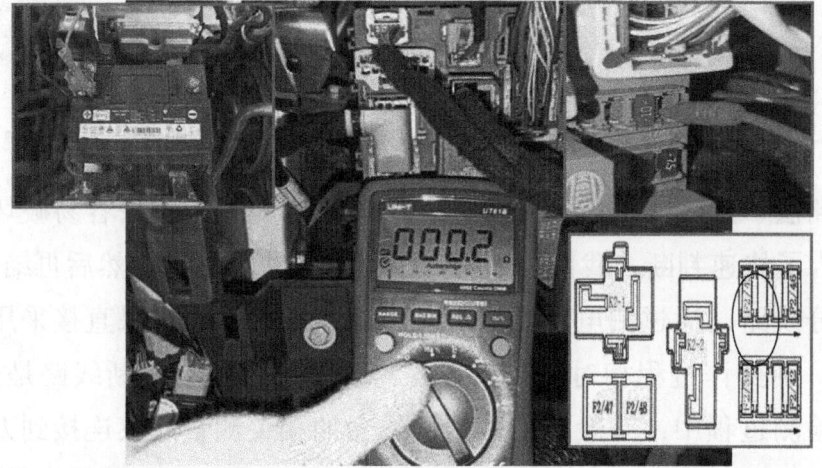

图 2-19 测量 F2-46 号熔丝输入端电阻值(正常)

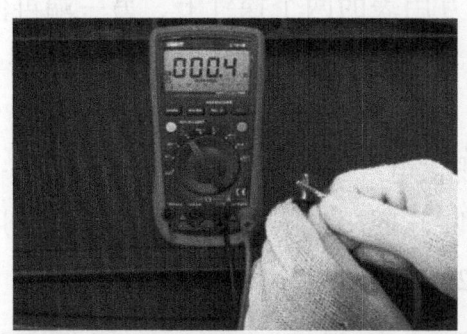
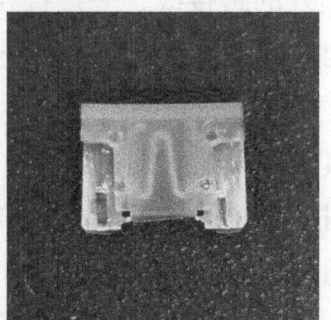

图 2-20 校验万用表,确认万用表能够正常使用,并目视检查熔丝外观

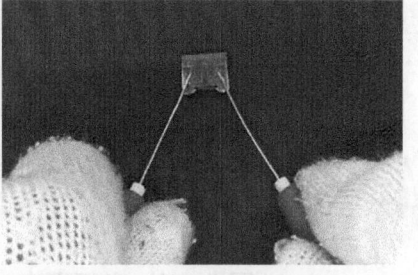

图 2-21 测量 F2-46 号熔丝阻值(正常)

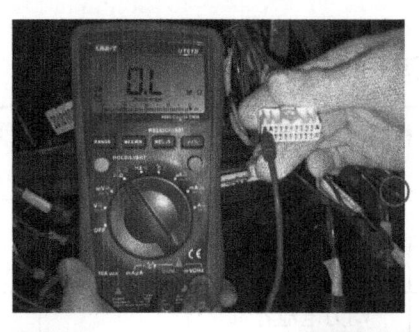

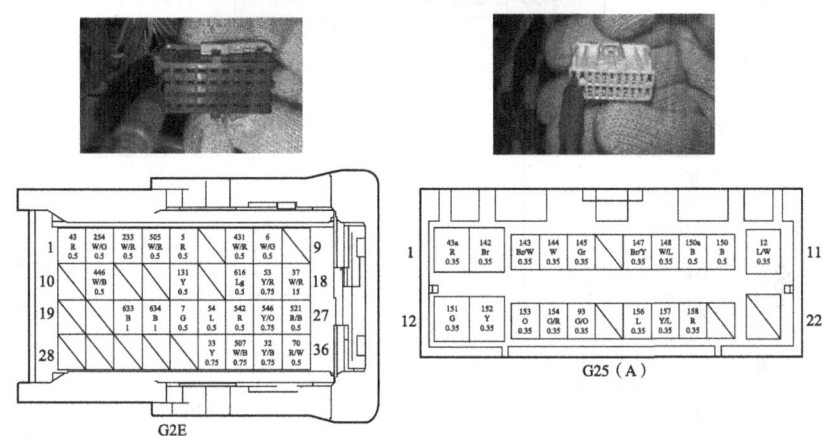

图 2-22　测量 G2E/1 号线与 G25（A）/1 号线之间的电阻值
（不正常，标准电阻值应小于 1Ω）

（3）故障点确定及修复

经过上述检测，可以判断故障点在 G2E/1 号线与 G25（A）/1 号线之间，如图 2-23 所示。修复该故障之后，车辆上电正常。

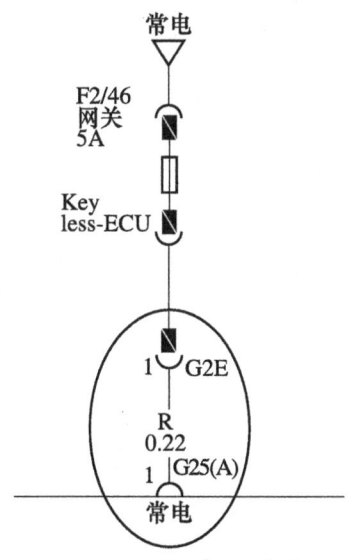

图 2-23　确定故障点

（二）任务记录工单

任务单	无钥匙进入模块故障导致的车辆无法上电故障检修		班级：	
			姓名：	

1. 车辆信息记录

品牌		整车型号		生产年月	
电机型号		动力电池容量		行驶里程	
车辆识别代码					

2. 车辆基本检查

检查项目	检查情况	
安全防护		是□ 否□
辅助蓄电池电压		异常□ 正常□
高压部件安装及插接器连接情况		异常□ 正常□
储液罐液位		异常□ 正常□

3. 故障现象记录

诊断项目	诊断内容
确认故障现象	

4. 读取相关故障码

诊断项目	诊断内容
相关故障码描述	

5. 记录相关主要数据流

诊断项目	诊断内容
相关数据流描述	

6. 故障范围分析

诊断项目	诊断内容
初步诊断故障范围	

7. 故障检测过程

步骤	检测项目	测量结果	结果分析
1			
2			
3			
4			
5			
6			
7			

（续）

8. 故障诊断结论	
确认故障部位	
故障机理描述	
9. 维修处理方法	
维修建议	零部件/总成　　维修□　　更换□
维修工时	

（三）相关故障拓展

使用智能遥控钥匙尝试遥控车辆进行解锁时发现解锁失败，尝试上电过程中仪表提示防盗模块相关故障信息，诊断系统无法进入相关模块读取故障码以及数据流。能够引起以上故障现象的线路问题主要为供电、搭铁、通信、高频接收模块以及无钥匙进入模块本身等。由此按照前文所述检测步骤对供电线路进行测量，发现智能钥匙系统 G25（A）/1 号线与 G2E/1 号线之间的电阻值为无穷大，处于断路状态。根据智能钥匙系统电路图所给出的电路，在排查过程中，尤其是对于所测的线路，要将故障点锁定在最小的区间内。

该类故障是无钥匙进入模块的供电线路断路导致的车辆无法上电故障，检测过程具有普遍性，一旦出现此类故障现象，需要先通过故障诊断仪确定大体的故障范围，通过排查，确定故障模块并开展线路分析。

上述故障诊断过程中，先采用背插法测量电压值，然后再采用分段电阻测量法进行故障的排查。背插法容易破坏原车线束，在采用该方法时，一定要谨慎。采用分段电阻测量法进行线路通断测量时，必须先考虑线路整体测量，然后再结合线路上相关元件（比如继电器、熔断器等）的自身通断，分段线路测量开展进一步的故障诊断。一般该类故障需要将故障点锁定在最小区间内。

五、任务评价

无钥匙进入模块故障导致的车辆无法上电故障检修		姓名：	
日期：	班级：	学号：	
自我评价：□熟练　□不熟练	组长评价：□熟练　□不熟练	教师签名：	
教师评价：□优秀　□良好　□合格　□不合格			
无钥匙进入模块故障导致的车辆无法上电故障检修　【评分细则】			

（续）

序号	评分项	得分条件	分值	评分要求	自我评价	组长评价	教师评价
1	安全/7S/态度	□1. 能接受任务并完成任务 □2. 能进行设备和工具安全检查 □3. 能进行车辆安全防护操作 □4. 能进行人员高压安全防护操作 □5. 能进行三不落地操作 □6. 能进行团队合作作业 □7. 能进行工位 7S 操作 □8. 能进行有效沟通	20	未完成1项扣3分，扣分不得超过20分	□能做到 □做不到	□能做到 □做不到	□优秀 □良好 □合格 □不合格
2	专业技能	□1. 能正确检查车辆基本状态 □2. 能正确检查无钥匙进入模块故障现象 □3. 能正确读取故障码及数据流信息 □4. 能正确分析故障原因 □5. 能正确制定诊断检测流程 □6. 能正确使用检测设备 □7. 能正确找到故障点 □8. 能正确分析故障机理 □9. 能合理提出维修建议	40	未完成1项扣5分，扣分不得超过40分	□熟练 □不熟练	□熟练 □不熟练	□优秀 □良好 □合格 □不合格
3	工具及设备使用能力	□1. 能正确使用维修工具 □2. 能正确使用充电装置 □3. 能正确使用万用表、诊断仪、示波器等诊断设备 □4. 能正确使用专用工具	5	未完成1项扣3分，扣分不得超过5分	□熟练 □不熟练	□熟练 □不熟练	□优秀 □良好 □合格 □不合格
4	资料、信息查询能力	□1. 能正确查询车辆信息 □2. 能正确使用维修手册查询资料 □3. 能正确记录所查询资料的章节及页码 □4. 能正确记录检查状态信息	10	未完成1项扣3分，扣分不得超过10分	□熟练 □不熟练	□熟练 □不熟练	□优秀 □良好 □合格 □不合格
5	数据判断和分析能力	□1. 能判断无钥匙进入模块故障仪表状态 □2. 能判断仪表指示灯状态 □3. 能判断故障码 □4. 能判断数据流 □5. 能分析诊断仪器检测结果	10	未完成1项扣2分，扣分不得超过10分	□能做到 □做不到	□能做到 □做不到	□优秀 □良好 □合格 □不合格

（续）

序号	评分项	得分条件	分值	评分要求	自我评价	组长评价	教师评价
6	表单填写及撰写能力	□1. 字迹清晰 □2. 语句通顺 □3. 无错别字 □4. 无涂改 □5. 无抄袭	5	未完成1项扣1分，扣分不得超过5分	□熟练 □不熟练	□熟练 □不熟练	□优秀 □良好 □合格 □不合格
7	素养	□1. 注重团队合作 □2. 注意安全防护 □3. 注意保护实训设备 □4. 做到三不伤害 □5. 保护环境	10	未完成1项扣2分，扣分不得超过10分	□能做到 □做不到	□能做到 □做不到	□优秀 □良好 □合格 □不合格

否决项：1. 操作过程产生高压危险或设备损坏；2. 操作人员或其他人员受伤；3. 隐瞒车辆故障或其他安全隐患

总分：

任务2　供电线路熔断器断路故障检修

一、任务导入

（一）任务描述

现有一辆2019款比亚迪e5出现高压不上电、无法充电、仪表显示多个故障指示灯点亮的故障现象。作为维修技师，请你分析该车型的特点、组成、电路图，并对故障进行系统检测，依据检测结果确认故障点，按照维修手册中的标准与规范对系统故障进行维修。

（二）任务分析

要实现该故障的检测，需要按照以下主要步骤进行分析：

1）确认该车辆的故障现象，是否与用户所述故障现象一致。

2）利用故障诊断仪进行故障码和数据流读取，进一步确定可能的故障原因。

3）对照相关电路图，进一步分析电路图内线路连接情况，以及可能的故障原因。

4）实施检测与诊断，确定故障范围。

5）确认故障点，修复故障后验证诊断结果。

二、任务资讯

上述故障，出现的故障现象较多，在这种情况下，需要从整体上分析电路图中涉及整体供电、搭铁或者通信的相关线束及元件，从整体上分析车辆完成启动的过程。

车辆完成启动的过程基本分析如下：智能钥匙能打开车门的前提下，按下 POWER 键，智能钥匙模块（Keyless 模块）将启动信号通过启动 CAN 发送给车身控制模块（BCM 模块）；车身控制模块（BCM 模块）接收到启动信号，控制线路相关继电器吸合；继电器吸合后，电池管理系统、驱动电机控制器、整车控制器的供电线路正常工作，电池管理系统控制电池包内部的分压接触器、负极接触器、预充继电器等吸合；预充完成后，电池管理器控制主接触器吸合，并通过动力 CAN 将信号发送给整车控制器和高压控制盒（2019 款比亚迪 e5 称为充配电总成），整车控制器接收到主接触器吸合信号，通过 CAN 使组合仪表点亮"OK"灯，高压控制盒（2019 款比亚迪 e5 称为充配电总成）接收到主接触器吸合信号，并检查到高压互锁完好之后，通过动力 CAN 发送启动信号给电机控制器，车辆完成启动。

三、任务组织

（一）实施准备

1）所需的各种防护用品准备：工位、隔离带、安全警告标志牌、车辆挡块、灭火器（水基型、干粉型）、绝缘杆、绝缘垫、绝缘工作台、棉线手套、绝缘手套、防静电手套、护目镜、安全帽、车外三件套、车内多件套、车间纸巾、洗手液、急救包、除颤仪。

2）常用工具、设备准备：万用表、诊断仪、示波器、万用接线盒、绝缘工具套装。

3）资料准备：维修手册、电路图。

（二）制订计划

依据任务要求、任务分析，结合实施准备，小组内相互讨论，制订工作计划，将工作计划步骤、选择该步骤的理由写在表 2-2 相应位置，并选派代表进行汇报展示。

表 2-2 计划表

1. 作业计划

序号	作业项目	操作要点	注意事项
1			
2			
3			
4			
5			
6			

2. 设备清单

序号	设备名称	用途	规格型号	数量
1				
2				
3				
4				
5				
6				

3. 其他材料清单

序号	材料名称	用途	规格型号	数量
1				
2				
3				
4				

审核	小组审核意见:	组长签字: 年 月 日
	教师审核意见:	教师签字: 年 月 日

四、任务实施

在做好个人安全防护、维修场地安全检查之后,按照维修诊断的准备流程,做好诊断前的各项准备工作。

(一)故障诊断流程

1. 车辆故障现象确认

按下 POWER 键,车辆高压系统无法上电、仪表显示无法充电、P 位指示灯闪烁、冷却液温度故障指示灯亮、制动故障指示灯亮、危险警告故障指示灯亮、动力系统故障指示灯常亮。故障现象如图 2-24 所示。

图 2-24　故障现象

2. 模块通信状态及故障码检查

连接故障诊断仪，读取相应故障码，显示诊断仪无法与 BMS 模块、电机控制器、整车控制器通信。

1）故障诊断仪显示的故障信息如图 2-25~图 2-27 所示。

图 2-25　BMS 模块故障码

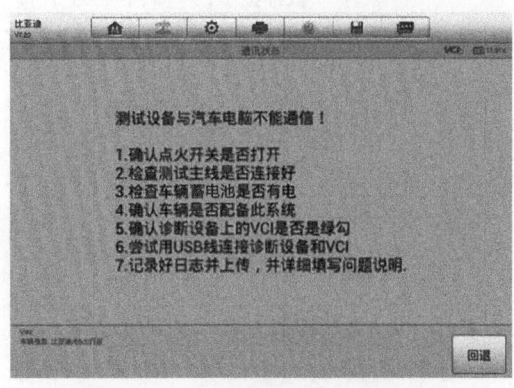
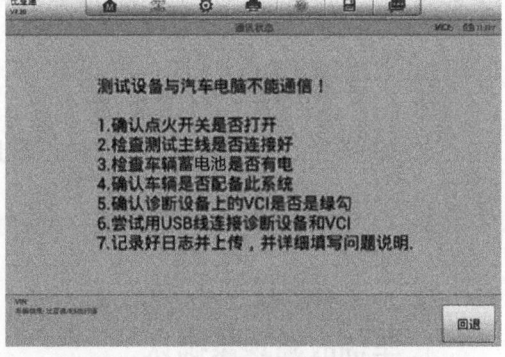

图 2-26　电机控制器无法进入　　图 2-27　整车控制器无法进入

2）相关数据流文字描述：无法读取数据流。

3）故障诊断仪显示相关数据流：无。

3. 确认故障范围

故障范围包括模块的线路供电、搭铁、线路相关元件（熔断器或继电器等）。

4. 检测分析

在确保低压蓄电池供电正常的前提下，对车辆进行上电时，发现车辆无法正常上电，BMS模块显示多个接触器故障、电机控制模块无法通信、整车控制模块无法通信，应该是涉及集中的线路供电、搭铁或者线路相关元件出现问题，导致系列故障现象。分析车辆启动过程，根据此车启动原理，查阅电路图册，锁定故障范围为双路电系统，电路图如图2-28所示，进行有序诊断排查。

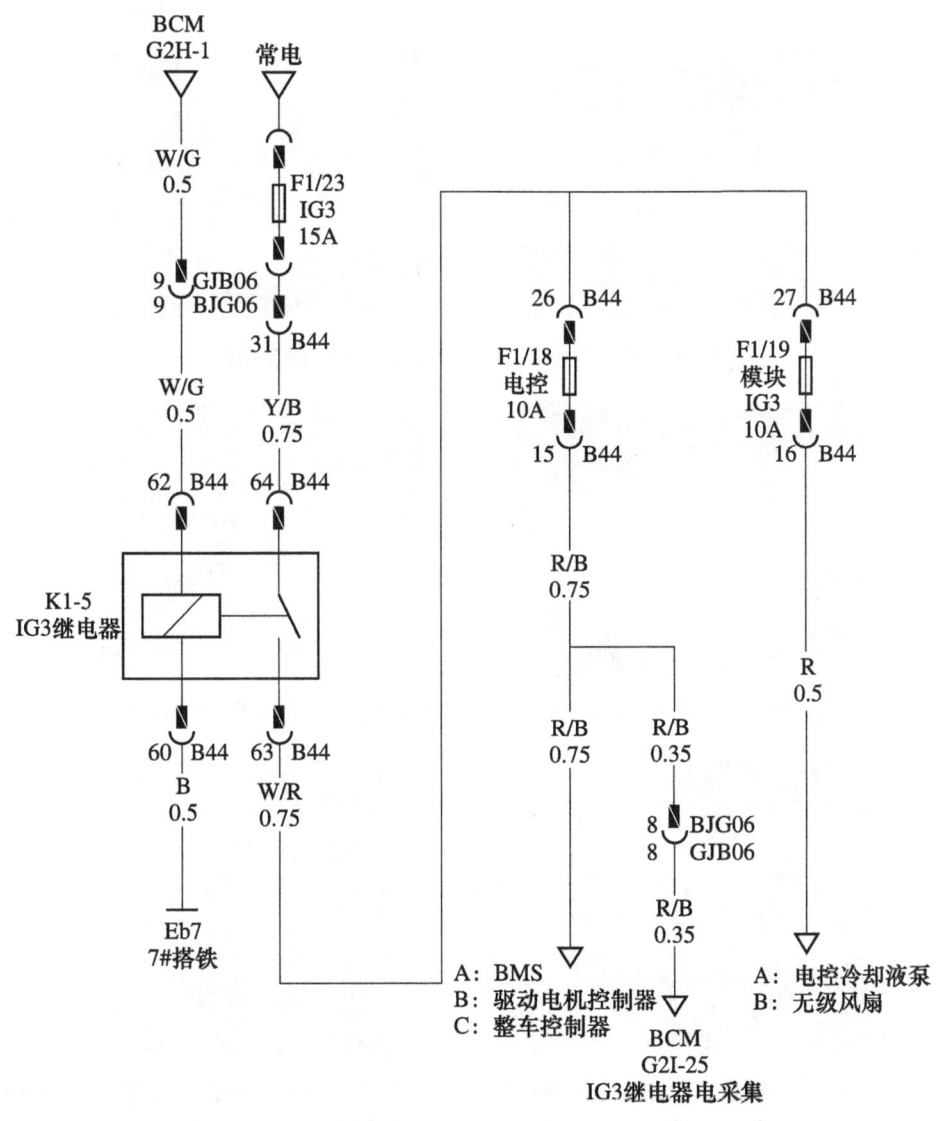

图2-28 部分电路图

5. 具体检测过程

（1）故障点的初步检测

用背插法测量 B44（前舱配电盒）/64 号线路的供电与搭铁之间的电压值，如图 2-29 所示。

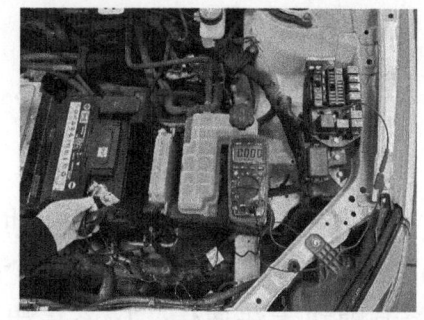

图 2-29　用背插法测量 B44/64 号至蓄电池负极的电压值（标准值为 12V）

（2）详细故障点检测

经过上述步骤的排查后，发现供电与搭铁之间的电压值异常，需要进一步对关联线路进行断电、分段检查。在断开低压供电的前提下，通过万用表测量线路的通断。具体检测步骤如图 2-30~ 图 2-34 所示。

图 2-30　车辆下电，断开低压电源负极

图 2-31　断开维修开关，置于收纳盒中，车辆静置 5min

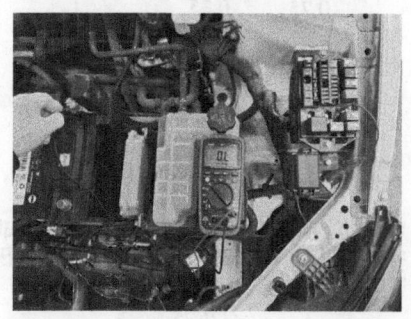
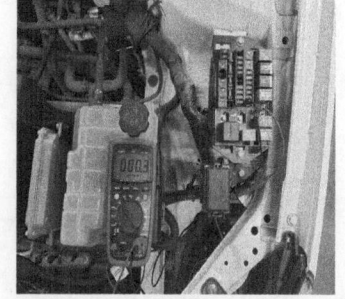

图 2-32　测量 B44/64 号与 B+ 之间的电阻值（标准值为 0.1Ω 左右）　　图 2-33　测量双路电系统 B44/64 号与 F1/23 号熔断器底座之间的电阻值（正常）

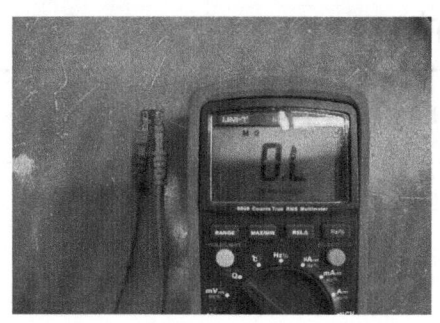

图 2-34 测量 F1/23 号熔断器两端的电阻值（标准值为 0.1Ω）

（3）故障点确定及恢复

经过上述检测，可以得出 F1/23 号熔断器熔断，其故障点如图 2-35 所示，修复该故障之后，车辆上电正常。

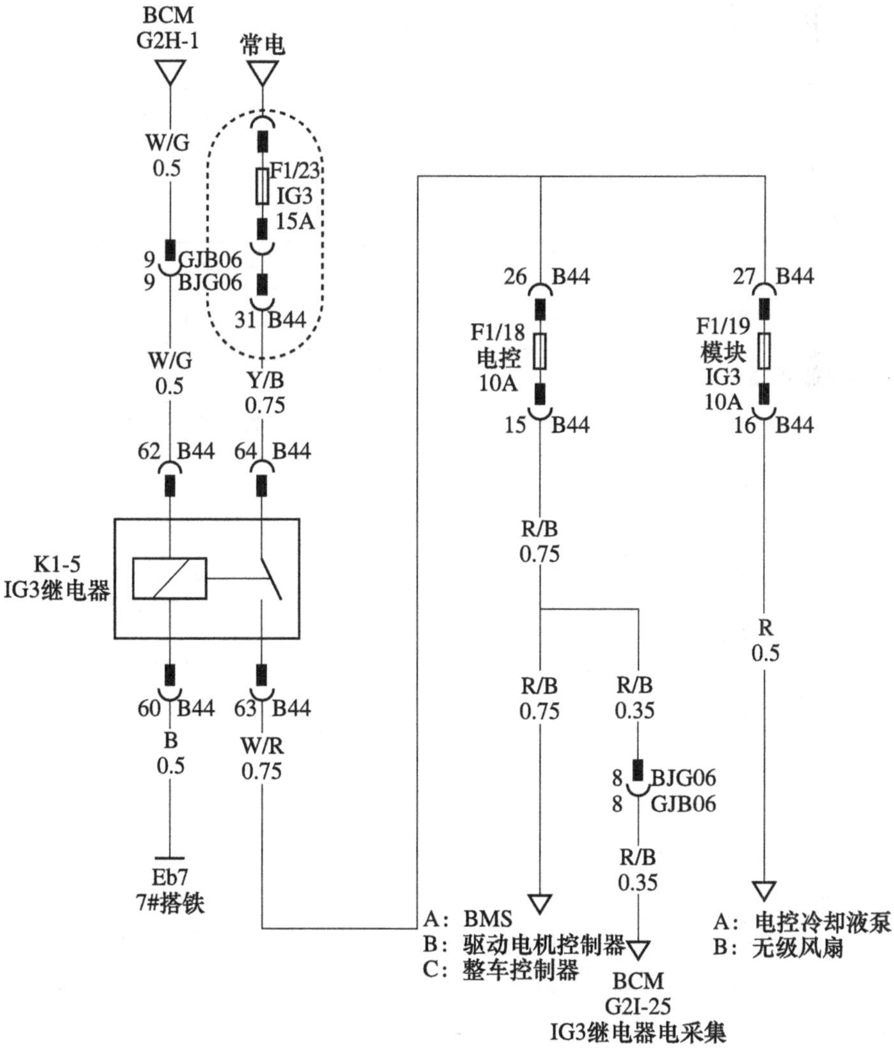

图 2-35 确定故障点

（二）任务记录工单

任务单	供电线路熔断器断路导致车辆无法上电故障检修	班级：
		姓名：

1. 车辆信息记录

品牌		整车型号		生产年月	
电机型号		动力电池容量		行驶里程	
车辆识别代码					

2. 车辆基本检查

检查项目	检查情况	
安全防护		是□ 否□
辅助蓄电池电压		异常□ 正常□
高压部件安装及插接器连接情况		异常□ 正常□
储液罐液位		异常□ 正常□

3. 故障现象记录

诊断项目	诊断内容
确认故障现象	

4. 读取相关故障码

诊断项目	诊断内容
相关故障码描述	

5. 记录相关主要数据流

诊断项目	诊断内容
相关数据流描述	

6. 故障范围分析

诊断项目	诊断内容
初步诊断故障范围	

7. 故障检测过程

步骤	检测项目	测量结果	结果分析
1			
2			
3			
4			
5			
6			
7			

(续)

8. 故障诊断结论	
确认故障部位	
故障机理描述	
9. 维修处理方法	
维修建议	零部件/总成　维修□　更换□
维修工时	

（三）相关故障拓展

在对此类故障进行初步分析时，考虑到故障种类和故障现象均比较多，因此，主要考虑涉及集中控制的供电线路、搭铁线路、模块、线路元件、通信等问题，不要单纯考虑单一控制的供电线路、搭铁线路、模块、线路元件等，便于快速锁定故障的大体范围，有效进行故障的诊断。

五、任务评价

供电线路熔断器断路导致车辆无法上电故障检修		姓名：	
日期：	班级：	学号：	
自我评价：□熟练 □不熟练	组长评价：□熟练　□不熟练	教师签名：	
教师评价：□优秀　□良好　□合格　□不合格			

供电线路熔断器断路导致车辆无法上电故障检修 【评分细则】

序号	评分项	得分条件	分值	评分要求	自我评价	组长评价	教师评价
1	安全/7S/态度	□1.能接受任务并完成任务 □2.能进行设备和工具安全检查 □3.能进行车辆安全防护操作 □4.能进行人员高压安全防护操作 □5.能进行三不落地操作 □6.能进行团队合作作业 □7.能进行工位7S操作 □8.能进行有效沟通	20	未完成1项扣3分，扣分不得超过20分	□能做到 □做不到	□能做到 □做不到	□优秀 □良好 □合格 □不合格

（续）

序号	评分项	得分条件	分值	评分要求	自我评价	组长评价	教师评价
2	专业技能	□1. 能正确检查车辆基本状态 □2. 能正确检查供电线路熔断器断路导致车辆无法上电故障现象 □3. 能正确读取故障码及数据流信息 □4. 能正确分析故障原因 □5. 能正确制定诊断检测流程 □6. 能正确使用检测设备 □7. 能正确找到故障点 □8. 能正确分析故障机理 □9. 能合理提出维修建议	40	未完成1项扣5分，扣分不得超过40分	□熟练 □不熟练	□熟练 □不熟练	□优秀 □良好 □合格 □不合格
3	工具及设备使用能力	□1. 能正确使用维修工具 □2. 能正确使用充电装置 □3. 能正确使用万用表、诊断仪、示波器等诊断设备 □4. 能正确使用专用工具	5	未完成1项扣3分，扣分不得超过5分	□熟练 □不熟练	□熟练 □不熟练	□优秀 □良好 □合格 □不合格
4	资料、信息查询能力	□1. 能正确查询车辆信息 □2. 能正确使用维修手册查询资料 □3. 能正确记录所查询资料的章节及页码 □4. 能正确记录检查状态信息	10	未完成1项扣3分，扣分不得超过10分	□熟练 □不熟练	□熟练 □不熟练	□优秀 □良好 □合格 □不合格
5	数据判断和分析能力	□1. 能判断供电线路熔断器断路导致车辆无法上电故障仪表状态 □2. 能判断仪表指示灯状态 □3. 能判断故障码 □4. 能判断数据流 □5. 能分析诊断仪器检测结果	10	未完成1项扣2分，扣分不得超过10分	□能做到 □做不到	□能做到 □做不到	□优秀 □良好 □合格 □不合格
6	表单填写及撰写能力	□1. 字迹清晰 □2. 语句通顺 □3. 无错别字 □4. 无涂改 □5. 无抄袭	5	未完成1项扣1分，扣分不得超过5分	□熟练 □不熟练	□熟练 □不熟练	□优秀 □良好 □合格 □不合格
7	素养	□1. 注重团队合作 □2. 注意安全防护 □3. 注意保护实训设备 □4. 做到三不伤害 □5. 保护环境	10	未完成1项扣2分，扣分不得超过10分	□能做到 □做不到	□能做到 □做不到	□优秀 □良好 □合格 □不合格

否决项：1. 操作过程产生高压危险或设备损坏；2. 操作人员或其他人员受伤；3. 隐瞒车辆故障或其他安全隐患

总分：

中国汽车人物

饶斌：中国汽车工业之父

他一手缔造了一汽和二汽，为中国汽车工业发展奠定了坚实的基础。

1952年，郭力在一汽厂长的位置上只做了半年，便主动请辞，引出了一个"厂长找厂长"的动人故事。后来"被找到"的厂长，就是长期在东北工作，对东北情况很熟悉，且拥有广泛社会关系的饶斌。

饶斌祖籍南京，1913年生于吉林，原名饶鸿熹，早年曾就读于同济大学医学院，1937年入党后，赴山西抗日，历任中共晋西北临时省委秘书长、静乐地委副书记、中共晋西北八分区地委书记、中共中央晋绥分局党校教育长、中共辽宁省委组织部副部长、抚顺市和吉林市委书记、东北民主联军驻图们卫戍司令部司令员、哈尔滨市市长、中共松江省省委副书记、松江省副省长等职。

显然，这是一位有着丰富斗争经验和管理经验的革命者。在当时的环境和条件下，饶斌也的确比技术出身的郭力更适合担任一汽的"一把手"。

1952年12月8日，饶斌被正式任命为汽车工业筹备组组长、长春652工厂（第一汽车制造厂）厂长。

1953年7月，一汽正式开工建设。在饶斌的领导下，一汽仅用了3年时间便建成投产。1956年7月14日，第一批解放牌汽车驶下一汽总装线，结束了新中国不能自主造车的历史。

1960年1月，饶斌调任机械部副部长兼汽车轴承局（六局）局长。1964年，饶斌受命建设第二汽车厂，也就是我们平时说的"二汽"，即今天的东风汽车集团。

和建设一汽时不同，在建设二汽的那个特殊时期里，饶斌遭遇了各种各样的干扰。虽然如此，他还是用16年的时间把二汽推向了正确的轨道。

二汽建成投产后，饶斌再次被调回北京，担任机械部部长。改革开放后的汽车合资项目，饶斌也是深度参与者。

1987年8月，饶斌逝世，享年74岁。

主导建设了一汽、二汽，并建立了中国汽车工业体系和运行体系的饶斌，被誉为"中国汽车工业之父"。

项目三
驾驶员操作信号传感器检测

项目描述

传感器是进行信号变换的器件,它先将非电量信号转换成电信号输入到电控单元,然后电控单元按照设定的程序对这些信号进行分析计算,在整体范围内控制各执行元件,以使新能源汽车各项性能达到最优。

驾驶员操作信号传感器主要包含加速踏板位置传感器、制动踏板位置传感器和电子换档器这三种。因此,本项目主要以案例的形式介绍驾驶员操作信号传感器的功用和原理,并以比亚迪 e5 为例介绍驾驶员操作信号传感器检修的相关操作步骤。

目标要求

1)理解驾驶员操作信号传感器的功用和原理。

2)对比各车型操作信号传感器之间的差异,掌握其操作信号传感器各自的特点。

3）通过查阅维修手册，能够分析驾驶员操作信号传感器存在的故障。

4）通过学习，能够独立完成驾驶员操作信号传感器的检修。

知识准备

一、加速踏板位置传感器

当驾驶员踩下加速踏板时，加速踏板位置传感器就将加速踏板被踩下的快慢或深浅转换为电信号传递给整车控制器，整车控制器经过分析、判断后，发出指令给电机控制器来控制驱动电机的转速和转矩。加速踏板位置传感器安装在驾驶室加速踏板轴的一端，用于检测汽车加速或减速信号。一般来讲，不同类型的新能源汽车采用不同的加速踏板位置传感器，其控制原理也不一样。

（一）荣威 E50 加速踏板位置传感器

荣威 E50 采用的加速踏板位置传感器属于滑动电阻式传感器，安装在加速踏板轴的一端，如图 3-1 所示。驾驶员通过脚踩加速踏板使得传感器内部指针滑动，改变滑动电阻器的阻值，从而影响加载在其上面的电压值，由此监测加速踏板的加、减速信号。

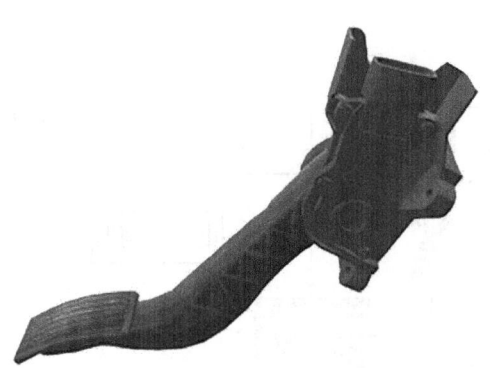

图 3-1　加速踏板位置传感器安装位置

荣威 E50 的加速踏板位置传感器线路（图 3-2）有两个滑动电阻器、6 个针脚。每 3 个针脚形成一个完整的线路，两个滑动电阻器分别布置在两个线路中，两组滑动电阻器可以相互检测，如果其中一个出现故障，则 VCU 可以接收到另一个正确的信号。

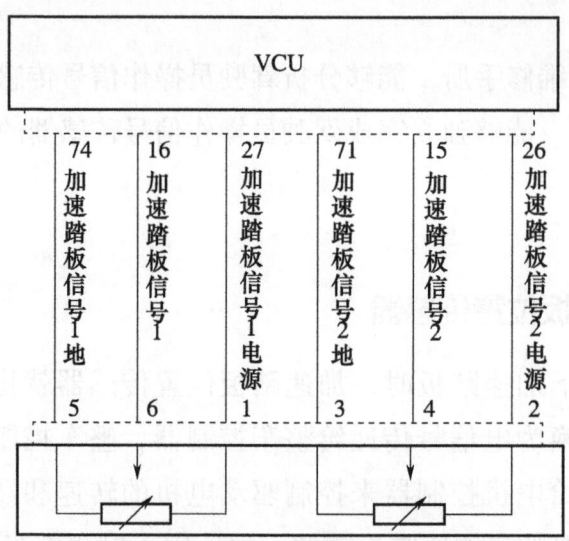

图 3-2 加速踏板位置传感器线路示意图

当驾驶员踏下加速踏板时,加速踏板位置传感器将加速信号传递给 VCU,VCU 根据此信号并结合各电控单元采集到的信息,进行数据分析和处理之后,形成新的指令信号发送到高压电池包和电机,输出合适的转速和转矩,从而使电动汽车以驾驶员预期的速度行驶,如图 3-3 所示。

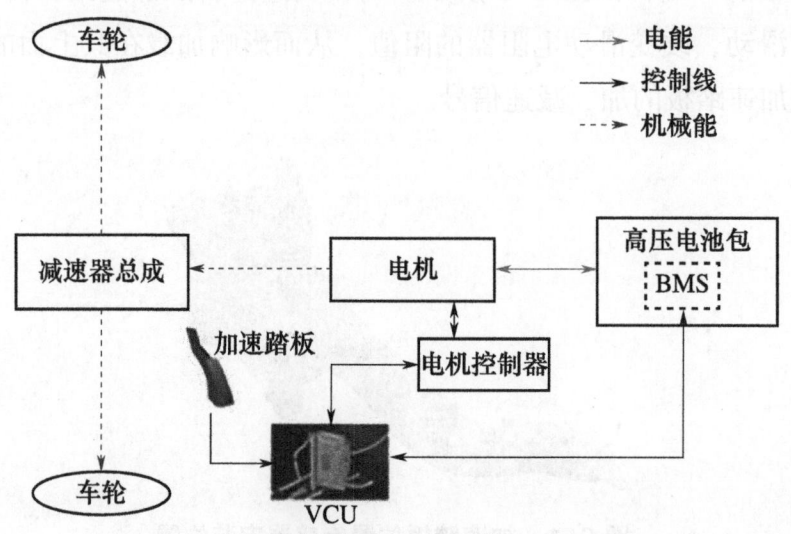

图 3-3 加速踏板位置传感器工作原理示意图

(二)北汽 EV160 加速踏板位置传感器

北汽 EV160 加速踏板位置传感器的安装位置和工作原理同荣威 E50 的一样,故在此不再赘述。

(三)丰田普锐斯加速踏板位置传感器

丰田普锐斯混合动力系统(THS-Ⅱ)使用非接触型加速踏板位置传感器。该传感器使用安装在加速踏板总成上的霍尔集成电路,其结构如图 3-4 所示。

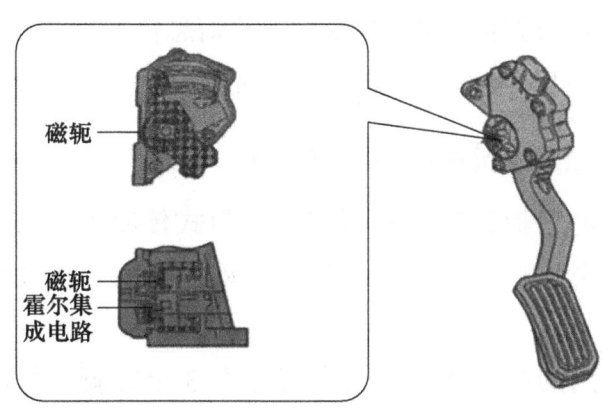

图 3-4　普锐斯加速踏板位置传感器结构

安装在加速踏板臂上的磁轭根据施加在加速踏板上的作用力围绕霍尔集成电路旋转。霍尔集成电路将此时产生的磁通量变化转换为电信号,并将其输出至整车控制器(HV ECU)。

霍尔集成电路包含主信号和副信号电路,如图 3-5a 所示。它将踩下加速踏板的角度转换为具有不同特征的两个电信号,并将其输出至整车控制器(HV ECU)。输出信号特征曲线如图 3-5b 所示。

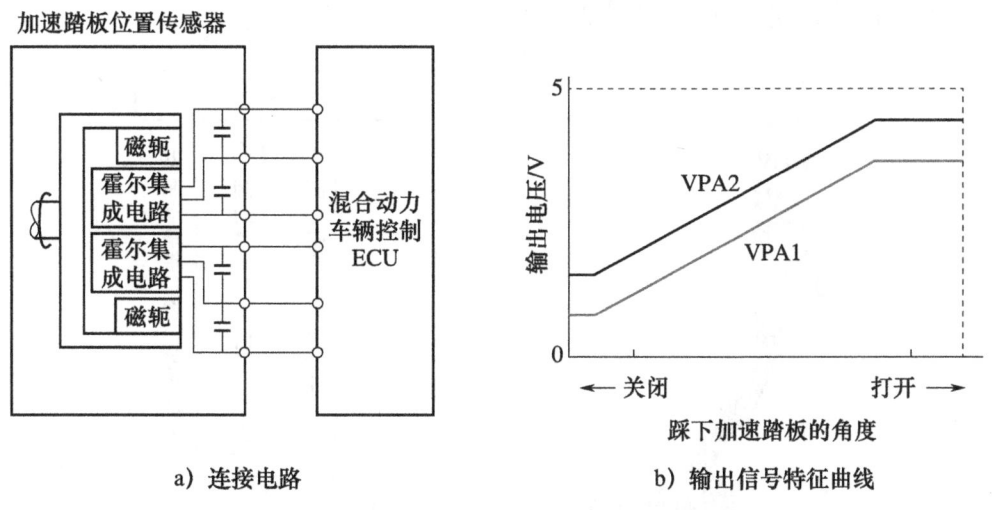

a)连接电路　　　　b)输出信号特征曲线

图 3-5　普锐斯加速踏板位置传感器连接电路及输出信号特征曲线

二、制动踏板位置传感器

制动踏板位置传感器一般安装在制动踏板支架上,新能源汽车制动踏板除了具有传统汽车制动踏板的功用之外,还是新能源汽车整车控制和制动能量回收的信号依据。

制动踏板位置传感器将制动踏板的位置信息传递给整车控制单元,整车控制单元将制动信息传递给相关的控制单元,从而进行车辆制动。

(一)荣威 E50 制动踏板位置传感器

荣威 E50 制动踏板位置传感器属于电阻式传感器,安装位置如图 3-6 所示。当踩下或松开制动踏板时,带动滑动电阻的阻值变化,并将其转换为电信号。

荣威 E50 采用的制动踏板位置传感器有 3 个针脚,如图 3-7 所示。当驾驶员踩下制动踏板时,制动踏板位置传感器将制动信号传输给 VCU,VCU 根据各电子控制单元采集的动力电池状态信息和其他信息,进行数据分析和处理,并形成新的指令信号发送到相应的功能模块,迅速减少动力电池电流大小,使得电机输出更小的转矩,以实现驾驶员制动这一意愿。同时,踩下制动踏板能够接通与制动灯相连的电路令制动灯亮起;在减速过程中,车轮通过传动装置拖动永磁同步电机转子运转,旋转的永久转子磁场,分别切割 U 相、V 相、W 相的定子绕组且产生 U、V、W 三相交流电,同时电机控制器接收 VCU 的控制信号,将输入的三相交流电整流为直流电储存到动力电池中,如图 3-8 所示。

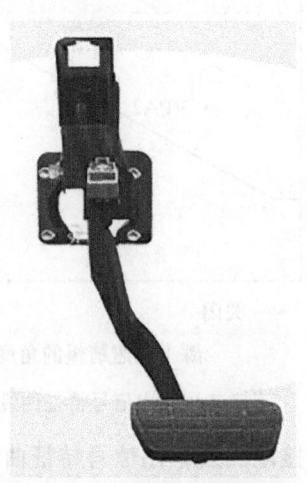

图 3-6 制动踏板位置传感器安装位置

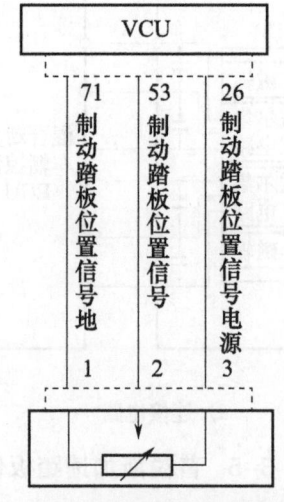

图 3-7 制动踏板位置传感器针脚示意图

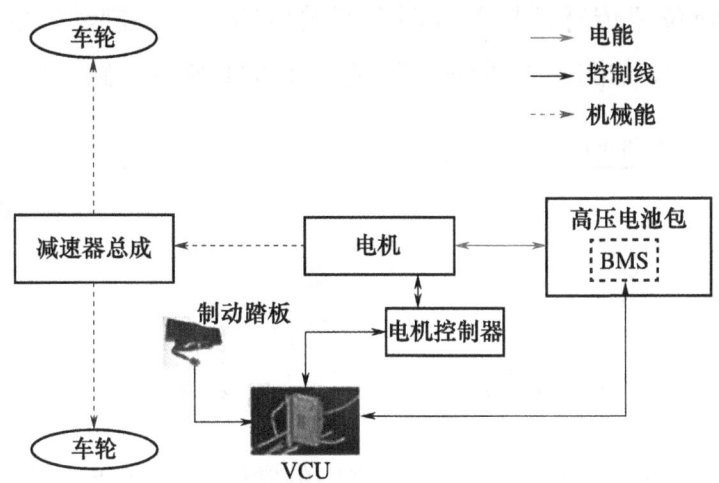

图 3-8 制动踏板位置传感器工作原理示意图

（二）北汽 EV160 制动踏板位置传感器

北汽 EV160 采用的是开关型制动踏板位置传感器，安装在制动踏板轴的一端，用于检测汽车制动状态，同时可作为制动灯的开关，如图 3-9 所示。

北汽 EV160 制动踏板位置传感器有 4 个针脚，如图 3-10 所示。针脚含义见表 3-1。

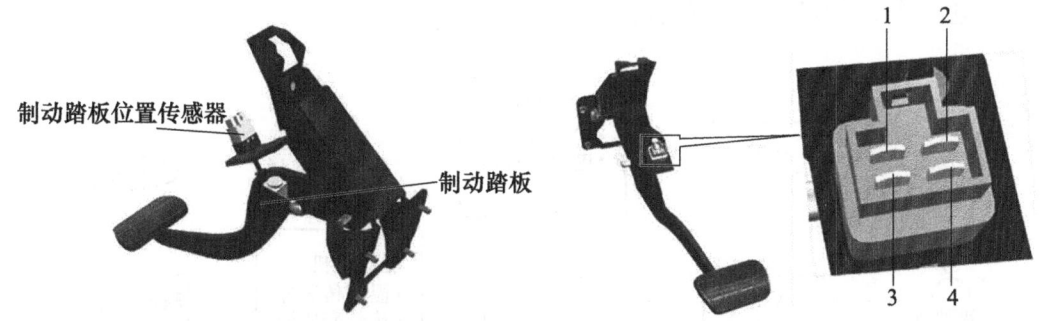

图 3-9 制动踏板位置传感器位置　　图 3-10 制动踏板位置传感器针脚

表 3-1 制动踏板位置传感器针脚含义

序号	含义
1	制动灯 EMS（负极）
2	VCU EMS（负极）
3	B+（电源线正极）
4	IG（点火档位有电，正极）

制动踏板位置传感器控制着两个开关电路，连接制动灯的是常闭电路（制动灯被短路），如图 3-11 所示，连接 VCU 的是常开电路，如图 3-12 所示。

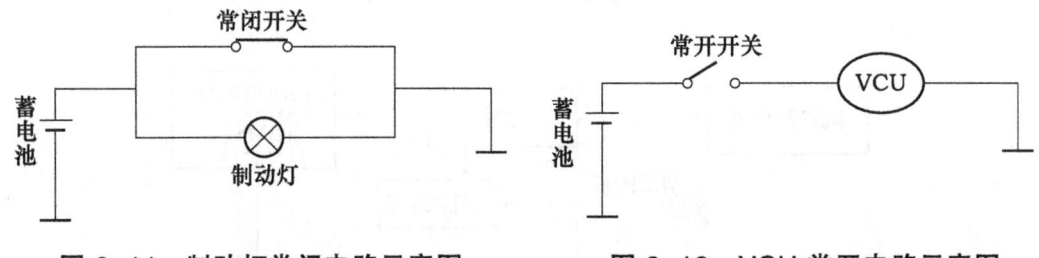

图 3-11　制动灯常闭电路示意图　　　　图 3-12　VCU 常开电路示意图

当制动踏板被踩下时，制动灯电路中的常闭开关打开，制动灯点亮，同时 VCU 中的常开开关闭合，并将制动信号传输给 VCU。VCU 根据此信号，结合各电控单元（MCU、BMS）采集到的信息，进行数据分析和处理后，将指令信号输送到 MCU 和 BMS，BMS 控制动力电池中断给 MCU 的电能，从而使车辆减速和停车。

当电子换档器处于 D/E 位，踩下制动踏板减速时，驱动轮通过传动装置拖动永磁同步电机转子运转，旋转的永久转子磁场，分别切割 U 相、V 相、W 相的定子绕组且产生 U、V、W 三相交流电，同时电机控制器接收整车控制器回收电能的控制信号，将输入的三相交流电整流为直流电储存到动力电池中，如图 3-13 所示。

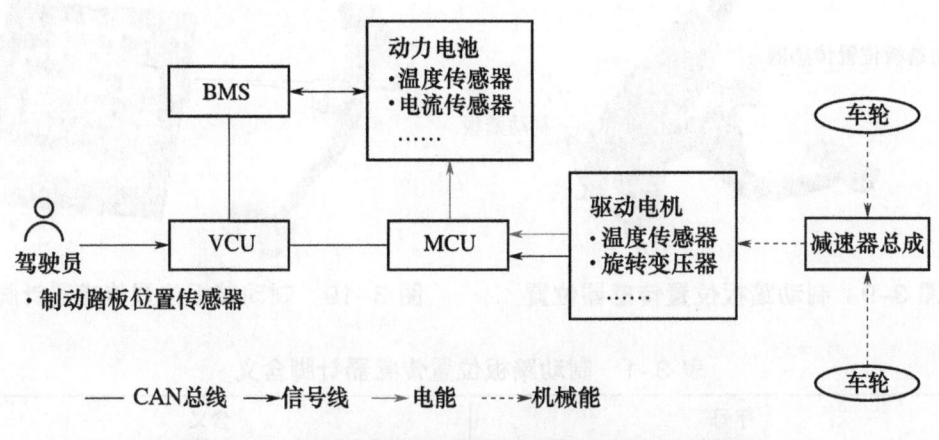

图 3-13　制动踏板位置传感器控制原理示意图

（三）比亚迪·秦制动踏板位置传感器

比亚迪·秦的制动踏板位置传感器与北汽 EV160 的制动踏板位置传感器

原理基本相同，其制动踏板位置传感器为整车控制单元和制动能量回收提供信号，同时作为制动灯的开关。其电路图如图3-14所示。

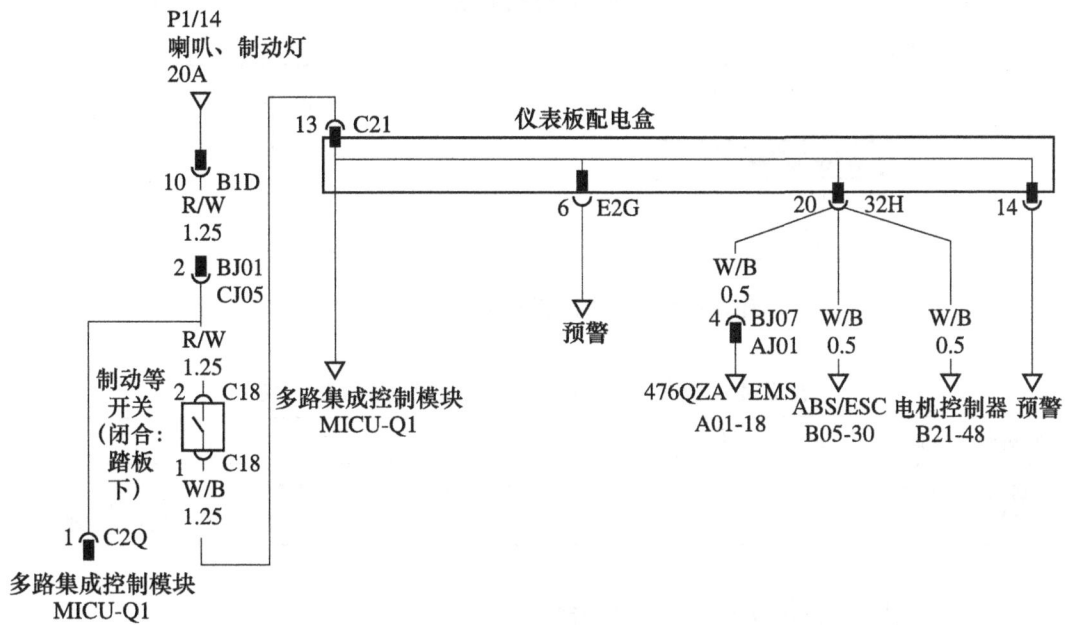

图3-14　比亚迪·秦制动踏板位置传感器电路图

三、电子换档器（档位传感器）

新能源汽车的换档器有别于传统汽车的换档器，新能源汽车的换档器多为电子换档器，档位传感器一般安装在变速杆总成上，用于检测档位并发送档位信号到整车控制单元。

电子换档器能够将驾驶员操作意图通过电信号传输到变速单元，控制变速单元进行档位变换。目前常采用机械式触点开关或开关式霍尔传感器作为电子换档器的档位感应元件。

（一）荣威E50电子换档器

荣威E50采用的是电子式换档组件，包括P（停车档）、R（倒车档）、N（空档）、D（前进档）四个档位。荣威E50电子换档组件接口处共有15个针脚，其接口针脚如图3-15所示。

荣威E50换档机构控制模块针脚定义，见表3-2。换档手柄在正常状态下工作时，可以在P、R、N、D四个档位间进行切换，同时对应档位的LED指示灯亮起。

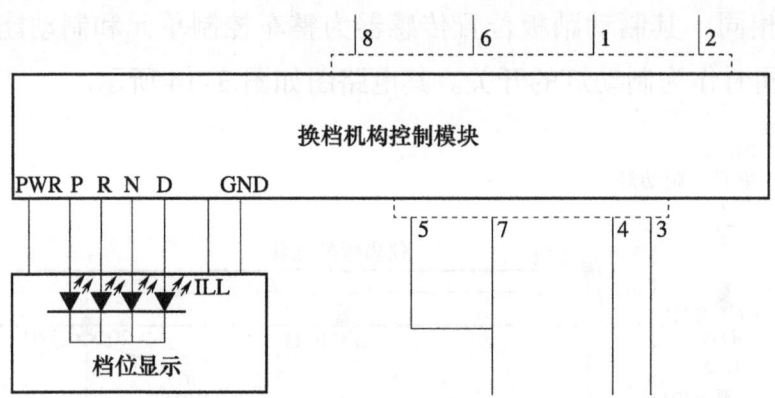

图 3-15 换档机构控制模块接口针脚

表 3-2 换档机构控制模块接口针脚功能定义

针脚号	8	6	1	2	3	4	7	5
功能定义	控制信号	照明电源	电源供电	电源供电	高速CAN1（高位数据线）	高速CAN1（高位数据线）	电源地端	电源地端

（二）北汽 EV160 电子换档器

北汽 EV160 采用的是旋钮式电子换档器，档位设置 R（倒车档）、N（空档）、D（前进档）、E（用于能量回收），独有的 E 位（E+ 和 E-）是能量回收可调模式，能根据用户不同感受改善能量回收及制动性能，以延长续驶里程，如图 3-16 所示。驾驶员将档位调节至 E 位时，通过 E+ 和 E- 按钮，对能量回收的程度进行调节，北汽 EV160 汽车的能量回收有三种模式：轻度回收、中度回收和重度回收。

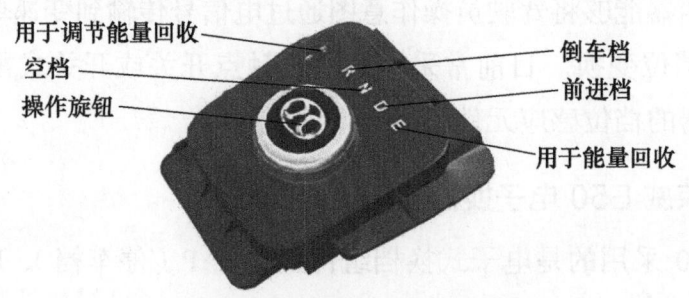

图 3-16 旋钮式电子换档器

北汽 EV160 电子换档器的接口处有 12 个针脚，如图 3-17 所示，针脚定义见表 3-3。

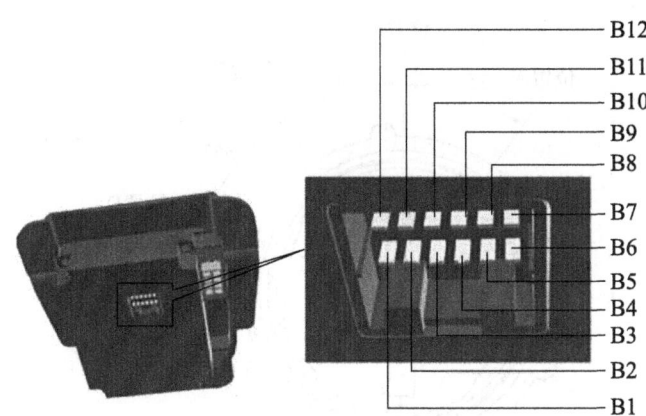

图 3-17 北汽 EV160 电子换档器针脚示意图

表 3-3 旋钮式电子换档器结构针脚定义

序号	功能定义	电压 /V			电流 /mA
		Min	Normal	Max	
B1	电源供电	6.50	12.00	19.00	500
B2	相位信号 1	—	4.45/0.28	—	1.00
B3	相位信号 2	—	4.45/0.28	—	1.00
B4	相位信号 3	—	4.45/0.28	—	1.00
B5	相位信号 4	—	4.45/0.28	—	1.00
B6	电源地端	—	—	—	500.00
B7	背光灯电源	0.00	12.00	—	50.00
B8	备用	—	—	—	—
B9	背光灯地端	—	—	—	50.00
B10	方向盘换档拨片接插件脚 1（未采用）	—	—	—	—
B11	方向盘换档拨片接插件脚 2（未采用）	—	—	—	—
B12	备用	—	—	—	—

电子换档器对环境条件有一定的要求：使用环境温度为 -40～85℃；存储环境温度为 -40～90℃。

电子换档器正常的工作电压范围为 9～16V；静态电流 $I \leqslant 100mA$。

电子换档器的 R-N-D-E 四个档位，相当于四个开关，其操作角度为 35°，由旋钮轨道来实现，如图 3-18 所示。

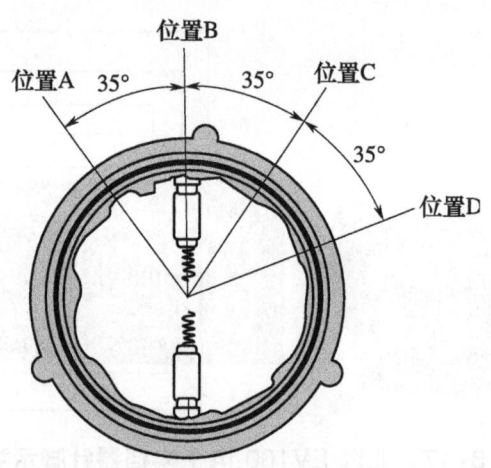

图 3-18　电子换档器的操作角度示意图

换档旋钮在正常状态下工作时，应可以在 R、N、D、E 四个档位间进行切换，同时仪表面板上显示相对应的档位字母。

（三）比亚迪·秦电子换档器

比亚迪·秦采用了 6 速 DCT 干式双离合自动变速器，配以电子式变速杆，包含 P、R、N、D 四个档位，可以在 4 个档位间自由切换，如图 3-19 所示。档位传感器安装在变速器换档总成上，用以检测档位信息并通过 CAN 线将检测到的档位信息以电信号的形式发送给整车控制单元。

图 3-19　比亚迪·秦档位示意图

档位传感器将当前档位状态信息（P-R-N-D）发送至整车控制单元，整车控制单元综合整车信息进行分析、计算，发送指令给电机控制器和发动机控制单元，控制驱动电机和发动机，调整车辆行驶状态以适应所选档位。其电路图如图 3-20 所示。

项目三 驾驶员操作信号传感器检测

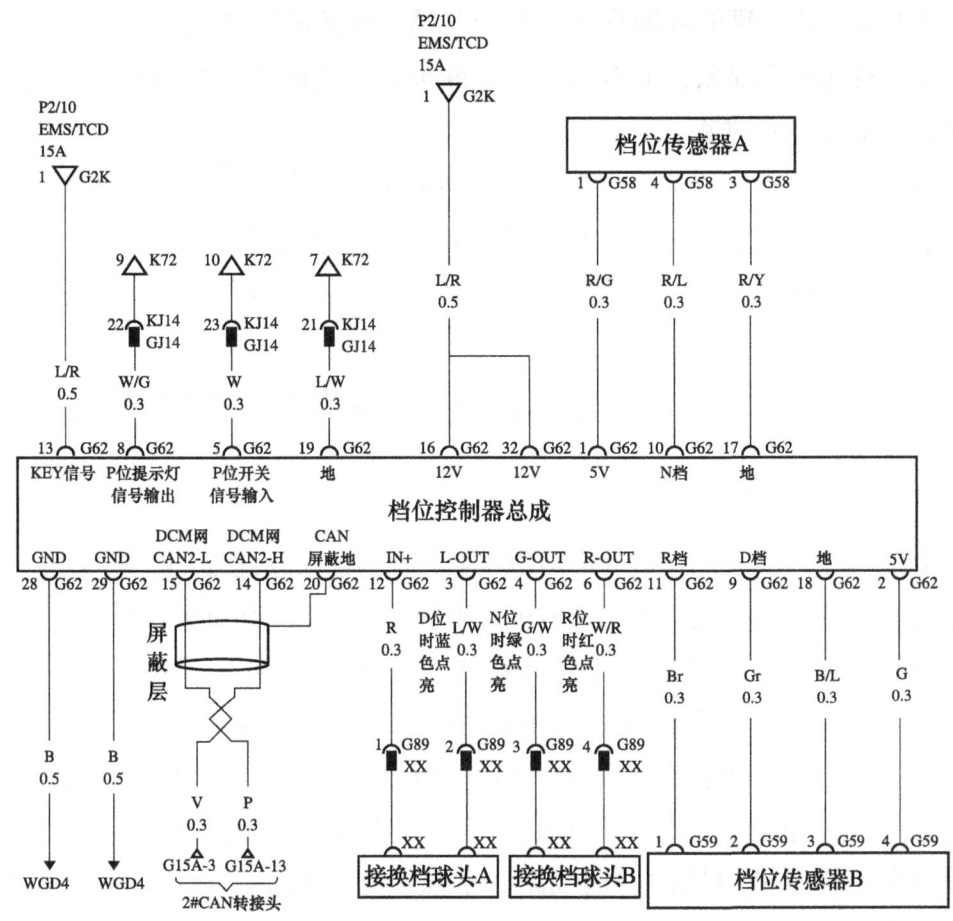

图 3-20 比亚迪·秦档位传感器电路图

典型工作任务

任务1 开关输出信号线（+）断路故障检修

一、任务导入

（一）任务描述

现有一辆 2019 款比亚迪 e5 出现驻车时车辆无法挂入 P 位的故障现象。作为维修技师，请你分析该车型的特点、组成、电路图，对故障进行系统检测，依据检测结果确认故障点，并对故障进行维修。

（二）任务分析

要实现该故障的检测，需要按照以下主要步骤进行分析：

067

1）确认该车辆的故障现象，是否与用户所述故障现象一致。

2）根据故障现象，分析可能的诊断策略，按照 P 位按键按下去之后信息传递的顺序进行排查。

3）分析按下 P 位按键之后，信息按照 P 位开关模块、P 位开关模块与传感器模块之间的连接、档位传感器模块的顺序进行传输。

4）针对可能出现问题的模块，结合相关电路图进行分析，进一步分析可能的故障原因。

5）实施检测与诊断，确定故障范围，修复故障，并验证诊断结果。

二、任务资讯

纯电动汽车的 P 位所起的作用相当于传统自动变速器的"驻车档"，在纯电动汽车中也称为驻车档。2019 款比亚迪 e5 出现 P 位无法挂入的现象，说明 P 位按键按下去之后，无法将该信息传递给车辆，车辆并未收到该信息，导致车辆各个控制模块默认为驾驶员未执行相关操作指令，这样车辆就不会有反馈（完成驻车操作），故障诊断仪也不会有故障码的存在。这就需要针对具体车辆，分析 P 位按键按下去之后，信息的传递线路，依照传递线路分析涉及的模块的供电线路、搭铁线路、模块与模块之间的单独信号传输线路的连接等问题。

三、任务组织

（一）实施准备

1）所需的各种防护用品准备：工位、隔离带、安全警告标志牌、车辆挡块、灭火器（水基型、干粉型）、绝缘垫、绝缘工作台、棉线手套、绝缘手套、防静电手套、护目镜、安全帽、车外三件套、车内多件套、急救包、除颤仪。

2）常用工具、设备准备：万用表、诊断仪、万用接线盒、绝缘工具套装。

3）资料准备：维修手册、电路图、其他资料。

（二）制订计划

依据任务要求、任务分析，结合实施准备，小组内相互讨论，制订工作计划，将工作计划步骤、选择该步骤的理由写在表 3-4 的相应位置，并选派代表进行汇报展示。

表 3-4 计划表

1. 作业计划

序号	作业项目	操作要点	注意事项
1			
2			
3			
4			
5			
6			

2. 设备清单

序号	设备名称	用途	规格型号	数量
1				
2				
3				
4				
5				
6				

3. 其他材料清单

序号	材料名称	用途	规格型号	数量
1				
2				
3				
4				

审核	小组审核意见： 组长签字： 年 月 日 教师审核意见： 教师签字： 年 月 日

四、任务实施

在做好个人安全防护、维修场地安全检查之后，按照维修诊断的准备流程，做好诊断前的各项准备工作。

（一）故障诊断流程

1. 车辆故障现象确认

车辆驻车时，车辆出现无法挂入 P 位的故障现象，故障现象如图 3-21 所示。

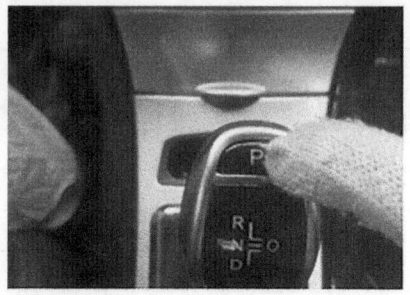

图 3-21　车辆出现故障现象

2. 模块通信状态及故障码检查

连接故障诊断仪，分析可能的故障原因。

1）故障码文字描述。

2）诊断仪显示无故障码，如图 3-22 所示。

3）相关数据流文字描述：无相关数据流。

图 3-22　诊断仪显示无故障码

3. 确认故障范围

确认可能是 P 位开关模块或档位传感器模块的供电线路、搭铁线路及相关线路元件故障，故障还有可能出现在两模块之间的单独的信号连接线路中。

4. 检测分析

将车辆驻车后，发现车辆无法挂入 P 位，读取故障码时，发现无故障码信息，说明驾驶员按下 P 位按键之后，相应模块未收到相关信号，导致车辆认为无 P 位按键按下的信息输入，此时用故障诊断仪读取故障码，必然会反馈无故障码的信息。根据此车原理，查阅电路图册，锁定故障范围，围绕 P 位开关模块、档位传感器模块开展故障排查。任意模块的供电、搭铁、相关线路元件的故障都可能导致无法接收驾驶员按下P位按键的信号，故障还有可能出现在两个模块之间单独的信号连接线中，导致车辆无法挂入P位，整个的诊断过程围绕相关分析有序开展排查。

检测电路图如图3-23所示。

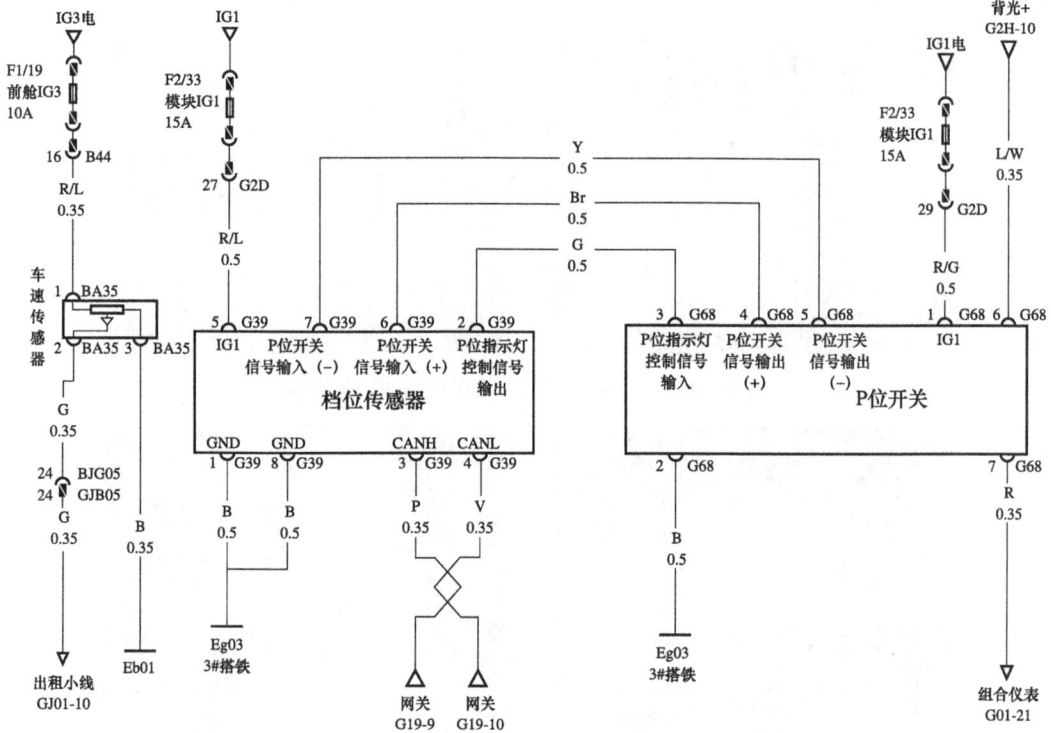

图3-23 部分电路图

5.具体检测过程

（1）故障点的检测

首先测量P位开关模块的供电是否正常，标准电压值为12V左右，如图3-24所示。

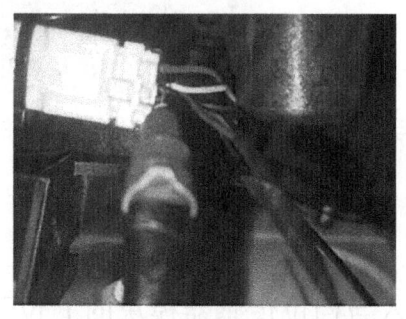 

图3-24 测量P位开关G68/1号线与搭铁之间的电压值

用电阻测量法测量 P 位开关模块的搭铁与车身搭铁之间的电阻值，为 0Ω 左右，说明搭铁正常。

检查 P 位开关模块与档位传感器之间的单独信号传输线路的连接情况。检查 P 位开关信号的输出线（-）与档位传感器模块的 P 位开关信号的输入线（-）之间的线路连接情况，如图 3-25~图 3-27 所示。

图 3-25　车辆下电，断开低压电源负极

图 3-26　断开维修开关，置于收纳盒中，车辆静置 5min

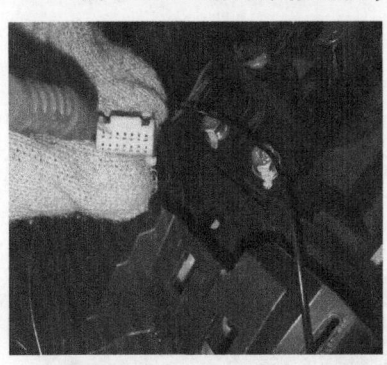
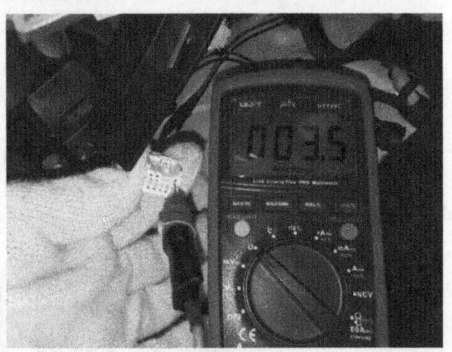

图 3-27　测量档位传感器模块 G39/7 号与 P 位开关模块的 G68/5 号之间的电阻值

两者之间的单独通信线路的电阻值正常，说明该条线路不存在断路、短路现象。

检查 P 位开关指示灯控制信号输入与档位传感器模块的 P 位开关指示

灯控制信号输出之间的连接情况，如图 3-28 所示。

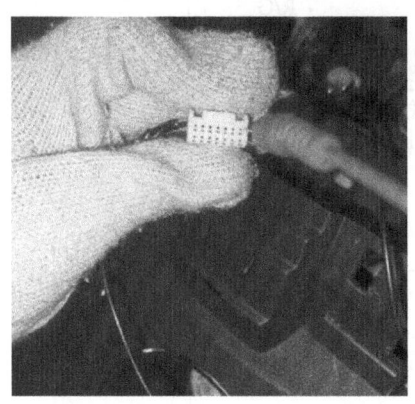
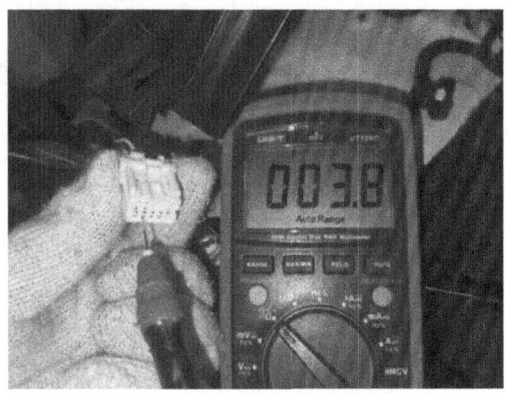

图 3-28　测量档位传感器模块 G39/2 号与 P 位开关模块
G68/3 号之间的电阻值

两者之间的单独通信线路的电阻值正常，说明该条线路不存在断路、短路现象。

检查 P 位开关信号的输出线（+）与档位传感器模块的 P 位开关信号的输入线（+）之间的线路连接情况，如图 3-29 所示。

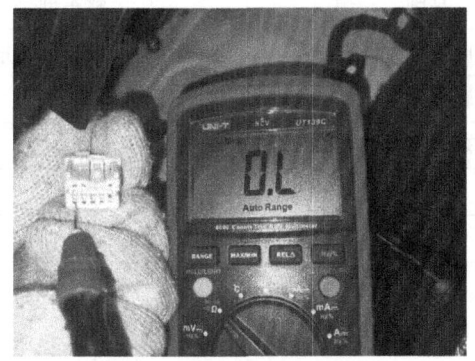

图 3-29　测量档位传感器模块（+）G39/6 号与 P 位开关模块
G68/4 号之间的电阻值

两者之间的单独通信线路的电阻值为无穷大，说明该条线路存在断路现象。

（2）故障点确定及修复

经过上述检测，可以得出 P 位开关信号的输出线（+）与档位传感器模块的 P 位开关信号的输入线（+）之间的线路出现断路故障的结论，其故障点如图 3-30 所示（截取自图 3-23），修复故障后，可以实现正常驻车。

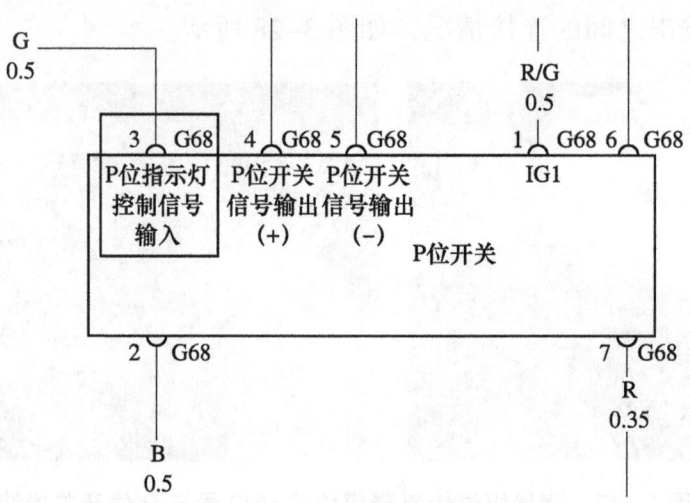

图 3-30 确定故障点

（二）任务记录工单

任务单	开关输出信号线（+）断路引起车辆无法实现驻车功能	班级：	
		姓名：	

1. 车辆信息记录

品牌		整车型号		生产年月	
电机型号		动力电池容量		行驶里程	
车辆识别代码					

2. 车辆基本检查

检查项目	检查情况	
安全防护		是□ 否□
辅助蓄电池电压		异常□ 正常□
高压部件安装及插接器连接情况		异常□ 正常□
储液罐液位		异常□ 正常□

3. 故障现象记录

诊断项目	诊断内容
确认故障现象	

4. 读取相关故障码

诊断项目	诊断内容
相关故障码描述	

5. 记录相关主要数据流

诊断项目	诊断内容
相关数据流描述	

(续)

6. 故障范围分析	
诊断项目	诊断内容
初步诊断故障范围	

7. 故障检测过程			
步骤	检测项目	测量结果	结果分析
1			
2			
3			
4			
5			
6			
7			
8			

8. 故障诊断结论	
确认故障部位	
故障机理描述	

9. 维修处理方法	
维修建议	零部件/总成　　维修□　更换□
维修工时	

（三）相关故障拓展

按下 P 位按键之后，P 位无反应，车辆无法实现驻车，故障诊断仪不显示故障码，出现这类故障现象主要是因为按下 P 位按键的信号并未传输给车辆，对于车辆而言，则相当于没有输入信号，所以故障诊断仪上面不显示故障。遇到此类故障，需要从驾驶员动作的输入端开始排查，首先排查到 P 位开关模块，然后再进行 P 位开关模块与档位传感器模块信号传输线路的排查，最后是档位传感器模块的排查。即按照按下 P 位按键之后，信息传递的次序依次进行模块及线路的排查，这种诊断思路也会用在一些无法充电的故障排查上面。

五、任务评价

开关输出信号线（+）断路引起车辆无法实现驻车功能		姓名：	
日期：	班级：	学号：	
自我评价：□熟练 □不熟练	组长评价：□熟练 □不熟练	教师签名：	
教师评价：□优秀 □良好 □合格 □不合格			

开关输出信号线（+）断路引起车辆无法实现驻车功能 【评分细则】

序号	评分项	得分条件	分值	评分要求	自我评价	组长评价	教师评价
1	安全/7S/态度	□1. 能接受任务并完成任务 □2. 能进行设备和工具安全检查 □3. 能进行车辆安全防护操作 □4. 能进行人员高压安全防护操作 □5. 能进行三不落地操作 □6. 能进行团队合作作业 □7. 能进行工位7S操作 □8. 能进行有效沟通	20	未完成1项扣3分，扣分不得超过20分	□能做到 □做不到	□能做到 □做不到	□优秀 □良好 □合格 □不合格
2	专业技能	□1. 能正确检查车辆基本状态 □2. 能正确检查开关输出信号线（+）断路引起车辆无法实现驻车功能故障现象 □3. 能正确读取故障码及数据流信息 □4. 能正确分析故障原因 □5. 能正确制定诊断检测流程 □6. 能正确使用检测设备 □7. 能正确找到故障点 □8. 能正确分析故障机理 □9. 能合理提出维修建议	40	未完成1项扣5分，扣分不得超过40分	□熟练 □不熟练	□熟练 □不熟练	□优秀 □良好 □合格 □不合格
3	工具及设备使用能力	□1. 能正确使用维修工具 □2. 能正确使用充电装置 □3. 能正确使用万用表、诊断仪、示波器等诊断设备 □4. 能正确使用专用工具	5	未完成1项扣3分，扣分不得超过5分	□熟练 □不熟练	□熟练 □不熟练	□优秀 □良好 □合格 □不合格

（续）

序号	评分项	得分条件	分值	评分要求	自我评价	组长评价	教师评价
4	资料、信息查询能力	□1. 能正确查询车辆信息 □2. 能正确使用维修手册查询资料 □3. 能正确记录所查询资料的章节及页码 □4. 能正确记录检查状态信息	10	未完成1项扣3分，扣分不得超过10分	□熟练 □不熟练	□熟练 □不熟练	□优秀 □良好 □合格 □不合格
5	数据判断和分析能力	□1. 能判断开关输出信号线（+）断路引起车辆无法实现驻车功能故障仪表状态 □2. 能判断仪表指示灯状态 □3. 能判断故障码 □4. 能判断数据流 □5. 能分析诊断仪器检测结果	10	未完成1项扣2分，扣分不得超过10分	□能做到 □做不到	□能做到 □做不到	□优秀 □良好 □合格 □不合格
6	表单填写及撰写能力	□1. 字迹清晰 □2. 语句通顺 □3. 无错别字 □4. 无涂改 □5. 无抄袭	5	未完成1项扣1分，扣分不得超过5分	□熟练 □不熟练	□熟练 □不熟练	□优秀 □良好 □合格 □不合格
7	素养	□1. 注重团队合作 □2. 注意安全防护 □3. 注意保护实训设备 □4. 做到三不伤害 □5. 保护环境	10	未完成1项扣2分，扣分不得超过10分	□能做到 □做不到	□能做到 □做不到	□优秀 □良好 □合格 □不合格

否决项：1. 操作过程产生高压危险或设备损坏；2. 操作人员或其他人员受伤；3. 隐瞒车辆故障或其他安全隐患

总分：

任务2 档位传感器供电线路断路故障检修

一、任务导入

（一）任务描述

现有一辆2019款比亚迪e5出现挂档无反应，仪表显示"请检查电子驻车系统"的故障现象。作为维修技师，请你分析该故障现象，并对故障进行检测，依据检测结果确认故障点。

（二）任务分析

要实现该故障的检测，需要按照以下主要步骤进行分析：

1）确认该车辆的故障现象,是否与用户所述故障现象一致。

2）根据故障现象,分析可能的诊断策略,有针对性地确定大体的故障范围。

3）连接故障诊断仪,进一步确认故障范围区间。

4）针对可能出现问题的模块,结合相关电路图进行分析,进一步分析可能的故障原因。

5）实施检测与诊断,确定故障范围。

6）修复故障,清除故障码,车辆上电检测,并填写诊断结果。

二、任务资讯

档位传感器也叫档位开关传感器,是用来检测档位信号的,驾驶员在操控档位的过程中,档位传感器检测驾驶员操作的档位信号,该传感器检测到档位信号后,会以电信号(比如不同的电压值信号)的形式传递给整车控制器模块,整车控制器模块依据接收的电信号的不同,会与其他控制模块(比如电机控制器、电池管理系统等)完成信息交换,最后控制相应的执行单元(比如电池包、电机等)实现相应的功能,从而完成驾驶员的意图。

三、任务组织

(一)实施准备

1）所需的各种防护用品准备:工位、隔离带、安全警告标志牌、车辆挡块、灭火器(水基型、干粉型)、绝缘垫、绝缘工作台、棉线手套、绝缘手套、防静电手套、护目镜、安全帽、车外三件套、车内多件套、急救包、除颤仪。

2）常用工具、设备准备:万用表、诊断仪、万用接线盒、绝缘工具套装。

3）资料准备:维修手册、电路图、其他资料。

(二)制订计划

依据任务要求、任务分析,结合实施准备,小组内相互讨论,制订工作计划,将工作计划步骤、选择该步骤的理由写在表3-5相应位置,并选派代表进行汇报展示。

表 3-5 计划表

1. 作业计划			
序号	作业项目	操作要点	注意事项
1			
2			
3			
4			
5			
6			
7			
2. 设备清单				
序号	设备名称	用途	规格型号	数量
1				
2				
3				
4				
5				
6				
3. 其他材料清单				
序号	材料名称	用途	规格型号	数量
1				
2				
3				
4				
审核	小组审核意见：		组长签字： 年 月 日	
	教师审核意见：		教师签字： 年 月 日	

四、任务实施

在做好个人安全防护、维修场地安全检查之后，按照维修诊断的准备流程，做好诊断前的各项准备工作。

（一）故障诊断流程

1. 车辆故障现象确认

车辆挂档时，出现挂档无反应，仪表显示"请检查电子驻车系统"的故障现象，如图3-31所示。

2. 模块通信状态及故障码检查

车辆下电，连接故障诊断仪，读取相应故障码，依据故障码或者数据流确定可能的故障原因。

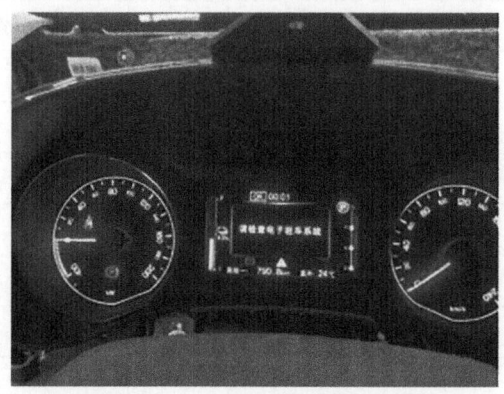

图3-31 车辆出现故障现象

1）故障码文字描述。

2）诊断仪读取整车控制器的信息，显示"与档位控制器通信故障"，如图3-32、图3-33所示。

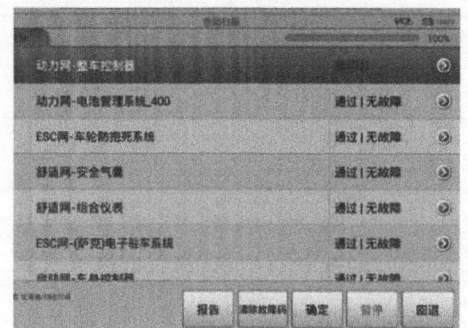 

图3-32 诊断仪显示VCU有故障　　图3-33 VCU报与档位控制器通信故障

3）相关数据流文字描述：无相关数据流。

3. 确认故障范围

确认可能是档位传感器模块的供电线路、搭铁线路及相关线路中的元件故障。

4. 检测分析

出现挂档无反应，仪表显示"请检查电子驻车系统"的故障现象，首先可以排除掉档位传感器与网关之间的通信故障，若一旦出现档位传感器与网关之间的通信故障，则会直接显示"相关的通信存在问题"。该故障现象在挂档的前提下，诊断仪仅显示了电子驻车系统的故障，因此只需要围绕电子驻车系统所涉及的档位传感器模块进行排查即可。检测电路图如图 3-34 所示。

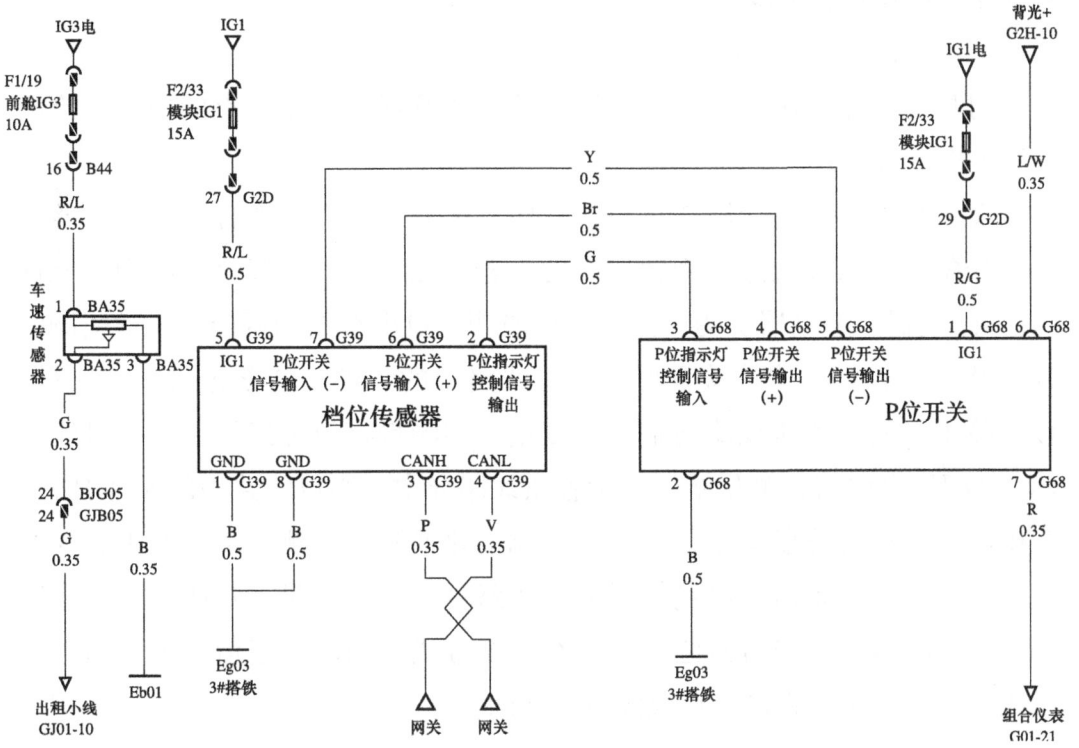

图 3-34　查阅的电路图

5. 具体检测过程

（1）故障点的初步检测

首先测量档位传感器模块的供电是否正常，标准电压值为 12V 左右，测量如图 3-35 所示。

图 3-35　测量档位传感器 G39/5 号线与搭铁之间的电压值

测量结果显示电压值为0V，说明整个供电线路出现问题，需要进一步排查供电线路的故障点，先测量熔丝及继电器的电压值，然后再采用电阻法测量，缩小检查范围。

（2）详细故障点检测

对供电线路采用电阻法分段测量的方式开展详细故障点的检测，检测过程如图3-36~图3-40所示。

在采用电阻法对线路测量时，一般采用先整体、后部分、再元件的策略，先整体测量该线路是否存在问题，若存在问题，则以该线路中的元件（比如熔断器、继电器）为中间点，分段测量供电线路的两端与元件引脚的连接状况，若显示均连接良好，再对线路中的元件的通断进行相应测量。该故障中，先对整体线路两端进行测量，即测量档位传感器G39/5号线与IG1之间的电阻值，测量结果显示整条线路异常，则以线路中的元件F2/23为中间点，进行分段测量，先测量上端线路通断，即测量IG1与F2/33熔丝上端之间的电阻值，测量结果显示线路良好，再测量下端线路通断，即测量F2/33熔丝下端与档位传感器G39/5号线之间的电阻值，测量结果显示线路异常，从而确定最小故障范围区间。

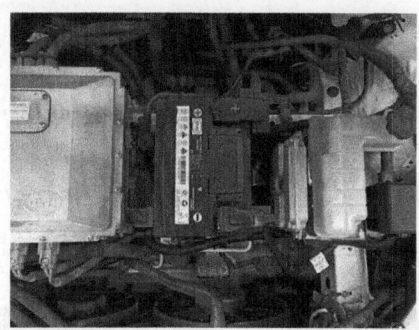

图3-36 车辆下电，断开低压电源负极

图3-37 断开维修开关，置于收纳盒中，车辆静置5min

  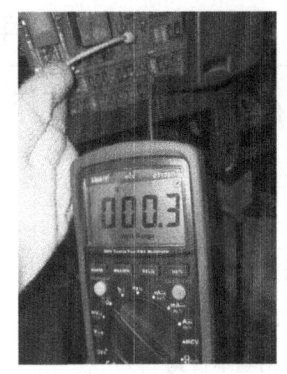

图 3-38 测量档位传感器 G39/5 号线与 IG1 之间的电阻值　　图 3-39 测量 IG1 与 F2/33 熔丝上端之间的电阻值

图 3-40 测量 F2/33 熔丝下端与档位传感器 G39/5 号线之间的电阻值

（3）故障点确定及修复

经过上述检测，可以得出档位传感器供电线路断路故障的结论，其故障点如图 3-41 所示（截取自图 3-34）。修复故障后，清除故障码，车辆上电，车辆恢复正常。

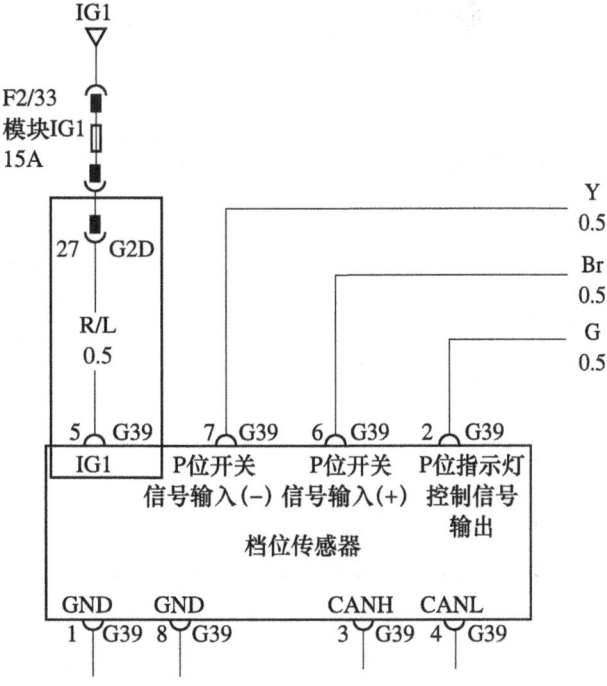

图 3-41 确定故障点

（二）任务记录工单

任务单	档位传感器供电线路断路引起车辆无法实现驻车功能	班级：
		姓名：

1. 车辆信息记录

品牌		整车型号		生产年月	
电机型号		动力电池容量		行驶里程	
车辆识别代码					

2. 车辆基本检查

检查项目	检查情况	
安全防护		是□ 否□
辅助蓄电池电压		异常□ 正常□
高压部件安装及插接器连接情况		异常□ 正常□
储液罐液位		异常□ 正常□

3. 故障现象记录

诊断项目	诊断内容
确认故障现象	

4. 读取相关故障码

诊断项目	诊断内容
相关故障码描述	

5. 记录相关主要数据流

诊断项目	诊断内容
相关数据流描述	

6. 故障范围分析

诊断项目	诊断内容
初步诊断故障范围	

7. 故障检测过程

步骤	检测项目	测量结果	结果分析
1			
2			
3			
4			
5			
6			
7			

(续)

8. 故障诊断结论	
确认故障部位	
故障机理描述	
9. 维修处理方法	
维修建议	零部件/总成　　维修□　　更换□
维修工时	

（三）相关故障拓展

注意该类故障的检测过程中采用的测量方式，由于要确定到最小故障范围区间，这里先采用电压法判定整条供电线路是否存在故障，再用电阻测量法，利用分段测量的思路开展测量，最终确定故障的最小范围。若上述故障排除完毕之后，利用故障诊断仪清除故障码，车辆仍然显示该故障，则需要在原来测量结果的基础上，对熔断器 F2/23 本身进行测量，确定是否隐藏了熔断器本身断路的故障。

五、任务评价（任务评价表）

档位传感器供电线路断路引起车辆无法实现驻车功能		姓名：	
日期：	班级：	学号：	
自我评价：□熟练 □不熟练	组长评价：□熟练　□不熟练	教师签名：	
教师评价：□优秀　□良好　□合格　□不合格			

档位传感器供电线路断路引起车辆无法实现驻车功能 【评分细则】

序号	评分项	得分条件	分值	评分要求	自我评价	组长评价	教师评价
1	安全/7S/态度	□1. 能接受任务并完成任务 □2. 能进行设备和工具安全检查 □3. 能进行车辆安全防护操作 □4. 能进行人员高压安全防护操作 □5. 能进行三不落地操作 □6. 能进行团队合作作业 □7. 能进行工位 7S 操作 □8. 能进行有效沟通	20	未完成1项扣3分，扣分不得超过20分	□能做到 □做不到	□能做到 □做不到	□优秀 □良好 □合格 □不合格

（续）

序号	评分项	得分条件	分值	评分要求	自我评价	组长评价	教师评价
2	专业技能	□1. 能正确检查车辆基本状态 □2. 能正确检查档位传感器供电线路断路引起车辆无法实现驻车功能故障现象 □3. 能正确读取故障码及数据流信息 □4. 能正确分析故障原因 □5. 能正确制定诊断检测流程 □6. 能正确使用检测设备 □7. 能正确找到故障点 □8. 能正确分析故障机理 □9. 能合理提出维修建议	40	未完成1项扣5分，扣分不得超过40分	□熟练 □不熟练	□熟练 □不熟练	□优秀 □良好 □合格 □不合格
3	工具及设备使用能力	□1. 能正确使用维修工具 □2. 能正确使用充电装置 □3. 能正确使用万用表、诊断仪、示波器等诊断设备 □4. 能正确使用专用工具	5	未完成1项扣3分，扣分不得超过5分	□熟练 □不熟练	□熟练 □不熟练	□优秀 □良好 □合格 □不合格
4	资料、信息查询能力	□1. 能正确查询车辆信息 □2. 能正确使用维修手册查询资料 □3. 能正确记录所查询资料的章节及页码 □4. 能正确记录检查状态信息	10	未完成1项扣3分，扣分不得超过10分	□熟练 □不熟练	□熟练 □不熟练	□优秀 □良好 □合格 □不合格
5	数据判断和分析能力	□1. 能判断档位传感器供电线路断路引起车辆无法实现驻车功能仪表状态 □2. 能判断仪表指示灯状态 □3. 能判断故障码 □4. 能判断数据流 □5. 能分析诊断仪器检测结果	10	未完成1项扣2分，扣分不得超过10分	□能做到 □做不到	□能做到 □做不到	□优秀 □良好 □合格 □不合格
6	表单填写及撰写能力	□1. 字迹清晰 □2. 语句通顺 □3. 无错别字 □4. 无涂改 □5. 无抄袭	5	未完成1项扣1分，扣分不得超过5分	□熟练 □不熟练	□熟练 □不熟练	□优秀 □良好 □合格 □不合格
7	素养	□1. 注重团队合作 □2. 注意安全防护 □3. 注意保护实训设备 □4. 做到三不伤害 □5. 保护环境	10	未完成1项扣2分，扣分不得超过10分	□能做到 □做不到	□能做到 □做不到	□优秀 □良好 □合格 □不合格

否决项：1. 操作过程产生高压危险或设备损坏；2. 操作人员或其他人员受伤；3. 隐瞒车辆故障或其他安全隐患

总分：

中国汽车人物

孟少农：新中国汽车工业技术主要奠基人

作为新中国汽车工业技术的主要奠基人，孟少农毕生致力于汽车工业建设事业，成功主导了一汽、陕汽、二汽几代产品的研发工作，为培养汽车人才及汽车工程教育作出了巨大贡献。

孟少农，1915年出生于北京，1940年在西南联大机械系毕业，1943年获得美国麻省理工学院机械系硕士学位。二战后，孟少农乘船回国，在清华大学机械系任教，并创办了中国第一个汽车专业班。

1950年3月，重工业部成立汽车工业筹备组，郭力为主任，孟少农任副主任。孟少农的主要工作是收集旧中国的汽车工业基本情况，以及集结、培养技术骨干人才。很快，孟少农便集结了一支近200人的技术队伍，并亲自教授理论课程和实操课程，为新中国汽车工业培训了第一批技术人才。

此外，孟少农还在苏联专家的帮助下，创办了长春汽车工业学校，培养了大批中级汽车工业人才。而为了培养高级汽车工业人才，他还与地方合作创办了当时中国唯一的一所汽车、拖拉机学院（吉林工业大学前身）。

1953年7月，孟少农出任一汽副厂长兼副总工程师，全力协助厂长饶斌和总工程师郭力。除了构建工厂组织机构、工作制度、工作内容、工作路线、人员职责，使工作顺利进行外，他还狠抓领导干部的技术培训和业务学习。

工厂建成后，孟少农组织和参与了解放牌汽车的前期设计，以及后续的改进优化，包括发动机设计等。1964年，孟少农组织研制的120系列V8柴油机试验成功，成为了一汽第一个汽车发动机产品储备。

孟少农还是国内最早提出小轿车开发的人，并在20世纪50年代中期提出设想后，在技术上提前做了很多准备工作。经过全厂的努力，1958年5月，一汽成功试制出中国第一辆轿车——东风牌轿车。

1958年下半年，自制高级轿车的任务下达后，孟少农的专业能力快速奠定了红旗高级轿车的技术基础。

孟少农在一汽的15年间，为一汽的筹备、建设、投产、产品改进、人才培养等作出了巨大贡献。

1965年，孟少农调任机械工业部汽车局总师室负责人。6年后，1971年5月，孟少农调任陕西汽车制造厂，主管技术工作。期间，孟少农成功研发了延安250型五吨越野车，并根据情况进行了各种技术改进。

1974年12月，延安250第四轮样车通过定型鉴定，次年正式投产。据了解，这款车后来获得了全国科学大会科技成果奖。

此后，孟少农还根据车辆情况改进了发动机，并获得了全国机械工业科学大会科技奖。

后来，孟少农转战二汽。经过半年多苦战，孟少农攻克了EQ140、EQ240两个车型的86项难关，并使车辆于当年第四季度投产。动力强、速度快、耗油低、轻便灵活、视线开阔的东风汽车，后来大显神威。当然，孟少农主导设计和改进的车型数不胜数。

孟少农在二汽的另一项重要贡献是主持研制了处于国内领先水平、国际中上水平的EQ6110型柴油机和EQ6105型汽油机。

在二汽，根据建厂需要，孟少农创办了职工大学，自编教材，亲自授课，有效提升了青年工人的技术水平。后来，二汽职工大学成为国家承认的、具有本科资质的高等学校，更名为湖北汽车工业学院，孟少农任首任院长。

年届古稀之时，孟少农为了培养汽车工业人才，还亲自编写讲义，讲授了一门全新的、海外都没有的课程——汽车设计方法论。这门课程对于中国汽车工业有着非常重要的意义。

1988年1月15日，孟少农在北京逝世。

项目四
电机控制器的故障检测

新能源汽车整车控制系统检修

项目描述

新能源汽车电机控制器作为控制驱动电机的设备,通过接收整车控制器和控制机构传送的控制信息,对驱动电机的转速、转矩和旋转方向进行控制,并可同时对动力电池的输出进行相应控制。本项目主要学习电机控制器各种线路故障引起的车辆无法上高压电故障检修。

目标要求

1)了解电机控制器的定义及基本原理。
2)掌握电机控制器的外部特征及内部结构。

3）能够识别电机控制器电路插接器接口定义。

4）能够进行电机控制器的信号测量与判断。

知识准备

一、电机控制器的介绍

（一）电机控制器的定义

电机控制器是控制动力电源与驱动电机之间能量传输的装置，由控制信号接口电路、驱动电机电路和驱动电路组成。电机控制器是通过集成电路的主动工作来控制电机按照设定的方向、速度、角度、响应时间进行工作的模块。它使得电机应用范围更加广泛、输出效率更高以及噪声更小等。

（二）电机控制器的组成及原理

电机控制器是由逆变器和控制器两部分组成的，如图 4-1 所示。逆变器接收电池输送过来的直流电能，逆变成三相交流电给电动汽车驱动电机提供电源；控制器接收电机转速等信号反馈到仪表，当发生制动或者加速行为时，控制器控制变频器频率的升降，从而达到加速或者减速的目的。

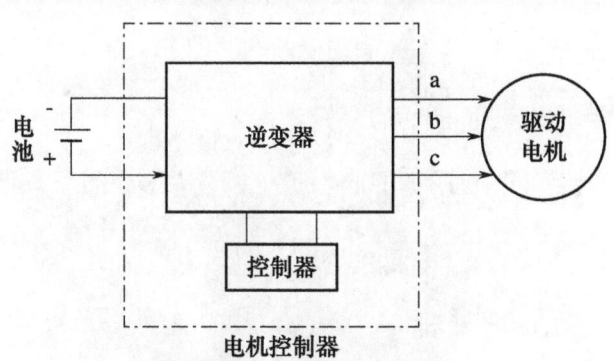

图 4-1　电机控制器组成

1）配电回路：为集成控制器各部分提供配电，如 TM 接触器、熔断器、电动空调回路供电、电子除霜回路供电等。

2）IGBT 驱动回路：接收控制信号，驱动 IGBT 并反馈状态，提供电压隔离以及保护。

3）辅助电源：为控制电路提供电源，为驱动电路提供隔离电源。

4）DSP 电路：接收整车控制指令，并提供反馈信息，检测电机系统传感器信息,根据指令传输电机控制信号。

5)结构与散热系统:为电机控制器提供散热,提供控制器安装支持,提供控制器安全防护。

(三)电机控制器基本原理

电机控制器单元的核心,便是对驱动电机的控制。动力单元的提供者——动力电池所提供的是直流电,而驱动电机所需要的则是三相交流电。因此,电控单元所要实现的便是在电力电子技术上称之为逆变的一个过程,即将动力电池端的直流电转换成电机输入端的交流电。

为实现逆变过程,电控单元需要直流母线电容、IGBT 等组件来配合一起工作。当电流从动力电池端输出之后,首先需要经过直流母线电容用以消除谐波分量。之后,通过控制 IGBT 的开关以及其他控制单元的配合,直流电被逆变成交流电,并最终作为驱动电机的输入电流。通过控制驱动电机三相输入电流的频率以及配合驱动电机上转速传感器与温度传感器的反馈值,电控单元最终实现对电机的控制。

图 4-2 是一个典型的纯电动汽车动力系统电气图,其中蓝色线是低压通信线,所有通信、传感器、低压电源等都要通过这个低压接口引出,连接到整车控制器和动力电池管理系统。

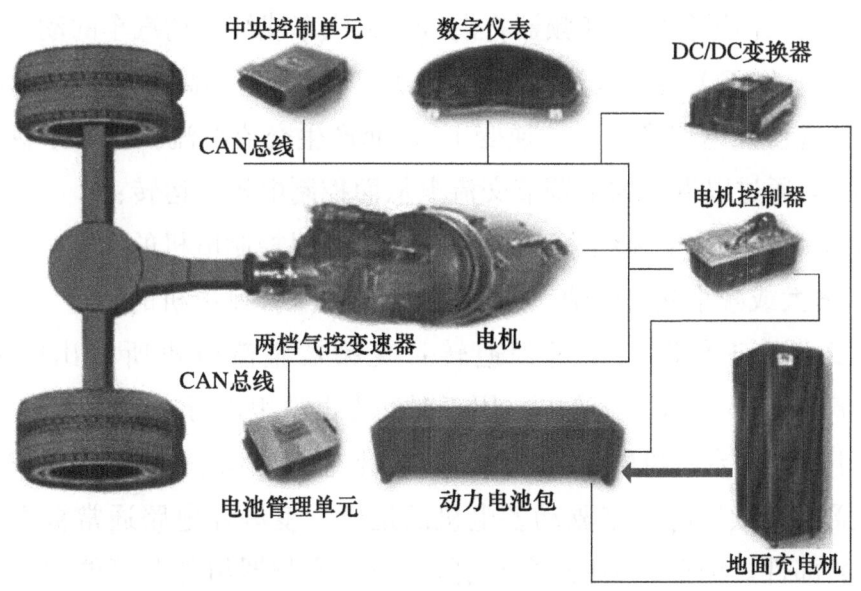

图 4-2 纯电动汽车动力系统电气图

红色线为高压动力线,有两对高压接口,其中一对是高压输入接口,用于连接动力电池包高压接口;另外一对是高压输出接口,连接电机,提供控制电源。

二、电机控制器的外部特征

(一)变频器的功能

"电机控制器"一词曾是此类装置的通用术语,而目前"变频器"是汽车领域最常用的术语。变频器(Variable-frequency Drive,VFD)是利用电力半导体器件的通断作用将工频电源变换为另一频率电源的电能控制装置,能实现对交流异步电机的软启动、变频调速、提高运转精度、改变功率因数、过电流、过电压、过载保护等功能,在电动汽车上起调节和控制车速的作用,多采用PWM(脉冲宽度调制,按一定规律改变脉冲列的脉冲宽度,以调节输出量和波形)调制方式。变频器主要由整流(交流变直流)、滤波、逆变(直流变交流)、制动单元、驱动单元、检测单元、微处理单元等组成。

电动汽车中多采用矢量变频器(电机控制器)。它是整个电驱动系统的核心部分,因此它的控制性能的好坏直接关系到驱动电机能否可靠、高效地运行,会影响到整个车辆的动力性能和乘客的舒适感。

在电机工作过程中,变频器将混合动力汽车或纯电动汽车的动力电池组中的直流电(DC)转变成交流电(AC)。变频器采用高电压、高电流的功率晶体管进行往返切换作业(逆变),从而产生交流电流,带动车辆交流电机。变频器通过以下方式来调节交流电从而控制电机的运转:

1)增加或减少交流频率(AC frequency)以控制电机的转速。

2)增大或减小交流峰值(AC amplitude)来控制电机的转矩。

在发电机工作时,该过程逆转:变频器整流电机所发出的交流电(AC),产生适当电压的直流电,用于对动力电池组进行充电。

对于使用多台电机的混合动力汽车或纯电动汽车的驱动系统而言,需要一个独立的变频器电路来驱动各电机的运转。变频器电路通常被组装成一个单独的部件。因此,一台"变频器"或"变频器组件"可能包含几个独立的变频器。有些变频器组件还可能附带额外的高压电路,即使这些高压电路与变频器本身无关。

有些混合动力和纯电动汽车的控制系统会提供动力电池组电压（动力电池组上直接测量获得）和变频器的电源电压数据，以便进行比较。这些电压参数也可以通过解码器读取得到。通过对这两个电压参数进行比较，控制系统可确定由动力电池组产生的电压是否与变频器接收到的电压相匹配。这些数据可以帮助技术人员诊断问题是出在车辆的动力电池组继电器上，还是出在将动力电池组连接到变频器的直流电源电缆上，或者是出在变频器本身。技术人员也许还能确定车辆是否由于驱动系统的问题而导致在通电过程中出现断电。

（二）电机控制器的外部特征

1. 比亚迪 e5 高压电控总成（四合一）的外部特征

该车型的高压电控总成，又称为"四合一"，集成两电平双向交流逆变式电机控制器模块（VTOG）、车载充电机、DC/DC 变换器模块和高压配电模块以及漏电传感器。

（1）电机控制器（VTOG）

控制器类型为电压型逆变器，主要功能如下：

1）驱动控制（放电）：采集加速、制动、档位、旋变等信号控制电机正向、反向驱动，以及正、反转发电功能；具有高压输出电压和电流控制限制功能，具有电压跌落、过电流、过温、IPM 过温、IGBT 过温保护、功率限制、转矩控制限制等功能。它还同时具备电控系统防盗、能量回馈控制、主动泄放、被动泄放控制功能。

IPM（Intelligent Power Module）是指智能功率模块，把功率开关器件（IGBT）和驱动电路集成在一起，而且内有过电压、过电流和过温等故障检测电路，并可将检测信号送到 CPU。

2）充电控制：交、直流转换，以及双向充、放电控制功能；自动识别单相、三相相序并根据充电电流控制充电方式，根据充电设备识别充电功率，控制充电方式；根据车辆或其他设备请求信号控制车辆对外放电；断电重启功能：在电网断电又供电时，可继续充电。

3）VTOG、VTOL 和 VTOV（车辆对电网放电、车辆对用电设备供电及车辆对车辆充电）功能。

（2）电机控制器防盗

e5 车型的启动防盗，锁的是电机控制器（VTOG），即在整车上 OK 电之前，电机控制器也需要对码。如果电机控制器未进行匹配，整车是无法上 OK 电的。

（3）DC/DC 变换器

DC/DC 变换器替代了传统燃油车挂接在发动机上的 12V 发电机，和蓄电池并联给各用电器提供低压电源。DC/DC 变换器在直流高压输入端接触器吸合后便开始工作，输出标称电压为 13.8V，如图 4-3 所示。

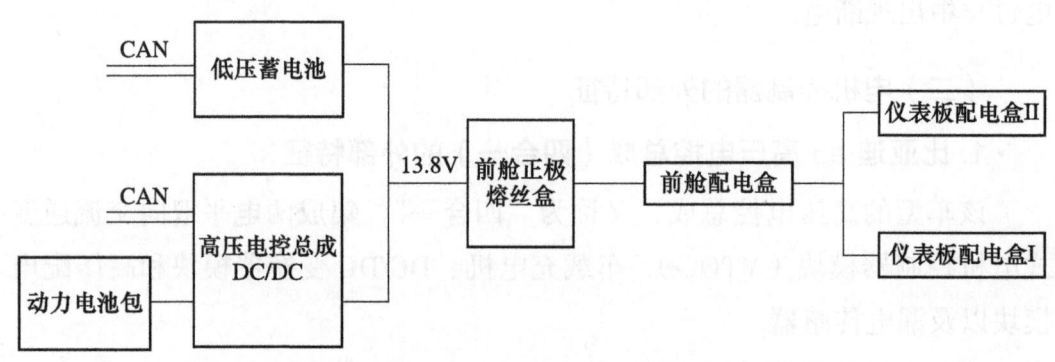

图 4-3　DC/DC 系统框图

2. 吉利帝豪 EV450 电机控制器介绍

（1）电机控制器结构

电机控制器在汽车上的安装位置如图 4-4 所示。电机控制器内部包含 1 个 DC/AC 逆变器和 1 个 DC/DC 直流变换器，逆变器由 GBT、直流母线电容，驱动和控制电路板等组成，实现直流（可变的电压、电流）与交流（可变的电压、电流、频率）之间的转变。直流变换器由高低压功率器件、变压器、电感、驱动和控制电路板等组成，实现直流高压向直流低压的能量传递。电机控制器还包含冷却器（通过冷却液）给电子功率器件散热。电机控制器的结构如图 4-5 所示。电机控制器电气原理如图 4-6 所示。

（2）转矩控制模式

电机控制系统控制电机轴向四象限的转矩。由于设有转矩传感器，转矩指令（由整车控制器发送）被转换成为电流指令，并进行闭环控制。转矩控制模式只有在获得正确的初始偏移角度时才能进行。

图 4-4　部件位置图

1—驱动电机　2—电机控制器

图 4-5　电机控制器结构图

1—高压线束接口　2—驱动电机三相线束接口
3—低压信号接口　4—低压充电（DC/DC）接口
5—冷却管口

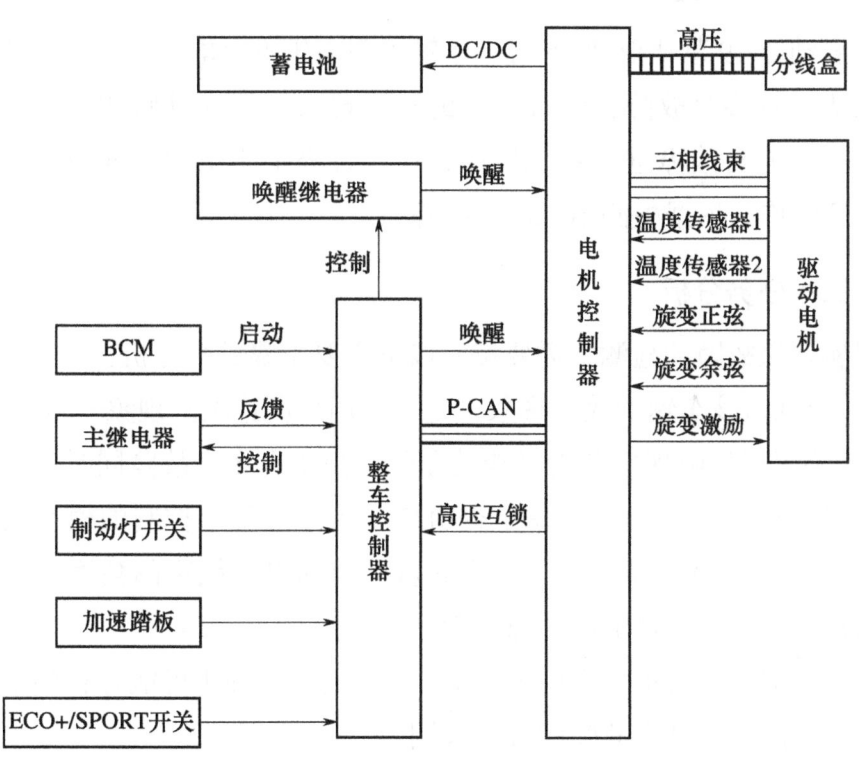

图 4-6　电机控制器电气原理图

（3）静态模式

静态模式在电机控制器处于被动状态（待机状态）或故障状态时被激活。

（4）主动放电模式

主动放电模式用于高压直流端电容的快速放电，主动放电指令来自整车控制器的指令或由电机控制器内部故障触发。

（5）DC/DC 直流变换

电机控制器中的 DC/DC 变换器将高压直流端的高压转换成指定的直流低压（12V 低压系统），低压设定值来自整车控制器指令。

典型工作任务

任务1　电机控制器供电线路断路故障检修

一、任务导入

（一）任务描述

在启动 2019 款比亚迪 e5 时，车辆出现高压不上电、启动时高速风扇自启，仪表显示多个故障指示灯点亮的故障现象。作为维修技师，请你分析故障原因，并对故障进行系统检测，按照维修手册中的标准与规范对系统故障进行维修，依据检测结果确认故障点。

（二）任务分析

要实现该故障的检测，需要按照以下主要步骤进行分析：

1）要确认该车辆的故障现象，是否与用户所述故障现象一致。

2）要根据故障现象分析可能的原因，由于有多个故障同时显示，所以在这个过程中，需要集中考虑是否由单一的涉及集中控制的模块及其相关线路故障导致的该故障现象，不应该从局部的单一线束的角度考虑。再通过诊断仪进一步确定可能的故障原因。

3）依据读取到的故障码或者数据流，进一步分析可能存在问题的模块及对应的电路图，锁定故障的大体范围。

4）针对可能出现问题的模块，结合相关电路图，进一步分析可能的故障原因，形成诊断思路。

5）实施检测与诊断，确定故障范围。

6）确认故障点，实现对上述故障的修复，清除故障码之后，验证诊断结果。

二、任务资讯

电机控制器是电动汽车"三电"中的一个核心控制模块。电动汽车要实现加速、定速巡航、能量回收,都要依靠电机控制器。电机控制器可以说是电动汽车的"控制中心",驾驶员下发的控制指令,都要通过电机控制器来执行。

电动汽车有电机转速范围宽、输入输出功率大的特点。功率输出范围为 0~200kW(可能更高),一般家用燃油轿车的发动机功率多为 150kW 以下,因此电动汽车的瞬时功率输出能力比燃油车大。

电动汽车的电机控制器内部组成与原理比较复杂。在实际诊断与分析过程中,可以将电机控制器分成高压系统和低压系统两部分,高压系统可以认为与驱动电机工作相关的高压电转换有关(比如 IGBT 模块),低压系统可以认为与模块供电、通信相关,这样便于理解整车控制器模块。

三、任务组织

(一)实施准备

1)所需的各种防护用品准备:工位、隔离带、安全警告标志牌、车辆挡块、灭火器(水基型、干粉型)、绝缘杆、绝缘垫、绝缘工作台、棉线手套、绝缘手套、防静电手套、护目镜、安全帽、车外三件套、车内多件套、洗手液、急救包、除颤仪。

2)常用工具、设备准备:万用表、诊断仪、万用接线盒、绝缘工具套装。

3)资料准备:维修手册、电路图、其他资料。

(二)制订计划

依据任务要求、任务分析,结合实施准备,小组内相互讨论,制订工作计划,将工作计划步骤、选择该步骤的理由写在表 4-1 相应位置,并选派代表进行汇报展示。

表 4-1 计划表

1. 作业计划

序号	作业项目	操作要点	注意事项
1			
2			
3			

（续）

1. 作业计划

序号	作业项目	操作要点	注意事项
4			
5			
6			
7			

2. 设备清单

序号	设备名称	用途	规格型号	数量
1				
2				
3				
4				
5				
6				

3. 其他材料清单

序号	材料名称	用途	规格型号	数量
1				
2				
3				
4				

审核	小组审核意见：	组长签字：　　　年　月　日
	教师审核意见：	教师签字：　　　年　月　日

四、任务实施

在做好个人安全防护、维修场地安全检查之后，按照维修诊断的准备流程，做好诊断前的各项准备工作。

（一）故障诊断流程

1. 车辆故障现象确认

踩下制动踏板，按下 POWER 键，高压无法上电，动力系统故障指示灯点亮，仪表显示"请检查动力系统"的故障现象，如图 4-7 所示。

图 4-7　车辆显示的故障现象

2. 模块通信状态及故障码检查

车辆下电，连接故障诊断仪，读取相应故障码，依据故障码或者数据流确定可能的故障原因。

1）故障码文字描述：根据故障码显示，整车控制器报与电机控制器通信故障。

2）故障诊断仪显示的故障信息如图 4-8~ 图 4-10 所示。

图 4-8　整车控制器模块显示　　图 4-9　整车控制器报与电机
　　　　　有故障　　　　　　　　　　　　控制器通信故障

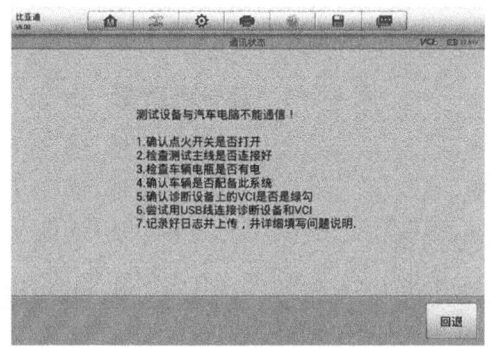

图 4-10　电机控制器模块无法进入

3）相关数据流文字描述：无法读取数据流。

3. 确认故障范围

故障范围包括电机控制器供电线路、搭铁线路、通信线路及其自身故障。

4. 检测分析

在对车辆进行上电时，发现高压无法正常上电，VCU 报与电机控制器通信失败，电机控制器无法进入。根据此车的故障现象，此时需要围绕电机控制器模块开展故障的排查，按照供电、接地、通信及模块自身的顺序，进行有序诊断排查。

检测电路图如图 4-11 所示。

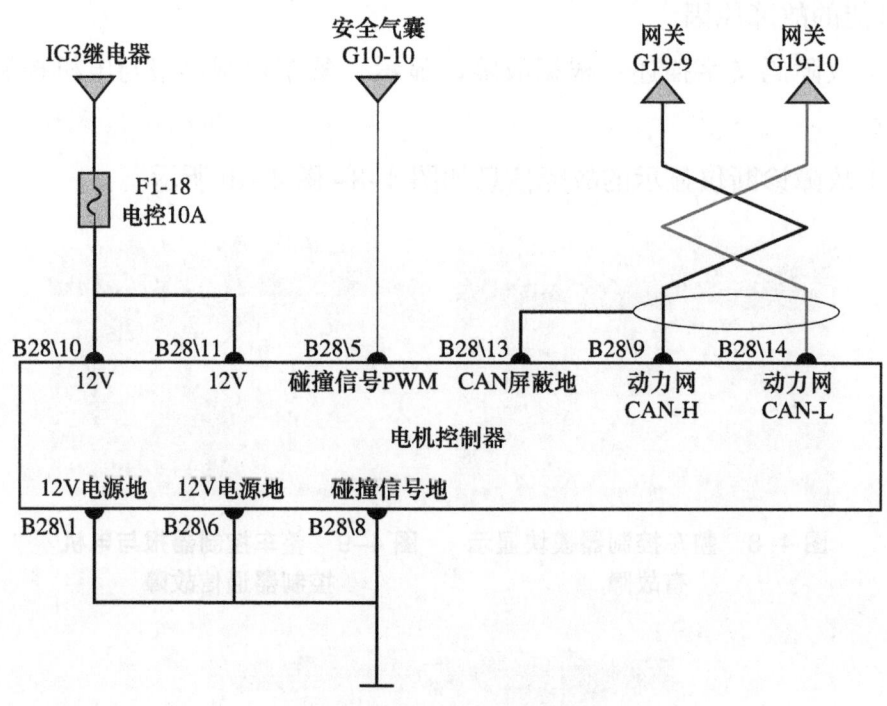

图 4-11　部分电路图

5. 具体检测过程

（1）故障点的初步检测

测量电机控制器模块的供电线路，开始故障点的诊断，如图 4-12 所示。

图 4-12　背插法测量 B28 的 10、11 号线与搭铁之间的电压值

利用背插法测量电机控制器模块 B28 的 10、11 号线与搭铁之间的电压值，标准值为 12V 左右，上述测量值说明，电机控制器模块 B20 的 10 号和

11号线与搭铁之间的电压值出现异常，因此可以确定大体的故障范围。

（2）详细故障点检测

经过上述步骤的排查，可知供电线路的电压值异常，需要进一步对后续关联线路进行断电检查，在断开低压供电的前提下，通过万用表测量线路的通断。具体检测步骤如图4-13~图4-17所示。

（3）故障点确定及修复

经过上述步骤的检测，先用电压法测量确定该故障的范围，然后再采用分段测量法进行分段电路的通断测量，故障点确认如图4-18所示，修复该故障后，清除故障码，车辆上电正常。

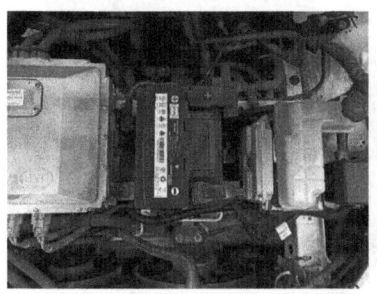

图4-13　车辆下电，断开低压电源负极

图4-14　断开维修开关，置于收纳盒中，车辆静置5min

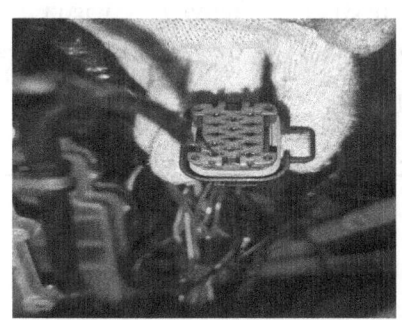

图4-15　测量电机控制器模块B28的10、11号线与IG3继电器之间的电阻值（标准值为0.1Ω左右）

图 4-16 测量 IG3 继电器与 F1/18 熔丝上游之间的电阻值
（标准值为 0.1Ω 左右）

图 4-17 测量 PEU 模块 B28/10/11 号线与 F1/18 下游之间的电阻值
（标准值为 0.1Ω 左右）

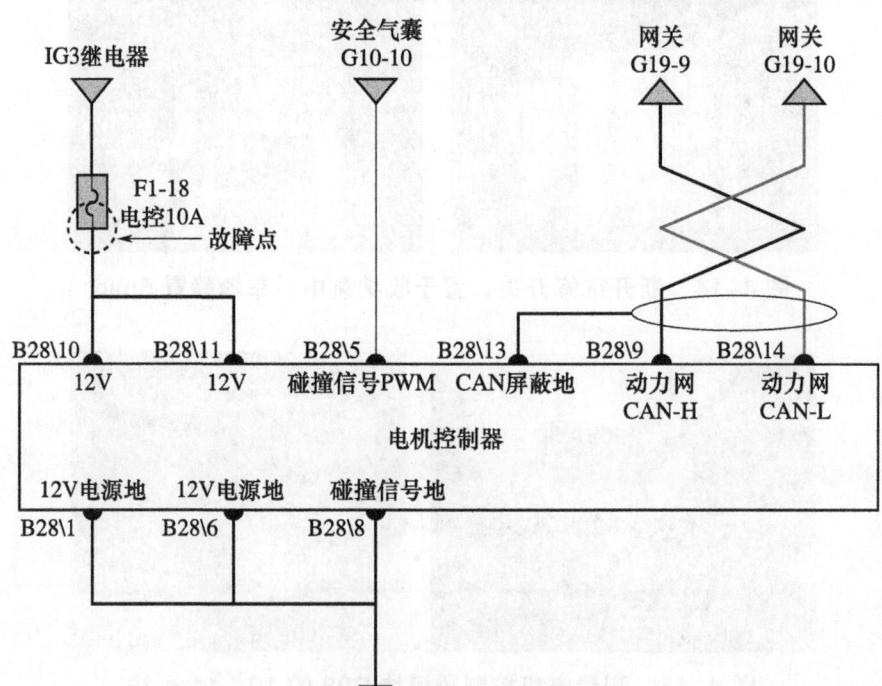

图 4-18 确定故障点（供电线路断路）

(二)任务记录工单

任务单	电机控制器供电线路断路引起的车辆无法上高压电故障检修	班级:
		姓名:

1. 车辆信息记录

品牌		整车型号		生产年月	
电机型号		动力电池容量		行驶里程	
车辆识别代码					

2. 车辆基本检查

检查项目	检查情况	
安全防护		是□ 否□
辅助蓄电池电压		异常□ 正常□
高压部件安装及插接器连接情况		异常□ 正常□
储液罐液位		异常□ 正常□

3. 故障现象记录

诊断项目	诊断内容
确认故障现象	

4. 读取相关故障码

诊断项目	诊断内容
相关故障码描述	

5. 记录相关主要数据流

诊断项目	诊断内容
相关数据流描述	

6. 故障范围分析

诊断项目	诊断内容
初步诊断故障范围	

7. 故障检测过程

步骤	检测项目	测量结果	结果分析
1			
2			
3			
4			
5			
6			
7			

（续）

8. 故障诊断结论	
确认故障部位	
故障机理描述	
9. 维修处理方法	
维修建议	零部件/总成　维修□　更换□
维修工时	

（三）相关故障拓展

在对车辆进行上电时，发现高压无法正常上电，整车控制器模块报与电机控制器通信失败，电机控制器无法进入，可判断为电机控制器模块及相关线路的故障。测量供电线路电压，电压值显示异常，进一步采用分段测量方法进行分段导通测量，最终确定故障。

五、任务评价

电机控制器供电线路断路引起的车辆无法上高压电故障检修			姓名：	
日期：	班级：		学号：	
自我评价：□熟练 □不熟练	组长评价：□熟练　□不熟练		教师签名：	
教师评价：□优秀　□良好　□合格　□不合格				

电机控制器供电线路断路引起的车辆无法上高压电故障检修【评分细则】

序号	评分项	得分条件	分值	评分要求	自我评价	组长评价	教师评价
1	安全/7S/态度	□1.能接受任务并完成任务 □2.能进行设备和工具安全检查 □3.能进行车辆安全防护操作 □4.能进行人员高压安全防护操作 □5.能进行三不落地操作 □6.能进行团队合作作业 □7.能进行工位7S操作 □8.能进行有效沟通	20	未完成1项扣3分，扣分不得超过20分	□能做到 □做不到	□能做到 □做不到	□优秀 □良好 □合格 □不合格

（续）

序号	评分项	得分条件	分值	评分要求	自我评价	组长评价	教师评价
2	专业技能	□ 1. 能正确检查车辆基本状态 □ 2. 能正确检查电机控制器供电线路断路引起的车辆无法上高压电故障现象 □ 3. 能正确读取故障码及数据流信息 □ 4. 能正确分析故障原因 □ 5. 能正确制定诊断检测流程 □ 6. 能正确使用检测设备 □ 7. 能正确找到故障点 □ 8. 能正确分析故障机理 □ 9. 能合理提出维修建议	40	未完成1项扣5分，扣分不得超过40分	□熟练 □不熟练	□熟练 □不熟练	□优秀 □良好 □合格 □不合格
3	工具及设备使用能力	□ 1. 能正确使用维修工具 □ 2. 能正确使用充电装置 □ 3. 能正确使用万用表、诊断仪、示波器等诊断设备 □ 4. 能正确使用专用工具	5	未完成1项扣3分，扣分不得超过5分	□熟练 □不熟练	□熟练 □不熟练	□优秀 □良好 □合格 □不合格
4	资料、信息查询能力	□ 1. 能正确查询车辆信息 □ 2. 能正确使用维修手册查询资料 □ 3. 能正确记录所查询资料的章节及页码 □ 4. 能正确记录检查状态信息	10	未完成1项扣3分，扣分不得超过10分	□熟练 □不熟练	□熟练 □不熟练	□优秀 □良好 □合格 □不合格
5	数据判断和分析能力	□ 1. 能判断电机控制器供电线路断路引起的车辆无法上高压电故障仪表状态 □ 2. 能判断仪表指示灯状态 □ 3. 能判断故障码 □ 4. 能判断数据流 □ 5. 能分析诊断仪器检测结果	10	未完成1项扣2分，扣分不得超过10分	□能做到 □做不到	□能做到 □做不到	□优秀 □良好 □合格 □不合格
6	表单填写及撰写能力	□ 1. 字迹清晰 □ 2. 语句通顺 □ 3. 无错别字 □ 4. 无涂改 □ 5. 无抄袭	5	未完成1项扣1分，扣分不得超过5分	□熟练 □不熟练	□熟练 □不熟练	□优秀 □良好 □合格 □不合格
7	素养	□ 1. 注重团队合作 □ 2. 注意安全防护 □ 3. 注意保护实训设备 □ 4. 做到三不伤害 □ 5. 保护环境	10	未完成1项扣2分，扣分不得超过10分	□能做到 □做不到	□能做到 □做不到	□优秀 □良好 □合格 □不合格

否决项：1. 操作过程产生高压危险或设备损坏；2. 操作人员或其他人员受伤；3. 隐瞒车辆故障或其他安全隐患

总分：

任务2　电机控制器CAN-H线断路故障检修

一、任务导入

（一）任务描述

现有一辆2019款比亚迪e5出现高压不上电、启动时高速风扇自启，仪表显示多个故障指示灯点亮的故障现象。作为维修技师，请你对故障进行系统检测，按照维修手册中的标准与规范对系统故障进行维修，依据检测结果确认故障点。

（二）任务分析

要实现该故障的检测，需要按照以下主要步骤进行分析：

1）要确认该车辆的故障现象，是否与用户所述故障现象一致。

2）要根据故障现象分析可能的原因，由于有多个故障同时显示，所以在这个过程中，需要集中考虑是否由单一的涉及集中控制的模块及其相关线路故障导致的该故障现象，再通过诊断仪进一步确定可能的故障原因。

3）依据读取到的故障码或者数据流，进一步分析可能存在问题的模块及对应的电路图，锁定故障的大体范围。

4）针对可能出现问题的模块，结合相关电路图，进一步分析可能的故障原因。

5）实施检测与诊断，确定故障范围。

6）确认故障点，实现对上述故障的修复，清除故障码之后，验证诊断结果。

二、任务资讯

CAN线的故障检测过程相对于供电线路、搭铁线路的故障检测复杂一些，涉及CAN-H与CAN-L线之间的终端电阻的阻值检查、电压大小检查、波形特性检查等。在排除故障的过程中，在能准确判定故障点的前提下，可以直接对该CAN故障点进行波形特性检查，利用示波器通过波形反映出CAN-H、CAN-L线的特征，保障故障检测的效率。若不能准确判断出故障点，则需要找到故障点的大体范围，这时候可能就会用到万用表进行电阻值或者电压值的判断,将故障范围进一步缩小,确定具体的模块及其通信线路之后,再采用示波器进行波形信号的测量,查看传输信号的特征,确定最终的故障点和故障类型。

三、任务组织

(一)实施准备

1)所需的各种防护用品准备:工位、隔离带、安全警告标志牌、车辆挡块、灭火器(水基型、干粉型)、绝缘杆、绝缘垫、绝缘工作台、棉线手套、绝缘手套、防静电手套、护目镜、安全帽、车外三件套、车内多件套、洗手液、急救包、除颤仪。

2)常用工具、设备准备:万用表、诊断仪、万用接线盒、绝缘工具套装。

3)资料准备:维修手册、电路图、其他资料。

(二)制订计划

依据任务要求、任务分析,结合实施准备,小组内相互讨论,制订工作计划,将工作计划步骤、选择该步骤的理由写在表4-2相应位置,并选派代表进行汇报展示。

表4-2 制订计划

1.作业计划

序号	作业项目	操作要点	注意事项
1			
2			
3			
4			
5			
6			
7			

2.设备清单

序号	设备名称	用途	规格型号	数量
1				
2				

(续)

2. 设备清单

序号	设备名称	用途	规格型号	数量
3				
4				
5				
6				

3. 其他材料清单

序号	材料名称	用途	规格	数量
1				
2				
3				
4				

审核	小组审核意见:	组长签字：　　年　月　日
	教师审核意见:	教师签字：　　年　月　日

四、任务实施

在做好个人安全防护、维修场地安全检查之后，按照维修诊断的准备流程，做好诊断前的各项准备工作。

（一）故障诊断流程

1. 车辆故障现象确认

踩下制动踏板，按下 POWER 键，高压无法上电，动力系统故障指示灯点亮，仪表显示"请检查动力系统"的故障现象，如图 4-19 所示。

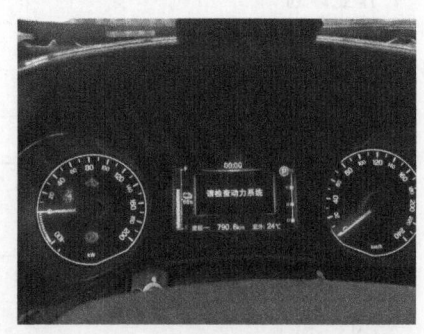

图 4-19　车辆显示的故障现象

2. 模块通信状态及故障码检查

连接故障诊断仪，读取相应故障码，依据故障码或者数据流确定可能的故障原因。

1）故障码文字描述。

2）根据故障码显示，整车控制器报与电机控制器通信故障。故障诊断仪显示的故障信息，如图4-20~图4-22所示。

图4-20　整车控制器模块显示有故障

图4-21　整车控制器报与电机控制器通信故障

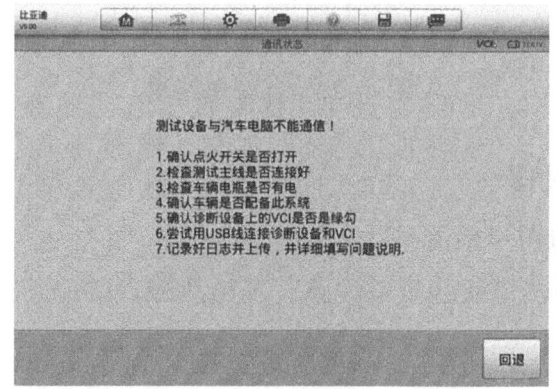

图4-22　电机控制器模块无法进入

3）相关数据流文字描述：无法读取数据流。

3. 确认故障范围

故障范围包括电机控制器供电线路、搭铁线路、通信线路及其自身故障。

4. 检测分析

在对车辆进行上电时发现高压无法正常上电，整车控制器报与电机控制器通信失败、电机控制器无法进入的故障现象，此时需要围绕电机控制器模块开展故障的排查，按照供电、接地、通信及模块自身的顺序，进行有序诊断排查。检测电路图如图4-23所示。

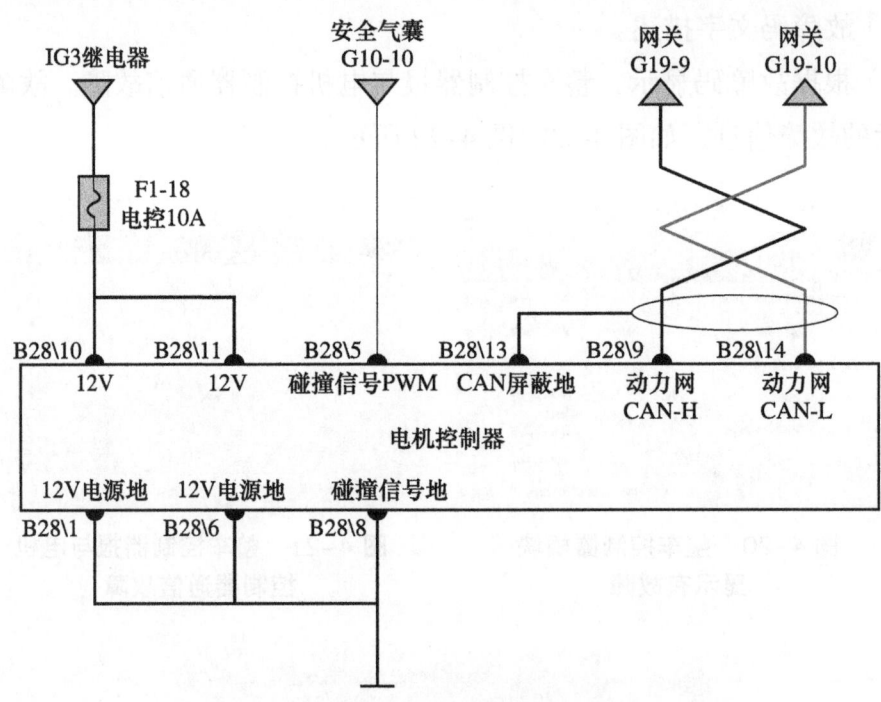

图 4-23 部分电路图

5. 具体检测过程

（1）故障点的初步检测

测量电机控制器模块的供电线路，开始故障点的诊断，如图 4-24 所示。

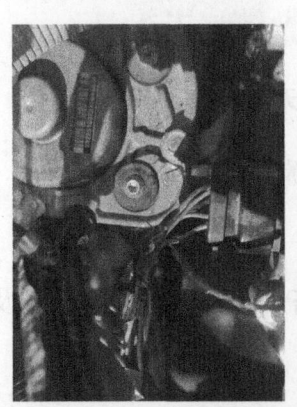

图 4-24 背插法测量电机控制器模块 B28 的 10、11 号线与搭铁之间的电压值

　　背插法测量电机控制器模块 B28 的 10、11 号线与搭铁之间的电压值，标准值为 12V 左右，上述测量值说明，电机控制器模块 B20 的 10 号和 11 号线与搭铁之间的电压值正常。同理，测量电机控制器 B20 的 1、6、8 号线与车身搭铁之间的电阻值为 0Ω，判定电机控制器模块的搭铁线路正常，

因此开展下一步通信线路的故障诊断。

（2）详细故障点检测

经过上述步骤的排查后，发现供电线路、搭铁线路均正常，需要进一步对通信线路、模块自身进行检查，在断开低压供电的前提下，通过万用表测量线路的通断来检查通信线路。具体检测步骤如图 4-25~ 图 4-28 所示。

当测量出通信线路异常时，为了更好地反映信号的特征，需要对通信线路的波形进行测量，进一步确定信号线是否存在故障，读取波形图如图 4-29 所示，与之对比的正常状态下的波形图如图 4-30 所示。

图 4-25　分别测量电机控制器模块 B28/9、B28/14 与搭铁之间的电压值
（标准值为 2.7V 和 2.3V 左右）

图 4-26　车辆下电，断开低压电源负极

图 4-27　断开维修开关，置于收纳盒中，车辆静置 5min

图 4-28　测量 PEU 模块 B28/9 号线与网关模块 G19/9 号线之间的电阻值（标准值为 0.1Ω 左右）

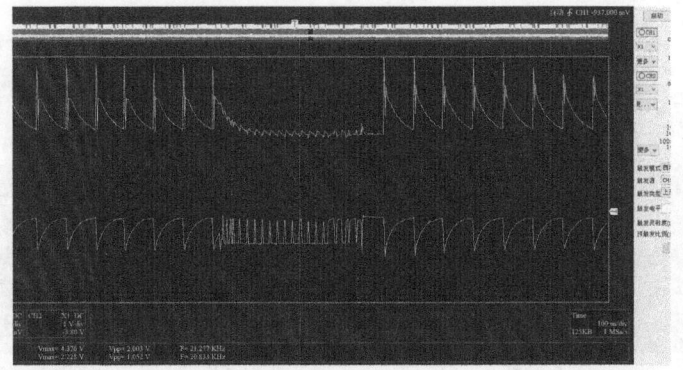

图 4-29　读取电机控制器模块 B28/9、B28/14 的波形
（不正常的波形图）

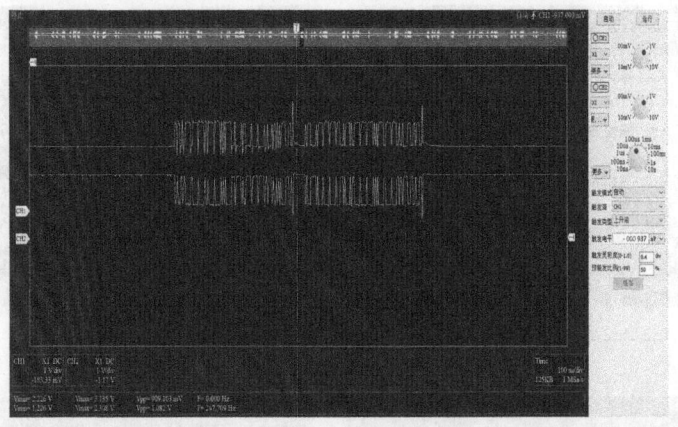

图 4-30　电机控制器模块 B28/9、B28/14 的正常波形图

（3）故障点确定及恢复

通过上述步骤的检测，先用电压法测量确定该故障的范围，然后再采用分段测量法进行分段电路的通断测量，对于 CAN 线还需通过波形反映出具体的信号特征，故障点确认如图 4-31 所示。修复该故障后，清除故障码，车辆上电正常。

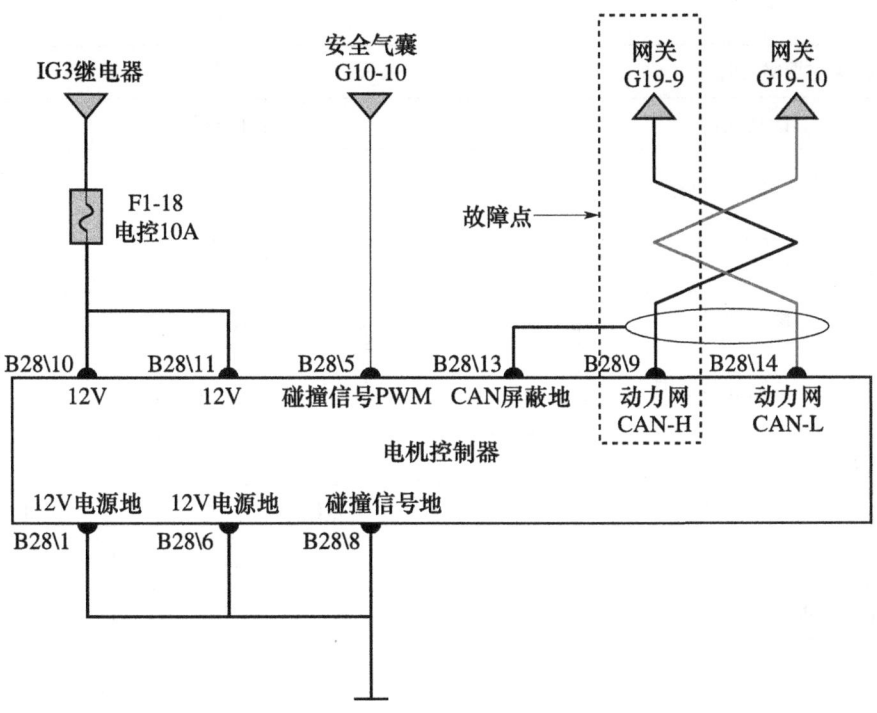

图 4-31 确定故障点

（二）任务记录工单

任务单	电机控制器 CAN-H 线断路引起的车辆无法上高压电故障检修	班级：
		姓名：

1. 车辆信息记录

品牌		整车型号		生产年月	
电机型号		动力电池容量		行驶里程	
车辆识别代码					

2. 车辆基本检查

检查项目	检查情况	
安全防护		是□ 否□
辅助蓄电池电压		异常□ 正常□
高压部件安装及插接器连接情况		异常□ 正常□
储液罐液位		异常□ 正常□

3. 故障现象记录

诊断项目	诊断内容
确认故障现象	

4. 读取相关故障码

诊断项目	诊断内容
相关故障码描述	

(续)

5. 记录相关主要数据流	
诊断项目	诊断内容
相关数据流描述	

6. 故障范围分析	
诊断项目	诊断内容
初步诊断故障范围	

7. 故障检测过程

步骤	检测项目	测量结果	结果分析
1			
2			
3			
4			
5			
6			
7			

8. 故障诊断结论	
确认故障部位	
故障机理描述	

9. 维修处理方法	
维修建议	零部件/总成　　维修□　更换□
维修工时	

（三）相关故障拓展

在对车辆进行上电时发现高压无法正常上电，整车控制器模块报与电机控制器通信失败，电机控制器无法进入，可判断为电机控制器模块及相关线路的故障。测量供电线路电压，电压值显示异常，进一步采用分段测量方法进行分段导通测量，在对 CAN 线进行测量时，则需要结合波形特性进行 CAN 线的信号特征判断，最终确定故障点。

五、任务评价

电机控制器 CAN-H 线断路引起的车辆无法上高压电故障检修		姓名:	
日期:	班级:	学号:	
自我评价:□熟练 □不熟练	组长评价:□熟练 □不熟练	教师签名:	
教师评价:□优秀 □良好 □合格 □不合格			

高压互锁及线路故障【评分细则】

序号	评分项	得分条件	分值	评分要求	自我评价	组长评价	教师评价
1	安全/7S/态度	□1. 能接受任务并完成任务 □2. 能进行设备和工具安全检查 □3. 能进行车辆安全防护操作 □4. 能进行人员高压安全防护操作 □5. 能进行三不落地操作 □6. 能进行团队合作作业 □7. 能进行工位 7S 操作 □8. 能进行有效沟通	20	未完成1项扣3分,扣分不得超过20分	□能做到 □做不到	□能做到 □做不到	□优秀 □良好 □合格 □不合格
2	专业技能	□1. 能正确检查车辆基本状态 □2. 能正确检查电机控制器 CAN-H 线断路引起的车辆无法上高压电故障现象 □3. 能正确读取故障码及数据流信息 □4. 能正确分析故障原因 □5. 能正确制定诊断检测流程 □6. 能正确使用检测设备 □7. 能正确找到故障点 □8. 能正确分析故障机理 □9. 能合理提出维修建议	40	未完成1项扣5分,扣分不得超过40分	□熟练 □不熟练	□熟练 □不熟练	□优秀 □良好 □合格 □不合格
3	工具及设备使用能力	□1. 能正确使用维修工具 □2. 能正确使用充电装置 □3. 能正确使用万用表、诊断仪、示波器等诊断设备 □4. 能正确使用专用工具	5	未完成1项扣3分,扣分不得超过5分	□熟练 □不熟练	□熟练 □不熟练	□优秀 □良好 □合格 □不合格
4	资料、信息查询能力	□1. 能正确查询车辆信息 □2. 能正确使用维修手册查询资料 □3. 能正确记录所查询资料的章节及页码 □4. 能正确记录检查状态信息	10	未完成1项扣3分,扣分不得超过10分	□熟练 □不熟练	□熟练 □不熟练	□优秀 □良好 □合格 □不合格

（续）

序号	评分项	得分条件	分值	评分要求	自我评价	组长评价	教师评价
5	数据判断和分析能力	□1. 能判断电机控制器 CAN-H 线断路引起的车辆无法上高压电故障仪表状态 □2. 能判断仪表指示灯状态 □3. 能判断故障码 □4. 能判断数据流 □5. 能分析诊断仪器检测结果	10	未完成1项扣2分，扣分不得超过10分	□能做到 □做不到	□能做到 □做不到	□优秀 □良好 □合格 □不合格
6	表单填写及撰写能力	□1. 字迹清晰 □2. 语句通顺 □3. 无错别字 □4. 无涂改 □5. 无抄袭	5	未完成1项扣1分，扣分不得超过5分	□熟练 □不熟练	□熟练 □不熟练	□优秀 □良好 □合格 □不合格
7	素养	□1. 注重团队合作 □2. 注意安全防护 □3. 注意保护实训设备 □4. 做到三不伤害 □5. 保护环境	10	未完成1项扣2分，扣分不得超过10分	□能做到 □做不到	□能做到 □做不到	□优秀 □良好 □合格 □不合格
否决项：1. 操作过程产生高压危险或设备损坏；2. 操作人员或其他人员受伤；3. 隐瞒车辆故障或其他安全隐患							
总分：							

中国汽车人物

徐留平：长安汽车辉煌的推动者，一汽的复兴者

如果没有徐留平，或许长安不会迅速成为头部车企，红旗汽车也不会如此快速地实现复兴。

徐留平，1964年10月生，江苏扬中人，北京理工大学管理学博士，研究员级高工，1988年6月参加工作。

参加工作以后直到2006年2月，徐留平都在中国兵器装备集团公司工作，历任中国兵器装备集团公司发展计划部副主任、主任；洛阳北方企业集团有限公司董事长；中国兵器装备集团公司汽车部主任；中国兵器装备集团公司总经理助理；中国兵器装备集团公司副总经理、党组成员等职。

2006年1月起，徐留平任职兵器装备集团副总经理、党组成员兼重庆长安汽车股份有限公司总裁、董事长、党委书记，中国长安汽车集团股份有限公司董事长、党委书记等。徐留平也正式进入长安汽车，并逐步成为

长安汽车集团的领跑者。

2006年以前，长安汽车自主板块主要以微车为主，人们脑海中对它的第一印象大都是长安之星面包车。而徐留平的到来，为长安带来了新的机遇。

那年7月，长安汽车宣告正式进军轿车领域，徐留平还公布了自主品牌轿车发展战略，并首次推出了自主轿车品牌标识，向世人展示了长安对轿车生产的信心和决心。同年11月，长安自主研发的首款轿车——长安奔奔在北京车展正式上市，售价3.98万~4.88万元。

2012年10月，长安推出了首款自主SUV车型——长安CS35，此后又在2014年4月上市了长安CS75，2016年4月上市了长安CS15，2017年3月上市了长安CS95。

这样的产品线，也带来了长安汽车销量的腾飞。

2014年，长安乘用车销售97.33万辆，摘得中国汽车品牌销量榜冠军；2015年，销量达到111.33万台，蝉联中国汽车品牌销量榜冠军；2016年销售114.98万台，连续3年夺得中国汽车品牌销量榜冠军。

这背后，离不开徐留平主导的基础研发机构的建设，如2008年4月17日在日本成立的，致力于外观及内饰设计开发工作的设计中心；2010年6月在英国诺丁汉成立的，主要进行动力系统研究与开发工作的英国研发中心；2011年1月18日在美国底特律成立的，专攻汽车底盘技术的美国研发中心；2012年投入使用的长安汽车综合试验场等。集合全球研发资源打造的产品，无疑会拥有更好的品质，而长安汽车，便恰恰以此取胜。此外，还离不开徐留平主导的长安汽车品牌形象的全新升级。2010年10月，长安汽车发布了更具视觉冲击力、更细腻大气的全新标识。而车标，有时候会直接影响到消费者的购买行为。

2017年7月，徐留平调任中国第一汽车集团有限公司，担任董事长、党委书记。在一汽，徐留平开展了大刀阔斧的改革，包括人事改革、架构调整、重建研发、梳理供应链、复兴红旗品牌、奔腾品牌转型，等等，展现出了惊人的睿智与勇气，可谓力挽狂澜。

两年时间，红旗和奔腾均交出了令人满意的答卷。其中，红旗在2019年1—9月累计销量破6万台，同比增长223%；奔腾累计销量达到近8万台，同比增长26%。这在车市整体低迷的态势下，愈发难能可贵。

项目五
高压电控总成结构原理与检测

项目描述

高压电控系统为电流顺利通往每个用电设备提供了路径保证,对车辆的行驶具有至关重要的作用。通常,当动力电池系统接收到用电设备的请求供电信号后,整车控制器(VCU)综合汽车行驶状况和各部件传感器信息后发出控制指令向用电设备提供电能,此时高压电控系统会对动力电池中的电能进行分配;当汽车处于减速或制动状态时,经电机控制器转换的电能也会通过高压电控系统储存到动力电池中。

本项目主要介绍的内容有高压电控总成的结构、功用、位置、工作原理以及高压控制系统中的关键部件高压互锁的组成、功用和检测方法。

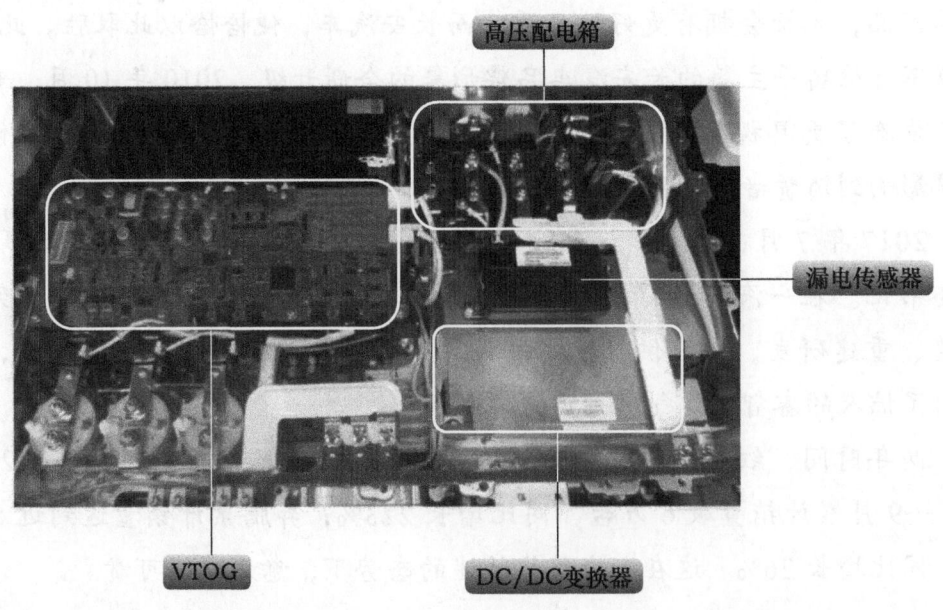

项目五 高压电控总成结构原理与检测

目标要求

1）掌握高压电控系统的组成和工作原理。
2）正确描述高压互锁的组成和功用。
3）掌握高压互锁的检测方法，并完成高压互锁检测。

知识准备

一、高压电控系统的分类

高压电控系统分为分体式高压系统、集成式高压系统和高度集成式高压系统。

在分体式高压系统中，车载充电机模块、DC/DC变换器模块、高压控制盒、电机控制器分别布置在机舱内，常见车型有北汽EV160，如图5-1所示。

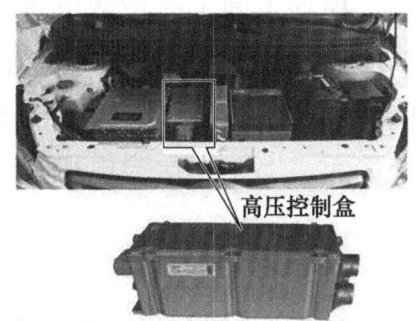

图5-1 北汽EV160高压控制盒

在集成式高压系统中，车载充电机模块、DC/DC变换器模块、高压控制盒集成在模块中被称为PDU（高压配电盒），而电机控制器单独布置，常见车型有吉利EV450，如图5-2所示。

在高度集成式高压系统中，车载充电机模块、DC/DC变换器模块、高压控制盒、电机控制器四个控制器集成在一个模块中被称作PEU（功率集成单元），常见车型有比亚迪e5，如图5-3所示。

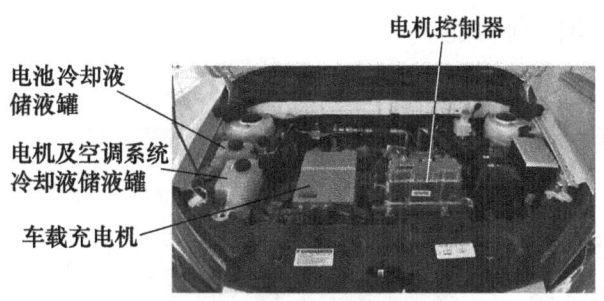

图5-2 吉利EV450 PDU

图5-3 比亚迪e5 PEU

由此可见，在不同的高压系统中高压电控系统结构不同，但高压电控系统作用基本相同，主要用于对动力电池中储存的电能进行分配，实现对支路用电器件的保护及切断。

二、高度集成式高压电控总成的结构及功用

（一）高压电控总成的结构组成

高压电控总成是将纯电动汽车的双向交流逆变式电机控制器（VTOG）、车载充电机（OBC）、高压配电箱和DC/DC变换器这4个高压电控装置合为一体，又称"高压四合一"。

（1）VTOG控制器

该控制器为电压型逆变器，利用IGBT将直流电转化成交流电，其主要功能是通过收集档位信号、加速踏板信号、制动踏板信号等来控制电机，根据不同工况控制电机的正反转、功率、转矩、转速等，即控制车辆的前进、倒退，维持车辆的正常运转。此外，它还具备充电控制功能，能进行交直流转换、双向充放电控制。该控制器总成分为上、中、下3个单元，上、下层为电机控制单元和充电控制单元，中间层为水道冷却单元。

（2）车载充电机

车载充电机是指固定安装在纯电动汽车上的充电机，根据高压电池管理系统（BMS）提供的数据，能动态调节充电电流或电压参数，执行相应的动作，完成充电过程。

（3）高压配电箱

高压配电箱的功能主要是将动力电池的高压直流电供给整车高压电器，接收车载充电机或非车载充电机的直流电，给动力电池充电，同时还具有电流检测、漏电监测等其他辅助检测功能。

（4）DC/DC变换器

DC/DC变换器是电动汽车动力系统中很重要的组成部分，通过DC/DC变换器给低压蓄电池充电，与低压蓄电池一起为低压电器系统供电。例如比亚迪e5高压控制盒，其结构组成如图5-4所示。

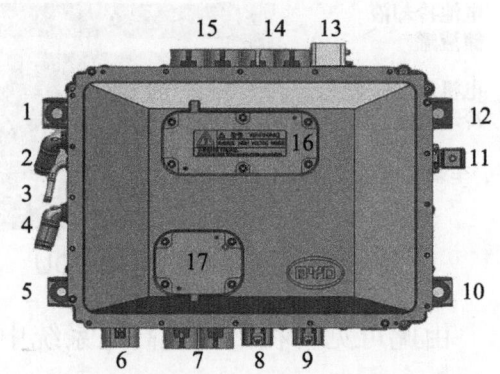

图5-4 比亚迪e5高压控制盒结构组成

（二）高压电控总成的各组件功用

（1）高压电控总成的外部接口

高压电控总成外部接口分为高压接口和低压接口两部分。高压接口有电池包高压直流输入接口（直流母线正极接口、直流母线负极接口）、电机三相（三相交流输出）接口、交流充电（输入交流）N 与 L1 相接口、交流充电（输入交流）L2 与 L3 相接口、直流充电输入接口、空调电动压缩机接口、加热器 PTC 接口；低压接口有 DC/DC 输出接口、VTOG 控制器低压接口、高压配电箱低压控制接口。比亚迪 e5 高压控制盒接口定义及说明见表 5-1。

表 5-1　比亚迪 e5 高压控制盒接口定义及说明

序号	定义	对接说明
1	辅助定位（$\phi 13$）	安装在前舱大支架上
2	出水口	连接冷却水管
3	排气口	连接排气管
4	进水口	连接冷却水管
5	主定位（$\phi 11$）	安装在前舱大支架上
6	交流充电输入	连接交流充电口
7	直流充电输入	连接直流充电口
8	空调压缩机配电	连接空调压缩机
9	空调 PTC 配电	连接空调 PTC
10	辅助定位（$\phi 13$）	安装在前舱大支架上
11	低压正极输出	连接蓄电池
12	辅助定位（$\phi 13$）	安装在前舱大支架上
13	低压信号	连接低压线束
14	高压直流输入/输出	连接电池包
15	电机控制器配电	连接电机控制器
16	电控甩线和直流母线线鼻子固定维修盖	线鼻子固定点维修盖板
17	直流充电线缆线鼻子固定维修盖	线鼻子固定点维修盖板

（2）高压电控总成的内部模块布局

高压电控总成内部模块布局如图 5-5 所示，主要部件有 VTOG 控制器（控制板、IGBT 驱动板、IGBT）、电容（660μF 母线电容总成、70μF、25μF）、接触器、霍尔式电流传感器、车载充电机总成、电感及电感温度传感器、继电器电路板模块等。

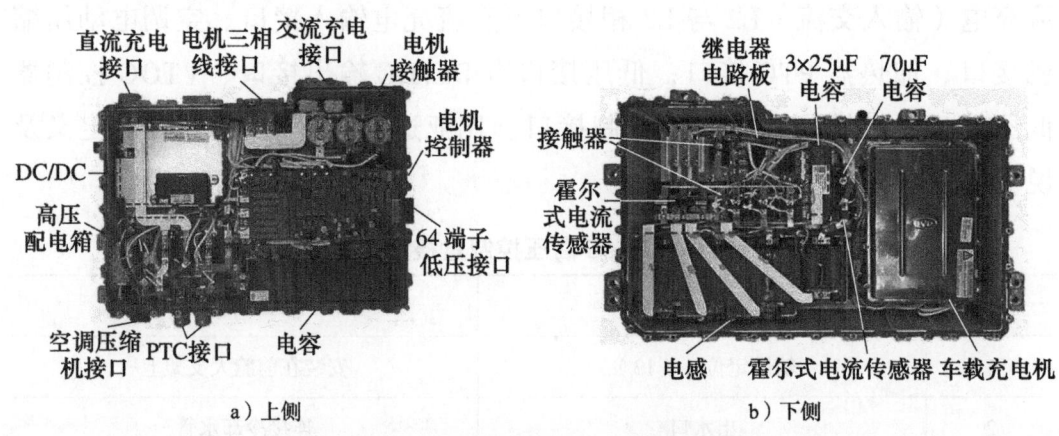

图 5-5　高压电控总成内部模块布局

（3）高压配电箱

高压配电箱主要由接触器、霍尔式电流传感器、预充电阻、高压电池包正负极输入接口组成，如图 5-6 所示。接触器由 BMS 控制充放电。

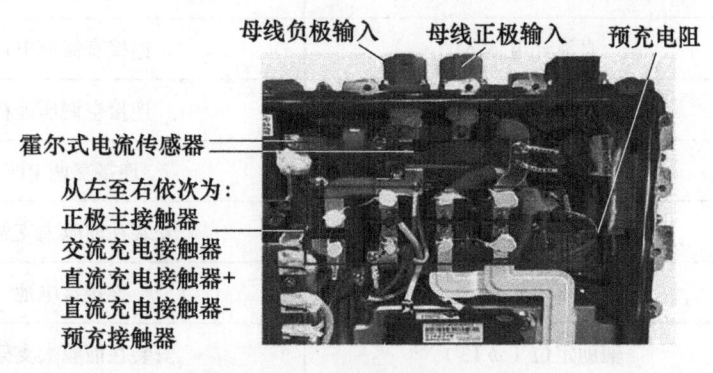

图 5-6　高压配电箱组成

（4）漏电传感器

该车采用直流漏电传感器，如图 5-7 所示。当高压系统漏电时，漏电传感器发送信号给 BMS，BMS 接收到漏电信号后根据漏电情况马上报警或断开高压系统，以防止对人或物品造成伤害和损失。

图 5-7　漏电传感器

（5）VTOG 控制器

VTOG 控制器由上、下两块电路板组成，上方为控制板，下方为 IGBT 驱动板。IGBT 驱动芯片采用 1ED020I12FA2 芯片。IGBT 总成固定于 IGBT 驱动板上，其控制极通过弹簧与电路板上的电路连接，该总成上还有用于检测其工作温度的温度传感器（热敏电阻）。

部分车型的 VTOG 控制器预留有车辆对放电排插供电功能（VTOL）及车辆对车辆放电功能（VTOV），可通过方向盘上的按键进行设置。

VTOG 控制器主要有驱动控制与充电控制两大功能。

1）驱动控制（放电）是采集加速踏板、制动踏板、档位、旋变等信号，实现前进、倒车、减速或制动时正反转发电功能；具有高压输出电压和电流控制功能；具有电压跌落、过电流、过温、IPM 过温、IGBT 过温保护、功率限制、转矩控制限制等功能；具有电控系统防盗、能量回馈控制、主动泄放、被动泄放控制等功能。

2）充电控制具有交直流转换，双向充放电控制功能；具有自动识别单相、三相相序并根据充电电流控制充电方式，根据充电设备识别充电功率控制充电方式，根据车辆或其他设备请求信号控制车辆对外放电的功能；具有断电重启功能，即在电网断电后又供电时，可继续充电的功能；原版的高压四合一车型在直流充电时，具有直流充电升压功能，从而可使用一些输出电压低于车辆充电电压的通用直流充电柜进行充电。

VTOG 控制器还包括 CAN 通信、故障处理记录、在线 CAN 烧写及自检等功能。显然，进行驱动控制时电机的三相接触器处于接通状态，而充电控制时电机的三相接触器处于切断状态。

（6）DC/DC 变换器

DC/DC 变换器低压输出端通过正极熔丝盒给低压蓄电池充电，并给整车低压电器系统供电。

（7）车载充电机

它用于功率不高于 3.3 kW 的单相交流充电设备充电的场合，适用的充电设备包括便携式充电器、3.3 kW 壁挂式充电盒。使用功率大于 3.3 kW 的单相或三相交流充电设备充电则要经过 VTOG 控制器进行。

（8）电容

高压电路中使用的电容多为薄膜电容。薄膜电容的耐压可以达到 DC 1000V 以上，改善了电容的防潮性和抗温度冲击能力，工作环境温度可达 105~125℃，主要由母线电容总成、直流充电升压器的 70 μF 电容及 3 个 25 μF 电容总成等组成。

三、分体式高压系统高压控制盒工作原理

当车辆处于不同状态时，高压控制盒内各配电线路会起不同的作用，以下将分四种状态介绍高压控制盒的工作原理。

（一）快充状态

将直流充电枪插入快充充电口后，电池管理系统与直流充电桩进行信息交互及安全监测，闭合高压控制盒快充继电器以及动力电池继电器，将直流充电桩转化的高压直流电经高压控制盒存储到动力电池，如图 5-8 所示。

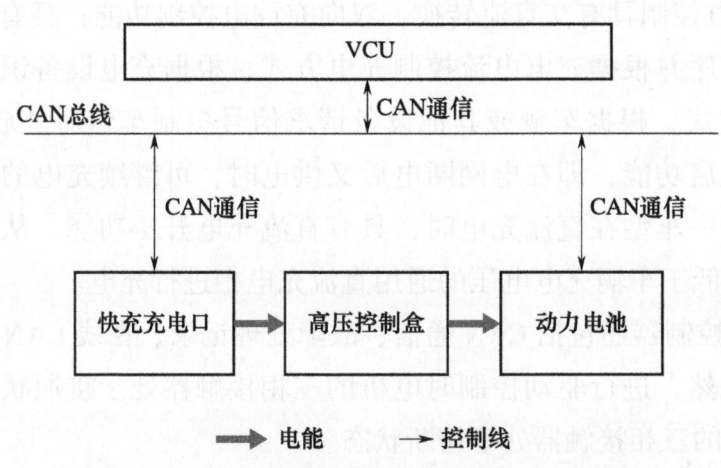

图 5-8　快充状态高压控制盒工作原理示意图

(二)慢充状态

将交流充电枪插入慢充充电口后,电池管理系统将动力电池中的继电器闭合,经车载充电机转化的高压直流电经高压控制盒储存到动力电池,如图5-9所示。

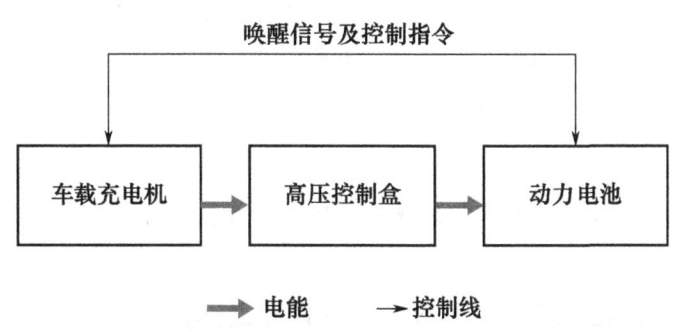

图 5-9 慢充状态高压控制盒工作原理示意图

(三)驱动状态

当车辆处于驱动状态时,电池管理系统接收整车控制器的控制信号,将动力电池中储存的电能经高压控制盒分配到电机控制器,通过电机驱动车辆行驶,如图5-10所示。

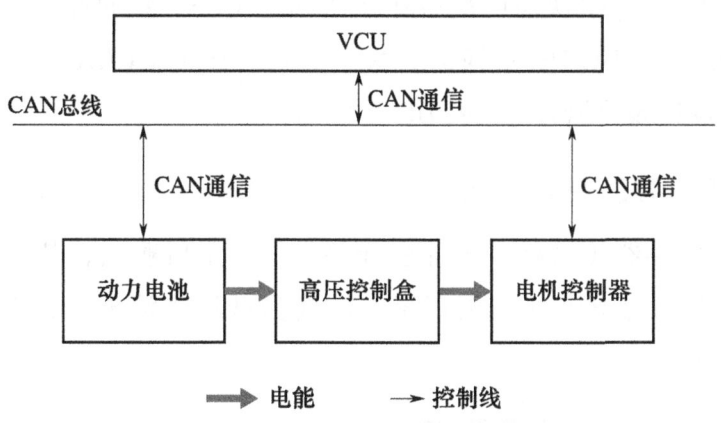

图 5-10 驱动状态高压控制盒工作原理示意图

(四)能量回收状态

当车辆进行能量回收时,回收的电能通过高压控制盒储存到动力电池中,以增加整车续驶里程,如图5-11所示。

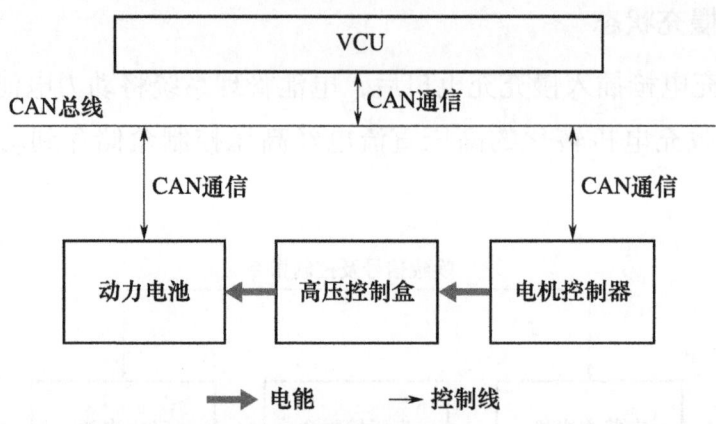

图 5-11　能量回收状态高压控制盒工作原理示意图

四、分体式高压系统 DC/DC 变换器工作原理

（一）DC/DC 变换器定义及分类

DC（Direct Current）表示的是直流电源，例如干电池或车载蓄电池等。如果通过一个变换器将一个直流电压（3.0V）转换成其他的直流电压（1.5V 或 5.0V），则称这个变换器为 DC/DC 变换器，或称之为开关电源或开关调整器。因此 DC/DC 变换器就是转变输入电压后有效输出固定电压的电压变换器。目前 DC/DC 变换器广泛应用于手机、MP3、数码相机、便携式媒体播放器等产品中。DC/DC 变换器分为三类：升压型 DC/DC 变换器、降压型 DC/DC 变换器以及升降压型 DC/DC 变换器。

（二）DC/DC 变换器功用

DC/DC 变换器（又称"直流变压器"）位于机舱内，如图 5-12 所示。它主要用于将动力电池的高压直流电转换为低压直流电给蓄电池及整车低压用电系统供电。

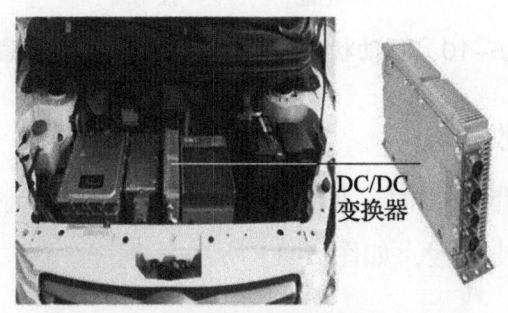

图 5-12　DC/DC 变换器位置示意

（三）DC/DC 变换器结构

DC/DC 变换器是由箱体及电路面板等主要部件组成，其中电路面板上共有 4 处接线口，分别为低压输出负极、低压输出正极、低压控制端、高压输入端，如图 5-13 所示。

其中低压控制端与高压输入端针脚定义见表 5-2。

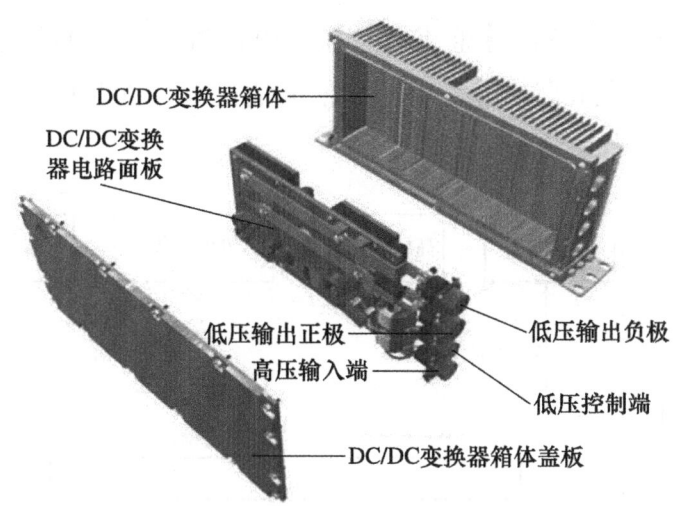

图 5-13 DC/DC 变换器结构组成

表 5-2 DC/DC 变换器针脚定义

高压输入端	低压控制端
A 脚：电源负极	A 脚：控制电路电源正极（直流 12V 启动，0~1V 关机）
B 脚：电源正极	B 脚：电源状态信号输出（故障线，故障：12V 高电平；正常：低电平）
中间为高压互锁短接端子	C 脚：控制电路电源

（四）DC/DC 变换器工作流程

1）整车 ON 档上电或充电唤醒上电。

2）动力电池完成高压系统预充电流程。

3）整车控制器给 DC/DC 变换器发送控制指令。

4) DC/DC 变换器开始工作。

（五）DC/DC 变换器电路工作原理

整车 ON 档上电之后，通过低压控制系统唤醒整车控制系统，整车控制器给 DC/DC 变换器发送控制指令，DC/DC 变换器开始工作。此时动力电池中的高压直流电经由高压控制盒输送到 DC/DC 变换器，该高压电经过变换器内部的降压器、滤波器、整流器、振荡电路等一系列的作用之后，形成一个 14V 左右的低压直流电，为低压蓄电池充电，同时供整车低压系统使用，如图 5-14 所示。

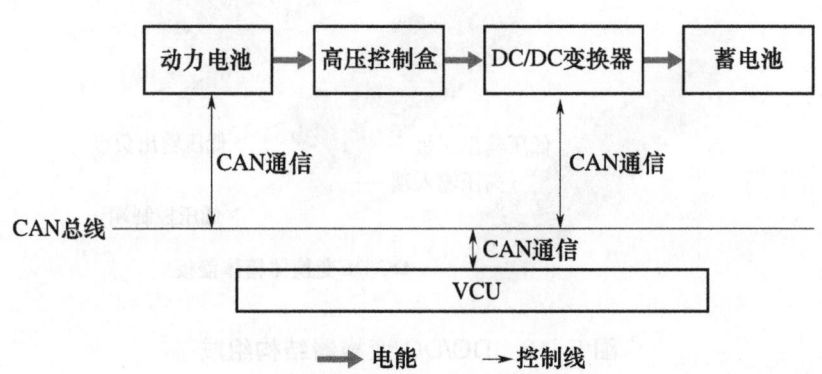

图 5-14 DC/DC 变换器工作流程示意图

五、高压互锁

高压控制盒检测中最常见的故障是高压互锁故障，因此下面主要介绍高压互锁的相关知识。

（一）高压互锁的定义

在国际标准 ISO6469-3: 2001《电动汽车安全技术规范 第 3 部分：人员电气伤害防护》中，规定车上的高压部件应具有高压互锁装置。高压互锁（也指危险电压互锁回路）的含义是通过使用电气小信号来检查整个高压导线、插接器及护盖的电气完整性（连续性），识别到回路异常断开时，及时断开高压电。

（二）高压互锁的功用

当整车发生碰撞时，碰撞传感器发出碰撞信号，触发危险电压互锁回路断电信号，整车高压电源会在毫秒级时间内自动断开，以保障用户的安全。

（三）高压互锁的组成

高压互锁主要由互锁信号回路、互锁检测器、自动断路器组成。

1. 互锁信号回路

高压互锁信号回路包括两部分：分别为实线框内部分和虚线框内部分，如图 5-15 所示。

实线框内部分用于监测高压供电回路的完整性，可以分为两种形式：一种是与高压电源线并联（图 5-16a），并在所有高压插接器端与插接器监测器连接，将所有的连接串接起来组成一个完整的回路，可以利用高压线上的屏蔽线组成信号回路的一部分，以使整个系统变得更简单和可靠；另外一种形式为各个高压部件控制器负责监测各自的 HVIL 信号（图 5-16b），只有当全部的控制器收到 HVIL 接通信号时，才允许接通高压电源。

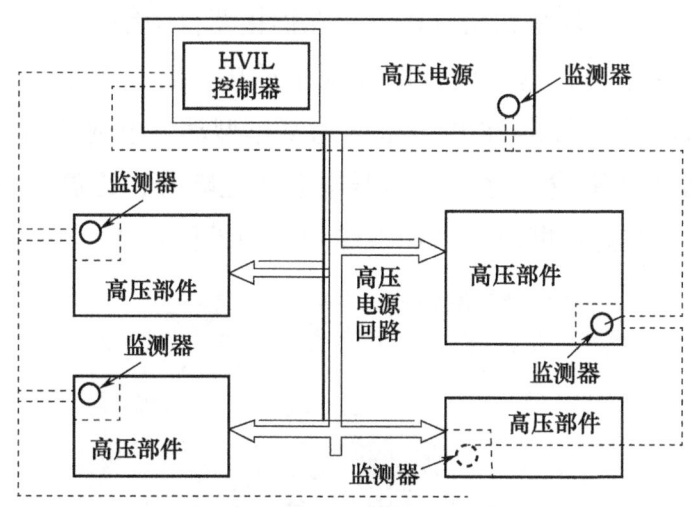

图 5-15　高压互锁回路示意图

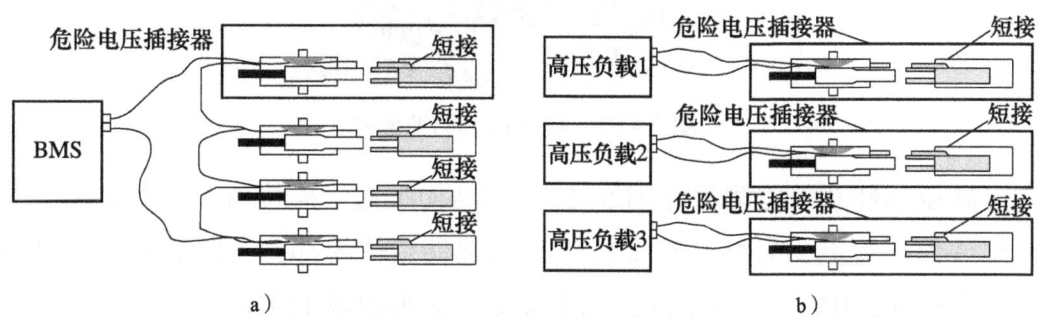

图 5-16　高压供电监测回路

2. 互锁监测器

监测器分为两类，一种用于监测高压插接器连接是否完好，另外一种用于监测高压部件的保护盖是否开启。

高压插接器监测器如图 5-17 所示，图 5-17a 为将监测器设置在插接器上的一体式的设计，图 5-17b 为通用的最新专利设计。

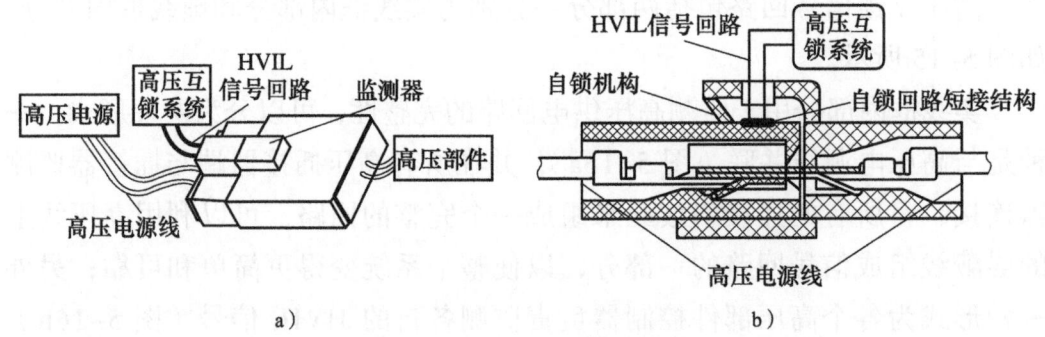

图 5-17　高压插接器监测器

通用监测器的设计是利用压接方法在插接器自锁结构上增加电气连接作为自锁回路短接信号，这种设计既保证了插接器防水等级又不会增加冗余的空间，非常巧妙。图 5-18 中方框区为某车型动力电池动力母线互锁监测器，在动力母线插头拔出时，监测器也会随之断开，因高压互锁回路被断开，所以触发整车高压断电，从而保障用户的操作安全。

图 5-18　高压插接器监测器

高压部件开盖监测器（图 5-19）的结构类似于插接器，一端安装于高压部件保护盖上，另外一端安装于高压部件主体内部，当保护盖开启时插接器也断开，HVIL 信号中断。通常需要设置监测器的部件包括：驱动电机控制器、DC/DC 变换器、高压配电箱、车载充电机、空调驱动器和电池管理器。

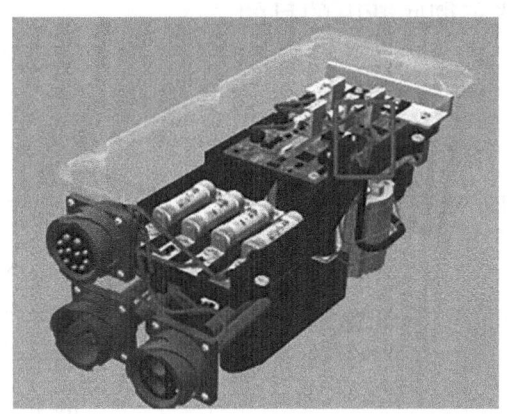

图 5-19　高压控制盒开盖保护监测器

3. 自动断路器

自动断路器（也称正极、负极接触器）为互锁系统切断高压电源的执行部件，形式类似于继电器，在高压互锁系统识别到危险情况时，能否正确断开高压电源是非常关键的，所以自动断路器对高压互锁的影响相当大。具体如何设置需参照以下原则：

1）自动断路器需要尽可能地接近电池包（高压电源），以减少在断电时继续蓄能的电路。

2）自动断路器的初始状态应该是常开的状态，需要控制器给予安全信号方能闭合，以避免高压线路误接通。

3）复位自动断路器应要求操作者施加额外的信号，需确认已消除高压危险的情况，此时方能复位。

4）自动断路器应具有自诊断的能力，将其内部的故障检测出来并予以显示；如果不能正常工作，则整车需要特殊处理（停车或报警）。

5）自动断路器即使是在供电电压过低的情况下也应该能够操作。

6）自动断路器需要提供一个输出信号，提前通知其他用电负载，使之能在断电之前有提前响应的时间。

7）行驶过程中及其他特殊情况下不能强行断开。

图 5-20 为 DC/DC 供电原理图，其中自动断路器建议设计在最靠近动力电池包处，由此可以减少断电时蓄能的电路，而且使用的是双极同时断开，

可以使高压互锁起作用时高压电源彻底和各高压部件隔离，能够很好地保护使用者。断路器也可以设置在电池包的正中央位置，通过切断高压电源内部的连接，起到整车彻底断电的目的。

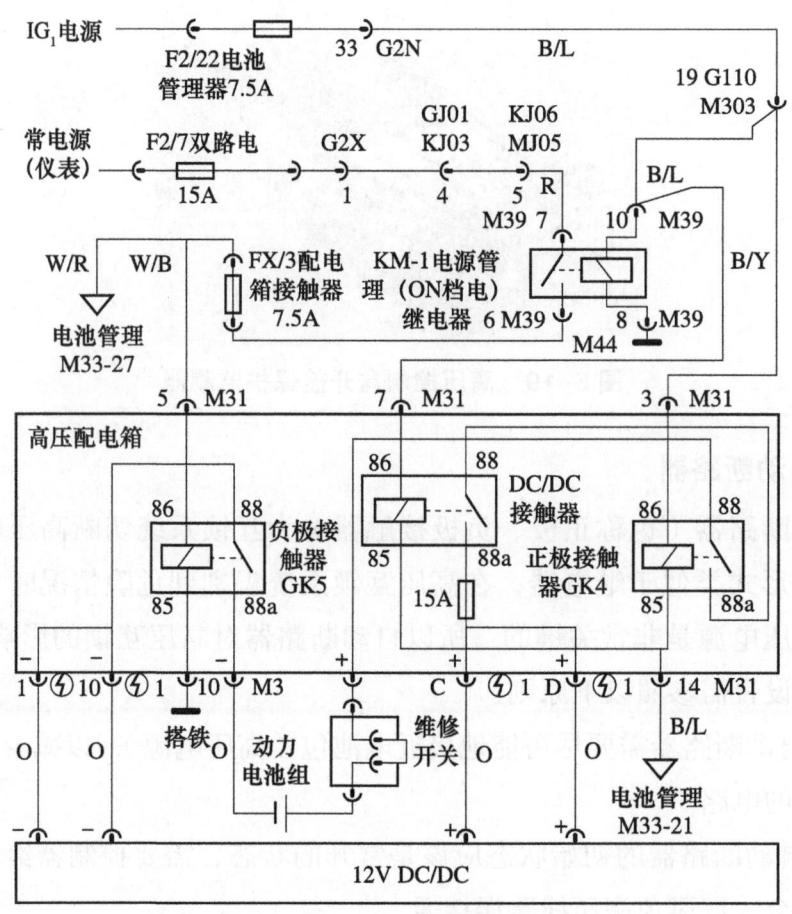

图 5-20 DC/DC 供电原理图

（四）高压互锁控制策略

高压互锁系统在识别到危险时，整车控制器应根据危险时的行车状态及故障危险程度运用合理的安全策略，这些策略包括以下几点：

1）故障报警。无论电动汽车处在何种状态，高压互锁系统在识别到危险时，车辆应该对危险情况做出报警提示，需要仪表或指示器以声或光报警的形式提醒驾驶员，让驾驶员注意车辆的异常情况，以便及时处理，避免发生安全事故。

2）切断高压电源。电动汽车在停止状态时，若高压互锁系统识别到严重危险情况，此时除了进行故障报警，还应通知系统控制器断开自动断路器，使高压电源被彻底切断，避免可能发生的高压危险，确保财产和人身安全。

3）降功率运行。电动汽车在高速行车过程中，若高压互锁系统识别到危险情况，此时不能马上切断高压电源，应首先通过报警提示驾驶员，然后让控制系统降低电机的运行功率，使车辆速度降下来，以使整车高压系统在负荷较小的情况下运行，尽量降低发生高压危险的可能性，同时也使得驾驶员能够将车辆停到安全的地方。

典型工作任务

任务1　高压互锁线断路故障检修

一、任务导入

（一）任务描述

现有一辆2019款比亚迪e5在启动车辆时，出现高压不上电、仪表显示"请检查动力系统"的故障现象。作为维修技师，请你确定该车辆的故障现象，结合电路图分析，并对故障进行系统检测，依据检测结果确认故障点，完成相应的故障排除。

（二）任务分析

要实现该故障的检测，需要按照以下主要步骤进行分析：

1）确认该车辆的故障现象，是否与用户所述故障现象一致。

2）根据故障现象分析可能的诊断策略，高压不上电可能是由多方面原因导致的，比较简捷的方式是通过诊断仪进一步确定可能的故障原因。

3）依据读取到的故障码或者数据流，进一步分析可能存在问题的模块并查阅对应的电路图。

4）针对可能出现问题的模块，结合相关电路图，进一步分析可能的故障原因，比如由于模块供电、搭铁、通信、自身损坏等。

5）实施检测与诊断，确定故障范围。

6）实现对上述故障的修复，并验证诊断结果。

二、任务资讯

为了确认高压接插件的连接可靠性，整车高压系统中的接插件基本都连接有检测电路。当检测电路断开的时候，整车控制器或 BMS 即认定高压接插件松脱，此时为了保证整车安全，不允许上高压电。

比亚迪 e5 的高压互锁线的连接主要集中在充配电总成、电池管理器、电池包三部分，其连接图如图 5-21 所示。

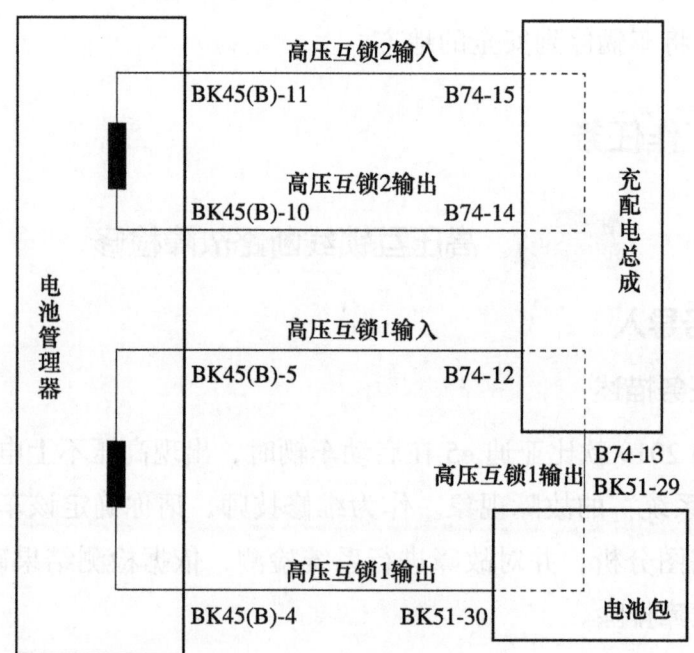

图 5-21 高压互锁线连接图

三、任务组织

（一）实施准备

1）所需的各种防护用品准备：工位、隔离带、安全警告标志牌、车辆挡块、灭火器（水基型、干粉型）、绝缘杆、绝缘垫、绝缘工作台、棉线手套、绝缘手套、防静电手套、护目镜、头盔、车外三件套、车内多件套、车间纸巾、洗手液、急救包、除颤仪。

2）常用工具、设备准备：万用表、示波器、诊断仪、万用接线盒、绝缘工具套装。

3）资料准备：维修手册、电路图、其他资料。

（二）制订计划

依据任务要求、任务分析，结合实施准备，小组内相互讨论，制订工作计划，将工作计划步骤、选择该步骤的理由写在表 5-3 相应位置，并选派代表进行汇报展示。

表 5-3　计划表

1. 作业计划			
序号	作业项目	操作要点	注意事项
1			
2			
3			
4			
5			
6			
7			

2. 设备清单			
序号	设备名称	用途	规格型号	数量
1				
2				
3				
4				
5				
6				

3. 其他材料清单			
序号	材料名称	用途	规格型号	数量
1				
2				
3				
4				

审核	小组审核意见： 教师审核意见：	组长签字：　　　年　月　日 教师签字：　　　年　月　日

四、任务实施

在做好个人安全防护、维修场地安全检查之后，按照维修诊断的准备流程，做好诊断前的各项准备工作。

（一）故障诊断流程

1. 车辆故障现象确认

踩下制动踏板，按下POWER键，仪表显示"请检查动力系统"的故障现象，同时车辆无法上高压电，故障现象如图5-22所示。

图 5-22　车辆显示的故障现象

2. 模块通信状态及故障码检查

连接故障诊断仪，读取相应故障码，依据故障码或者数据流确定可能的故障原因。

1）故障码文字描述。根据故障码显示，连接诊断仪，BMS模块报高压互锁1故障。

2）故障诊断仪显示的故障信息，如图5-23、图5-24所示。

3）相关数据流文字描述：无法读取数据流。

 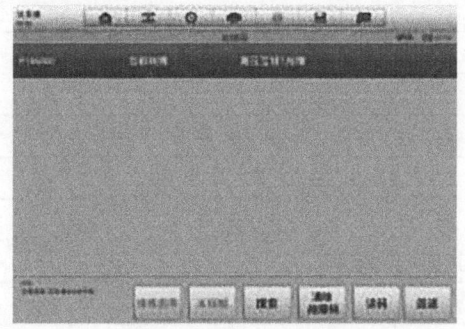

图 5-23　BMS 模块显示有故障　　图 5-24　BMS 模块报高压互锁 1 故障

3. 确认故障范围

确认是高压互锁及线路故障。

4. 检测分析

在对车辆进行上电时发现车辆无法正常上电，仪表显示"请检查动力系统"，诊断仪读BMS模块报高压互锁1断路。查阅电路图册，锁定故障范围为高压互锁线断路故障，与BMS模块相关的高压互锁线连接就是充配电总成模块（其他车型可能称为高压控制盒）的相关高压互锁线，而充配电总成含有高压互锁输入线、高压互锁输出线，高压互锁输出线与BMS模块相连接，需要围绕高压互锁线的输入输出线路进行诊断。检测电路图如图 5-25 所示。

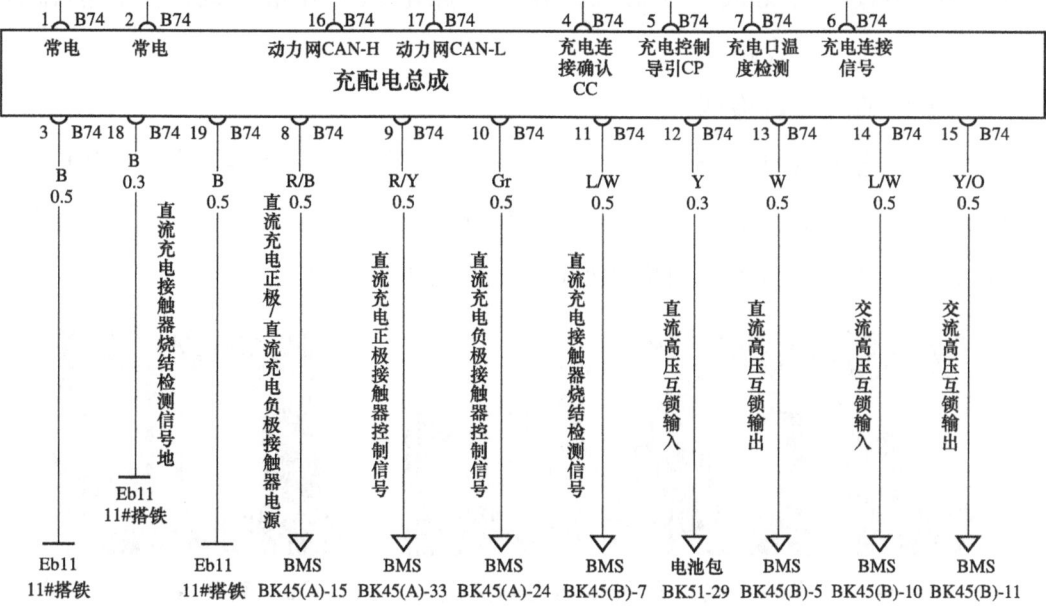

图 5-25　部分电路图

5. 具体检测过程

（1）故障点的初步检测

测量高压控制盒（比亚迪 e5 相应模块称为充配电总成）高压互锁线的输出电压值，如图 5-26、图 5-27 所示。

图 5-26　测量充配电总成 B74/13 号线电压值

图 5-27　测量充配电总成 B74/13 号线与搭铁之间的电压值为 1.7V（标准值在 1.5~2.0V 之间）

直接测量高压互锁线输出电压值的目的，是考虑如果输出线路电压值正常，则在此线路之前的高压互锁线路均为正常，可直接考虑后续电路问题，依次往后排查；若测试排查出来的输出线路电压值异常，则需要往前排查其高压互锁输入等线路。

（2）详细故障点检测

经过上述步骤的排查后，可知高压互锁线的输出电压值正常，需要进一步对后续关联线路进行断电检查，在断开低压供电的前提下，通过万用表测量线路的通断。具体检测步骤如图 5-28~图 5-30 所示。

图 5-28　车辆下电，断开低压电源负极

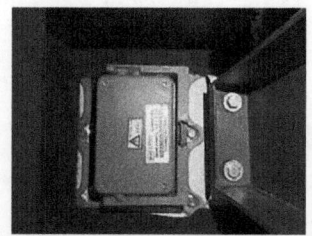

图 5-29　断开维修开关，置于收纳盒中，车辆静置 5min

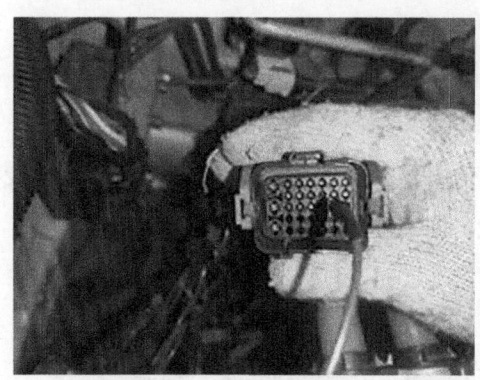

图 5-30　测量充配电总成 B74/13 号线与 BMS 模块 BK45（B）/5 号之间的电阻值为无穷大

（3）故障点确定及修复

通过上述步骤的检测，确定充配电总成 B74/13 号线与 BMS 模块 BK45（B）/5 号之间的线路存在断路，导致该故障现象，故障点确认如图 5-31 所示，修复该故障后，车辆上电正常。

项目五 高压电控总成结构原理与检测

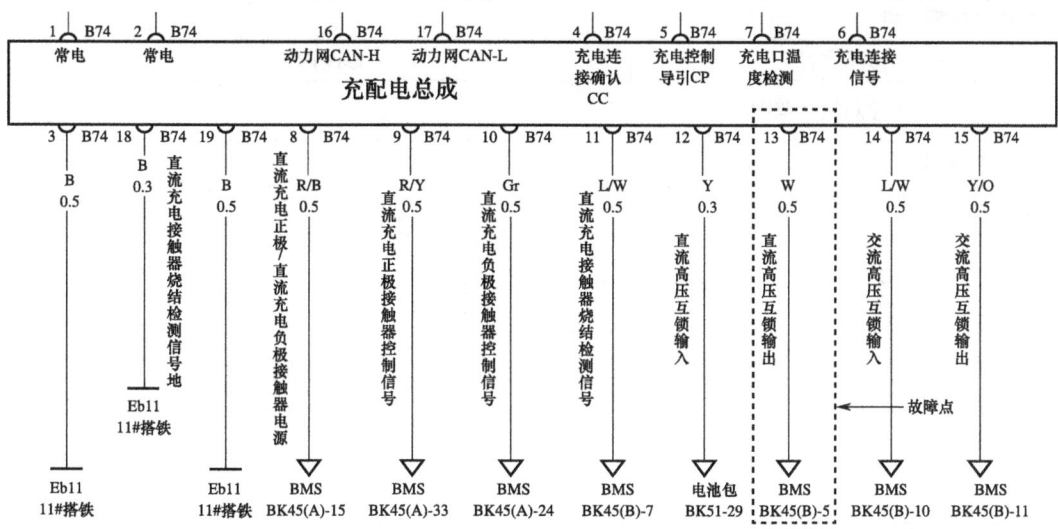

图 5-31 确定故障点（高压互锁断路）

（二）任务记录工单

任务单	高压互锁及线路故障	班级：	
		姓名：	

1. 车辆信息记录

品牌		整车型号		生产年月	
电机型号		动力电池容量		行驶里程	
车辆识别代码					

2. 车辆基本检查

检查项目	检查情况	
安全防护		是□ 否□
辅助蓄电池电压		异常□ 正常□
高压部件安装及插接器连接情况		异常□ 正常□
储液罐液位		异常□ 正常□

3. 故障现象记录

诊断项目	诊断内容
确认故障现象	

4. 读取相关故障码

诊断项目	诊断内容
相关故障码描述	

5. 记录相关主要数据流

诊断项目	诊断内容
相关数据流描述	

(续)

6. 故障范围分析	
诊断项目	诊断内容
初步诊断故障范围	

7. 故障检测过程			
步骤	检测项目	测量结果	结果分析
1			
2			
3			
4			
5			
6			
7			

8. 故障诊断结论	
确认故障部位	
故障机理描述	

9. 维修处理方法	
维修建议	零部件/总成　　维修□ 更换□
维修工时	

（三）相关故障拓展

该类故障现象是由高压控制盒（比亚迪 e5 相应模块称为充配电总成）的高压互锁线断路引起的，检测过程具有普遍性，一旦故障现象出现，需要先通过故障诊断仪确定大体的故障范围，通过故障范围，确定故障模块并开展线路分析。

上述故障诊断过程中，直接测量 B74/13 号线的输出电压值，就是一个典型的最优选择方式，若选择对 B74/12 号线的输入电压值进行测量，测量完毕之后，还需进一步测量 B74/13 号线的输出电压值，然后再依次开展上述检测步骤。

在对此类故障进行检测时，一定要根据线路的输入、输出逻辑，确定检测诊断方式，要考虑线路的连接及控制逻辑，便于选择最佳诊断方式。

五、任务评价

高压互锁及线路故障检修		姓名：	
日期：	班级：	学号：	
自我评价：□熟练 □不熟练	组长评价：□熟练 □不熟练	教师签名：	
教师评价：□优秀 □良好 □合格 □不合格			

高压互锁线断路导致车辆无法上电故障 【评分细则】

序号	评分项	得分条件	分值	评分要求	自我评价	组长评价	教师评价
1	安全/7S/态度	□1.能接受任务并完成任务 □2.能进行设备和工具安全检查 □3.能进行车辆安全防护操作 □4.能进行人员高压安全防护操作 □5.能进行三不落地操作 □6.能进行团队合作作业 □7.能进行工位 7S 操作 □8.能进行有效沟通	20	未完成1项扣3分，扣分不得超过20分	□能做到 □做不到	□能做到 □做不到	□优秀 □良好 □合格 □不合格
2	专业技能	□1.能正确检查车辆基本状态 □2.能正确检查高压互锁线断路导致车辆无法上电故障现象 □3.能正确读取故障码及数据流信息 □4.能正确分析故障原因 □5.能正确制定诊断检测流程 □6.能正确使用检测设备 □7.能正确找到故障点 □8.能正确分析故障机理 □9.能合理提出维修建议	40	未完成1项扣5分，扣分不得超过40分	□熟练 □不熟练	□熟练 □不熟练	□优秀 □良好 □合格 □不合格
3	工具及设备使用能力	□1.能正确使用维修工具 □2.能正确使用充电装置 □3.能正确使用万用表、诊断仪、示波器等诊断设备 □4.能正确使用专用工具	5	未完成1项扣3分，扣分不得超过5分	□熟练 □不熟练	□熟练 □不熟练	□优秀 □良好 □合格 □不合格
4	资料、信息查询能力	□1.能正确查询车辆信息 □2.能正确使用维修手册查询资料 □3.能正确记录所查询资料的章节及页码 □4.能正确记录检查状态信息	10	未完成1项扣3分，扣分不得超过10分	□熟练 □不熟练	□熟练 □不熟练	□优秀 □良好 □合格 □不合格

(续)

序号	评分项	得分条件	分值	评分要求	自我评价	组长评价	教师评价
5	数据判断和分析能力	□1. 能判断高压互锁线断路导致车辆无法上电故障仪表状态 □2. 能判断仪表指示灯状态 □3. 能判断故障码 □4. 能判断数据流 □5. 能分析诊断仪器检测结果	10	未完成1项扣2分，扣分不得超过10分	□能做到 □做不到	□能做到 □做不到	□优秀 □良好 □合格 □不合格
6	表单填写及撰写能力	□1. 字迹清晰 □2. 语句通顺 □3. 无错别字 □4. 无涂改 □5. 无抄袭	5	未完成1项扣1分，扣分不得超过5分	□熟练 □不熟练	□熟练 □不熟练	□优秀 □良好 □合格 □不合格
7	素养	□1. 注重团队合作 □2. 注意安全防护 □3. 注意保护实训设备 □4. 做到三不伤害 □5. 保护环境	10	未完成1项扣2分，扣分不得超过10分	□能做到 □做不到	□能做到 □做不到	□优秀 □良好 □合格 □不合格

否决项：1. 操作过程产生高压危险或设备损坏；2. 操作人员或其他人员受伤；3. 隐瞒车辆故障或其他安全隐患

总分：

任务 2　充配电总成 CP 线断路故障检修

一、任务导入

（一）任务描述

现有一辆 2019 款比亚迪 e5，在使用交流充电桩进行充电时，出现车辆无法充电、仪表显示"充电连接中"的故障现象。作为维修技师，请你分析该车型的特点、组成、电路图，并对故障进行系统检测，依据检测结果确认故障点，按照维修手册中的标准与规范对系统故障进行维修。

（二）任务分析

要实现该故障的检测，需要按照以下主要步骤进行分析：

1）确认该车辆的故障现象，是否与用户所述故障现象一致。

2）根据故障现象分析可能的诊断策略，确定无法充电时，充电枪各个端子的功能分析。

3）利用故障诊断仪进行故障码和数据流的读取，进一步确定可能的故障原因。

4）对照相关电路图，进一步分析线束连接情况及可能的故障原因。

5）实施检测与诊断，确定故障范围。

6）确认故障点，修复故障，并验证诊断结果。

二、任务资讯

在采用交流充电时，需要考虑的重点是充电枪的各端子功能，依据各类端子功能，分析充电枪与桩端的内部连接、车端的内部连接，进而依据故障现象进行分析和判断。交流充电枪采用的是7个端子，如图5-32所示，每个端子的功能见表5-4。

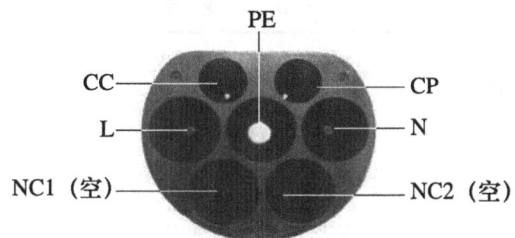

图 5-32　交流充电枪的端子分布图

表 5-4　交流充电枪各端子说明

序号	端子符号	端子说明
1	CC	充电连接确认线
2	CP	充电控制线
3	PE	接地线
4	L	火线
5	N	零线
6	NC1	功能预留口
7	NC2	功能预留口

一旦出现与交流充电相关的故障现象，需要熟悉各端子的功能，并分析充电桩各端子与桩端、车端的连接情况，进而进行故障判定。

三、任务组织

（一）实施准备

1）所需的各种防护用品准备：工位、隔离带、安全警告标志牌、车辆挡块、灭火器（水基型、干粉型）、绝缘杆、绝缘垫、绝缘工作台、棉线手套、绝缘手套、防静电手套、护目镜、安全帽、车外三件套、车内多件套、车间纸巾、洗手液、急救包、除颤仪。

2）常用工具、设备准备：万用表、诊断仪、万用接线盒、绝缘工具套装。

3）资料准备：维修手册、电路图、其他资料。

（二）制订计划

依据任务要求、任务分析，结合实施准备，小组内相互讨论，制订工作计划，将工作计划步骤、选择该步骤的理由写在表5-5相应位置，并选派代表进行汇报展示。

表5-5 计划表

1.作业计划			
序号	作业项目	操作要点	注意事项
1			
2			
3			
4			
5			
6			
7			
2.设备清单			
序号	设备名称	用途	规格型号	数量
1				
2				
3				
4				
5				
6				
3.其他材料清单				
序号	材料名称	用途	规格型号	数量
1				
2				
3				
4				
审核	小组审核意见：		组长签字： 年 月 日
	教师审核意见：		教师签字： 年 月 日

四、任务实施

(一) 故障诊断流程

1. 车辆故障现象确认

车辆无法正常充电,故障现象如图 5-33 所示。

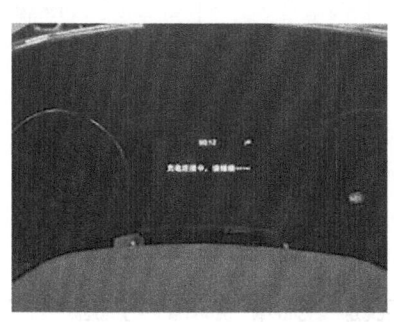 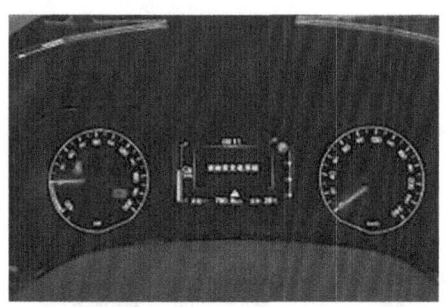

图 5-33 故障现象

2. 模块通信状态及故障码检查

1) 故障码文字描述:无故障码,故障诊断仪显示的故障信息如图 5-34 所示。

2) 相关数据流文字描述:解码仪显示充电枪已连接,并处于充电状态,但是充电已暂停。

故障诊断仪显示的数据流信息如图 5-35 所示。

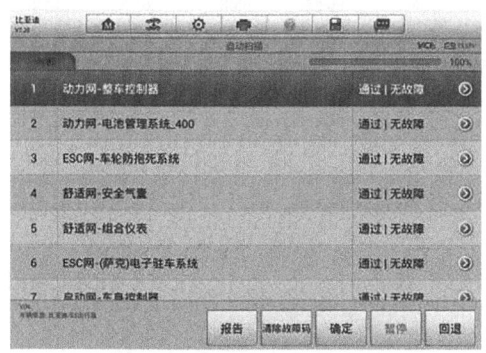

图 5-34 无故障码　　图 5-35 故障诊断仪显示的数据流信息

3. 确认故障范围

确认是充配电总成CP线束或充电桩端CP线束故障。

4. 检测分析

充电枪连接后,车辆检测到充电枪已连接,数据流显示充电枪连接状态，查阅电路图册，锁定故障范围为车辆 CP 线束及充电桩端 CP 连接线束故障，然后再进行有序诊断排查。检测分析所需电路图如图 5-36 所示。

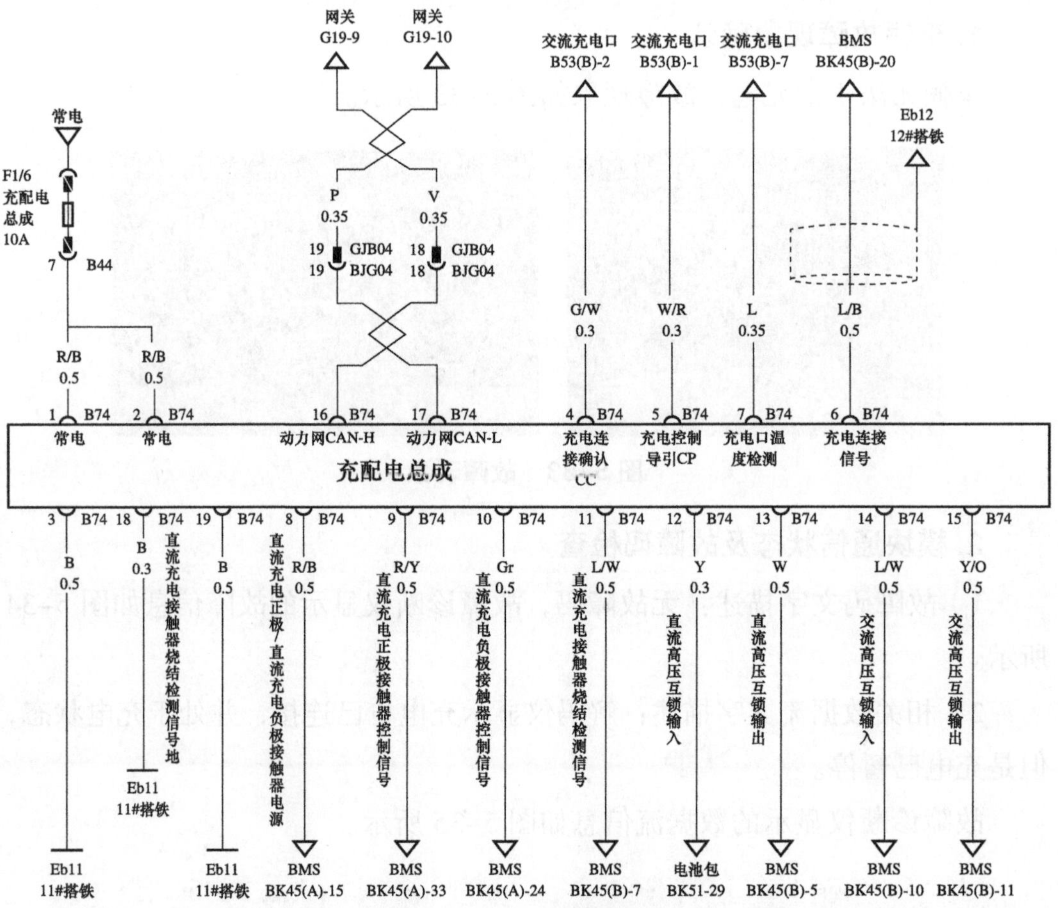

图 5-36 部分电路图

5. 具体检测过程

故障诊断与排除准备工作完成之后，进行以下具体诊断过程。

（1）测量充电桩端 CP 线束

用万用表测量充电桩端 CP 线是否正常，如图 5-37 所示，万用表测量值显示该 CP 线正常。

（2）测量充配电总成（高压控制盒）端的 CP 线束

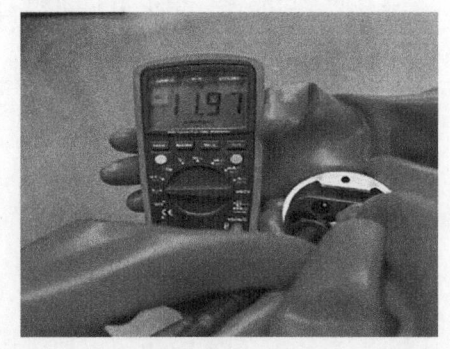

图 5-37 测量充电枪 CP 与 PE 之间的电压值（标准电压值为 12V 左右）

充配电总成端的 CP 线束检测步骤如图 5-38~图 5-40 所示。

图 5-38　车辆下电，断开低压电源负极

图 5-39　断开维修开关，置于收纳盒中，车辆静置 5min

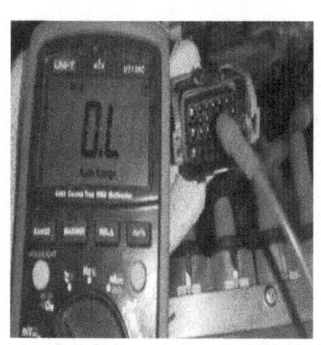 

图 5-40　测量充配电总成 B74/5 号线与交流充电口 B53（B）
　　　　 -1 号线之间的电阻值（标准值为小于 5V）

（3）故障点确认及修复

经过上述步骤的检测，可以得出充配电总成 CP 线断路故障的结论，其故障点如图 5-41 所示，经修复之后，充电测试结果显示充电正常。

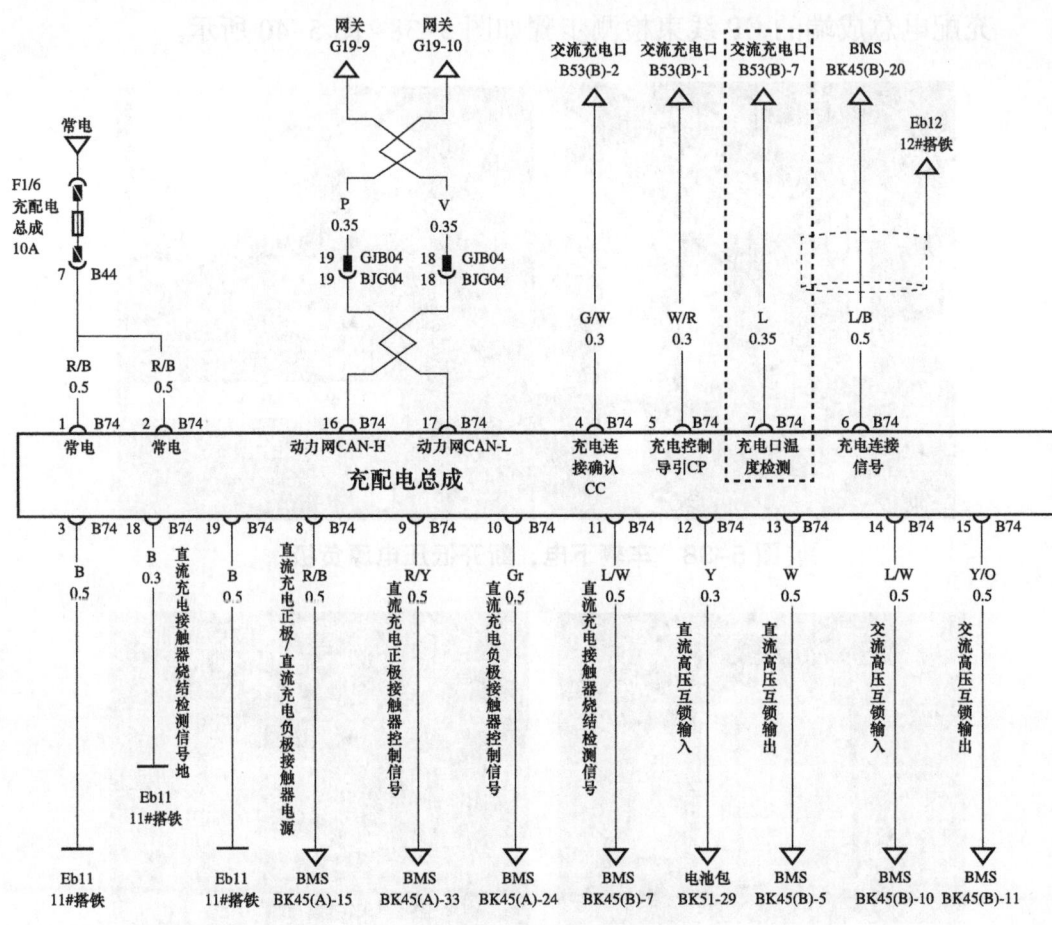

图 5-41 确定故障点

（二）任务记录工单

任务单	充配电总成（高压控制盒）CP 线断路导致整车无法充电	班级：
		姓名：

1. 车辆信息记录

品牌		整车型号		生产年月	
电机型号		动力电池容量		行驶里程	
车辆识别代码					

2. 车辆基本检查

检查项目	检查情况	
安全防护		是□ 否□
辅助蓄电池电压		异常□ 正常□
高压部件安装及插接器连接情况		异常□ 正常□
储液罐液位		异常□ 正常□

（续）

3. 故障现象记录

诊断项目	诊断内容
确认故障现象	

4. 读取相关故障码

诊断项目	诊断内容
相关故障码描述	

5. 记录相关主要数据流

诊断项目	诊断内容
相关数据流描述	

6. 故障范围分析

诊断项目	诊断内容
初步诊断故障范围	

7. 故障检测过程

步骤	检测项目	测量结果	结果分析
1			
2			
3			
4			
5			
6			

8. 故障诊断结论

确认故障部位	
故障机理描述	

9. 维修处理方法

维修建议	零部件/总成　　维修□　更换□
维修工时	

（三）相关故障拓展

CC 线束用于充电连接确认，CP 线束用于充电控制。解码仪显示充电枪已连接，基本可以排除 CC、PE、L、N 等线束出现故障的可能，仅剩下 CP 线的连接问题。若出现充电无法连接的故障现象，则需要重点考虑 CC 线的连接问题，分析思路、步骤与排查 CP 线束连接问题的类似。

五、任务评价

充配电总成（高压控制盒）CP 线断路导致整车无法充电		姓名：	
日期：	班级：	学号：	
自我评价：□熟练 □不熟练	组长评价：□熟练 □不熟练	教师签名：	
教师评价：□优秀 □良好 □合格 □不合格			

充配电总成（高压控制盒）CP 线断路导致整车无法充电【评分细则】

序号	评分项	得分条件	分值	评分要求	自我评价	组长评价	教师评价
1	安全 / 7S/ 态度	□1. 能接受任务并完成任务 □2. 能进行设备和工具安全检查 □3. 能进行车辆安全防护操作 □4. 能进行人员高压安全防护操作 □5. 能进行三不落地操作 □6. 能进行团队合作作业 □7. 能进行工位 7S 操作 □8. 能进行有效沟通	20	未完成 1 项扣 3 分，扣分不得超过 20 分	□能做到 □做不到	□能做到 □做不到	□优秀 □良好 □合格 □不合格
2	专业技能	□1. 能正确检查车辆基本状态 □2. 能正确检查充配电总成（高压控制盒）CP 线断路导致整车无法充电故障现象 □3. 能正确读取故障码及数据流信息 □4. 能正确分析故障原因 □5. 能正确制定诊断检测流程 □6. 能正确使用检测设备 □7. 能正确找到故障点 □8. 能正确分析故障机理 □9. 能合理提出维修建议	40	未完成 1 项扣 5 分，扣分不得超过 40 分	□熟练 □不熟练	□熟练 □不熟练	□优秀 □良好 □合格 □不合格
3	工具及设备使用能力	□1. 能正确使用维修工具 □2. 能正确使用充电装置 □3. 能正确使用万用表、诊断仪、示波器等诊断设备 □4. 能正确使用专用工具	5	未完成 1 项扣 3 分，扣分不得超过 5 分	□熟练 □不熟练	□熟练 □不熟练	□优秀 □良好 □合格 □不合格

（续）

序号	评分项	得分条件	分值	评分要求	自我评价	组长评价	教师评价
4	资料、信息查询能力	□1. 能正确查询车辆信息 □2. 能正确使用维修手册查询资料 □3. 能正确记录所查询资料的章节及页码 □4. 能正确记录检查状态信息	10	未完成1项扣3分，扣分不得超过10分	□熟练 □不熟练	□熟练 □不熟练	□优秀 □良好 □合格 □不合格
5	数据判断和分析能力	□1. 能判断充配电总成（高压控制盒）CP线断路导致整车无法充电故障仪表状态 □2. 能判断仪表指示灯状态 □3. 能判断故障码 □4. 能判断数据流 □5. 能分析诊断仪器检测结果	10	未完成1项扣2分，扣分不得超过10分	□能做到 □做不到	□能做到 □做不到	□优秀 □良好 □合格 □不合格
6	表单填写及撰写能力	□1. 字迹清晰 □2. 语句通顺 □3. 无错别字 □4. 无涂改 □5. 无抄袭	5	未完成1项扣1分，扣分不得超过5分	□熟练 □不熟练	□熟练 □不熟练	□优秀 □良好 □合格 □不合格
7	素养	□1. 注重团队合作 □2. 注意安全防护 □3. 注意保护实训设备 □4. 做到三不伤害 □5. 保护环境	10	未完成1项扣2分，扣分不得超过10分	□能做到 □做不到	□能做到 □做不到	□优秀 □良好 □合格 □不合格

否决项：1. 操作过程产生高压危险或设备损坏；2. 操作人员或其他人员受伤；3. 隐瞒车辆故障或其他安全隐患

总分：

中国汽车人物

李书福：中国民营轿车企业奠基者，跨国汽车集团缔造者

当年，李书福说汽车"不就是四个轮子、两部沙发"时，没有人会想到，多年以后，他一手缔造的中国第一家民营轿车企业——吉利，会成为世界知名的跨国汽车集团，同时也是中国最大的自主车企和民营车企。

而李书福的个人发展史，也可以看作是中国民营企业家的成长史。

李书福，1963年6月生于浙江台州。1982年，19岁的李书福在父亲的资助下，花120元买了一台照相机，走街串巷，做起了照相生意。据说，小本经营的李书福仅用半年时间便赚到了1000元，并在之后开了一家照相馆。这是李书福的第一次创业。

后来，李书福的创业项目还有贵金属提纯回收、电冰箱零配件生产、电冰箱生产、装潢材料生产、摩托车制造等。

李书福在汽车领域的探索最早可追溯到1989年。那年，李书福拆解了一台深圳产的中华轿车，并得出来后来广受关注的言论，汽车无非就是"四个轮子一个方向盘，一个发动机，一个车壳，再加里面两个沙发"。

1994年，李书福用一辆奔驰、一辆红旗拆改组装了"吉利一号"，却由于没有生产资质而被当地有关部门紧急叫停。

1997年，吉利正式进军汽车产业，成为中国第一家民营轿车企业，不过那个时候吉利依旧是"黑户"。李书福在台州临海建了一个生产基地，名义上是制造摩托车，实际上却在研究制造汽车。功夫不负有心人，1998年8月8日，吉利真正意义上的第一款车——"豪情"下线。

2001年，经过各种努力，吉利终于获得了生产资质，有了"准生证"。凭借低价策略，吉利汽车获得了不少消费者的青睐。2007年，吉利汽车依靠豪情、美日、优利欧、自由舰、金刚等产品组合，跻身于中国汽车市场销量前十之列。而就在这样的形势下，李书福宣布吉利汽车要进行战略转型。当时的吉利汽车，立足点在于"低成本和低层次模仿"建立起的绝对低价优势。但李书福很快便看到了危机：2007年前，低价车还能勉强维持利润，但从2007年开始，汽车价格持续压低，原材料价格不断上涨，低价车利润越摊越薄，生存空间越来越小。2007年5月，吉利提出要实现从"造老百姓买得起的好车"转变为"造最安全、最环保、最节能的好车，让吉利汽车走遍全世界"，并进行了产品的更新换代，其核心竞争力则重新定位为技术优势和品质服务。这次转型，对于吉利来说有着跨时代的意义。而另一个有着特殊意义的事件是吉利收购沃尔沃。

2010年3月28日，吉利作价18亿美元，从美国福特公司手中收购了沃尔沃轿车100%的股权，以及包括知识产权在内的相关资产。这次收购，不仅扩充了吉利的品牌矩阵，对吉利汽车后来的产品力提升有着非常直接的影响，更大的意义则在于它代表着中国汽车企业真正开启了全球化进程。除了沃尔沃轿车，吉利集团还全资收购了英国锰铜，获得了宝腾汽车（PROTON）49.9%的股份，豪华跑车品牌路特斯（Lotus）51%的股份，

smart 汽车 50% 的股份，并成为沃尔沃集团第一大股东（8.2% 股权，15.6% 投票权），奔驰汽车母公司——戴姆勒集团第一大股东（9.69% 具有表决权的股份），此外还投资了德国飞行汽车，收购了美国最大的飞行汽车公司——太力飞行汽车（Terrafugia）。

通过收购及自建，吉利集团目前拥有吉利、领克、几何、沃尔沃轿车、Polestar、伦敦电动汽车、远程商用车、宝腾、路特斯 9 个独立汽车品牌，并直接 / 间接持有奔驰、AMG、迈巴赫、smart、EQ、福莱纳、扶桑、托马斯比尔特、西星、塞特拉、BharatBenz、沃尔沃商用车、UD、特雷克斯商用车（TEREX）、雷诺商用车、Prevost、Nova、迈克（Mack）、阿奎斯（Arquus）、VE 商用车、东风商用车等 20 多个汽车品牌，以及太力飞行汽车、德国飞行汽车两个飞行汽车品牌。

从一家不起眼的民营车企发展成今天的全球汽车品牌矩阵、世界 500 强企业，并牢牢占据了中国自主品牌汽车销量榜领先位置，李书福为中国汽车产业的发展做出了不可磨灭的贡献，是无可争议的标杆。

项目六
空调控制系统原理与检测

项目描述

新能源汽车空调是以非传统燃料为驱动能量，实现对车厢内空气制冷、加热、换气和净化的装置，简称汽车空调。

本项目主要介绍的内容有新能源汽车空调系统的分类、组成、作用及工作原理，通过本项目的学习，掌握纯电动汽车空调系统故障诊断思路与排除方法。

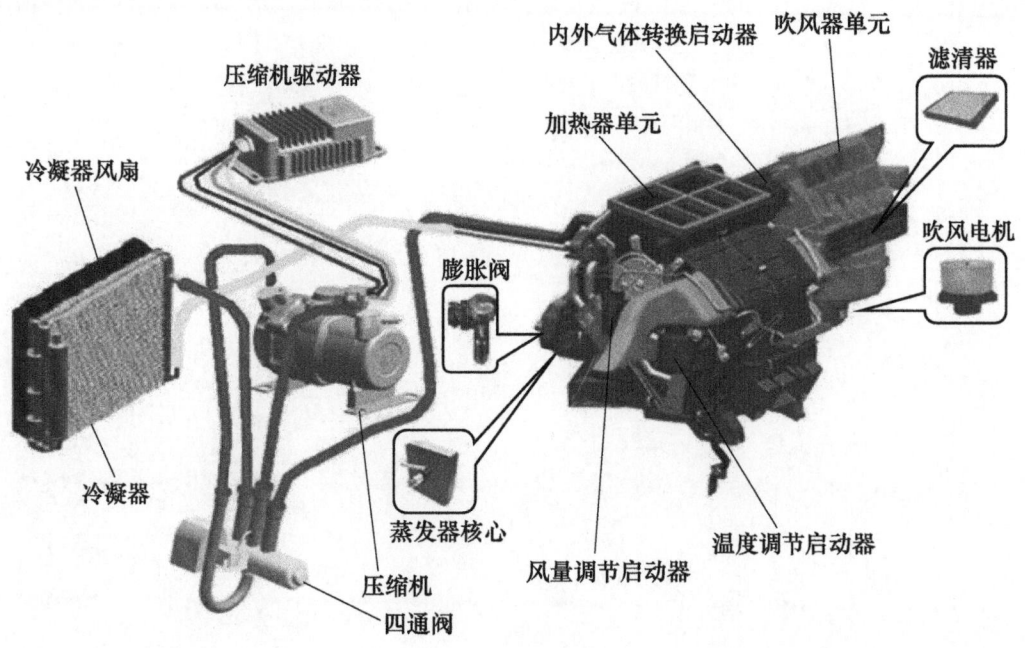

目标要求

1）了解新能源汽车空调制冷系统及暖风系统的工作原理。
2）了解新能源汽车空调系统的结构组成。
3）了解纯电动汽车空调系统各零部件的安装位置。
4）熟悉电动压缩机、膨胀阀、冷凝器等零部件的结构及工作原理。
5）掌握纯电动汽车空调系统故障诊断思路与排除方法。

知识准备

一、新能源汽车空调系统概述

新能源汽车空调系统和传统燃油汽车空调系统工作原理相同，只是空调压缩机的驱动方式以及暖风产生方式有所不同。新能源汽车通常采用高压电动空调压缩机，由动力电池驱动。其暖风通常采用电加热方式，电加热方式有两种：一种是通过加热冷却液，再经过循环为暖水箱提供热量；另一种是直接加热经过蒸发器的空气实现暖风。

新能源汽车空调的作用与传统汽车空调的作用一致，可以为车内人员提供舒适的乘车环境，减轻驾驶员的疲劳感，提高乘坐舒适性。

（一）调节车内的温度

温度调节是汽车空调的主要功能。汽车空调在夏季由空调制冷产生冷气，对车厢内部进行降温；在冬季利用热泵空调供暖或PTC加热器加热等方式升高车厢内的温度。

（二）调节车内的湿度

湿度对车厢内乘员的热舒适程度有很大影响。车厢内空气湿度的调节是通过制冷系统去除空气中的水分，达到除湿的效果。目前在汽车上还没有安装加湿器，只能通过打开车窗或利用通风设施，靠车辆外部的新鲜空气来调节空气湿度。

（三）调节车内的空气流速

空气的流速对人体舒适性有直接影响。夏季气流速度较快，有利于人体散热降温，但流速过大的风直接吹到人身上，会使人感到不舒服。冬季风速大会影响人的体温,因而冬季采暖时气流速度应尽量小一些。根据人体的生理特点,头部对冷比较敏感,脚部对热比较敏感,因此,在布置空调出风口时,应采用"上冷下暖"的方式,即让冷风吹到乘员头部,让暖风吹到乘员脚部。

二、新能源汽车空调系统的类型

不同于传统燃油汽车,新能源汽车使用的能源具有多样化的特点。根据新能源汽车所使用的能源的不同,将新能源汽车空调系统分为以下几种类型。

(一)纯电动汽车空调系统

纯电动汽车没有发动机作为空调压缩机的动力源,也不能利用发动机余热作为汽车空调冬天制热用的热源,因此其空调系统的冷源、热源和其他能源都来自动力电池。空调系统的制冷功能可以用高压电动压缩机作为动力源来实现,但为了使电动压缩机更好地工作,还要研发压缩机的转速控制技术,以提高能源利用效率。如何供暖是纯电动汽车空调系统面临的最大问题。电动汽车无法通过燃料燃烧产生热能,电机散发的热量小,难以回收利用,因此,只能通过动力电池进行加热。目前通过动力电池加热的方法有两种,一种是利用动力电池直接加热空气,这种方法结构简单、热效率高,但具有一定的安全隐患;另一种方法是利用动力电池加热冷却液,再通过冷却液加热空气,这样做可以沿用传统燃油汽车上的暖风散热器,但系统比较复杂,热效率较低。

(二)混合动力电动汽车空调系统

混合动力电动汽车就是在纯电动汽车上加装一套内燃机,其能源配备结构与传统汽车相比变化不大,由发动机和电机共同或各自单独驱动汽车行驶,其空调系统与传统汽车空调系统基本没有太大变化,但当驱动压缩机工作的动力来源不同时,要改变相应的配置,以保证空调功能正常。当发动机、电机都参与动力驱动时,汽车上要配置动力电池,这样就有可能用电力驱动压缩机制冷;当发动机停止运行时,也可用电动压缩机制冷。受动力电池电压和容量的限制,电动压缩机的功率不可能很大,在发动机运行时,还需要使用发动机带动压缩机,所以理想状态下,使用机械、电力双模式压缩机制冷。

当汽车处于纯电动行驶模式时,为了支撑大功率电机的运行,就要配备高电压大容量电池,使用高电压电动压缩机进行制冷,解决纯电动行驶模式下的制冷问题。供暖时通常需要更高的功率,所以采用通过独立的加热器加热冷却液的方案,当发动机停止运行时,启动加热器加热冷却液,冷却液可以通过暖风散热器加热车内空气。

(三)燃料电池电动汽车空调系统

燃料电池电动汽车是以燃料化学能转化成的电能形成动力的。由于燃料电池的化学能转换效率低,余热排放量大,所以燃料电池电动汽车能耗大。燃料电池电动汽车空调的制冷系统也占用一大部分能耗,因此,可以采用余热吸收式制冷系统。但由于余热吸收式制冷空调系统的热力系数偏低,运行过程中会出现传热性能变差、制冷量下降等问题,所以还需要做进一步的技术性研究。燃料电池电动汽车的暖风系统可以利用燃料电池的余热加热冷却液,再使冷却液进入暖风器,将经过暖风器加热的空气吹入车内。

三、空调制冷系统

(一)制冷系统组成

纯电动汽车空调系统电动压缩机由高压电驱动,电动空调压缩机通过压缩来自蒸发器的低压、低温蒸气,并将其加压成到冷凝器的高压、高温蒸气的方式,使制冷剂环绕系统循环。空调制冷系统循环图如图6-1所示。

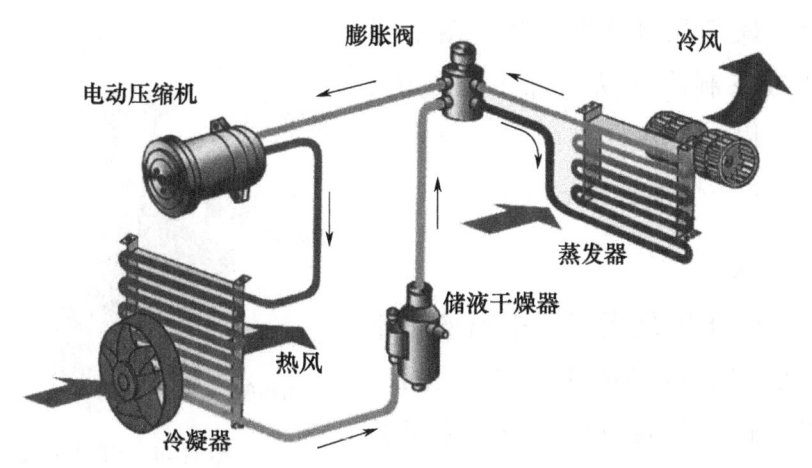

图6-1 空调制冷系统循环图

1. 电动压缩机

电动压缩机是新能源汽车空调制冷系统的心脏，起着压缩和输送制冷剂蒸气的作用。比亚迪e5纯电动汽车的空调制冷系统的电动压缩机由内置电机驱动，空调变频器提供交流电驱动压缩机。电动压缩机如图6-2所示。

图6-2 电动压缩机

2. 冷凝器

冷凝器的作用是把电动压缩机排出的高温高压气态制冷剂的热量传给大气，使制冷剂冷凝成液体。冷凝器中制冷剂的液化，需要释放大量的热量，所以车载空调冷凝器大多布置在车头散热器前面，由冷却系统风扇或冷凝器风扇或两者共同进行冷却。汽车空调系统的冷凝器是一种由管子与铝散热片组合起来的热交换设备。冷凝器的材料可以是铜、钢、铝，现在以铝制居多。冷凝器中的管子做成各种盘管状，散热片是为了增大冷凝器的散热面积，而且可支承盘管。冷凝器如图6-3所示。

图6-3 冷凝器

3. 储液干燥器

储液干燥器的作用是储存液体，吸收水分，过滤脏物，观察制冷剂流动工况。储液干燥器一般是密封焊死的钢制或铝制压力容器，通常不能拆装，里面放有干燥剂和过滤网。从冷凝器过来的高压液态制冷剂从上部进入瓶中，经过过滤干燥后，从底部由引管排出至膨胀阀。储液干燥器如图6-4所示。

4. 膨胀阀

膨胀阀的作用是当高压中温液态制冷剂经过膨胀阀内部的小孔径装置后，其流量因受到节制而减少，减少流量的

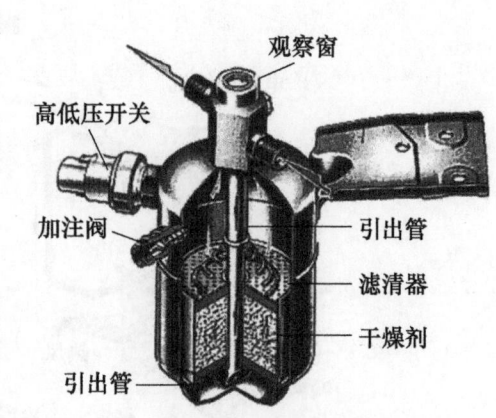

图6-4 储液干燥器

制冷剂进入有较大空间的蒸发器后,压力降低,制冷剂雾化成液态微粒,温度随着压力同时降低。压力降低使制冷剂立即产生蒸发的物理变化,同时要吸收大量的热量。目前新能源汽车上使用的膨胀阀大多为 H 型膨胀阀。膨胀阀如图 6-5 所示。

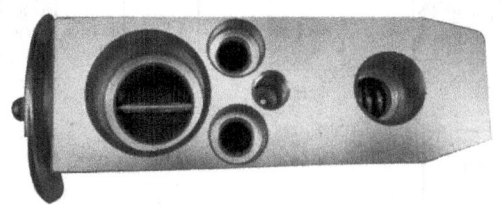

图 6-5　膨胀阀

5. 蒸发器

蒸发器的作用是将膨胀阀出来的低压制冷剂蒸发而吸收车内空气的热量,从而达到车内降温的目的。其工作原理与冷凝器刚好相反,从膨胀阀进入蒸发器的制冷剂由于体积突然膨胀而变成低温低压雾状微粒,这种状态的制冷剂极易汽化,汽化时将吸收周围(车内)大量的热量。蒸发器如图 6-6 所示。

图 6-6　蒸发器

(二)纯电动汽车空调制冷系统的工作原理

纯电动汽车空调制冷系统由电机驱动的压缩机将气态的制冷剂从蒸发器中抽出,并将其压入冷凝器。高压气态的制冷剂经冷凝器时液化而进行热交换(放热),热量被车外的空气带走。高压液态的制冷剂经膨胀阀的节流作用而降压,低压液态的制冷剂在蒸发器中汽化而进行热交换(吸热），气态的制冷剂又被压缩机抽走，泵入冷凝器，如此使得制冷剂进行封闭的循环流动，不断将车厢内的热量排到车外，使车厢内的气温降至适宜的温度。新能源汽车空调制冷系统的工作原理如图6-7所示。

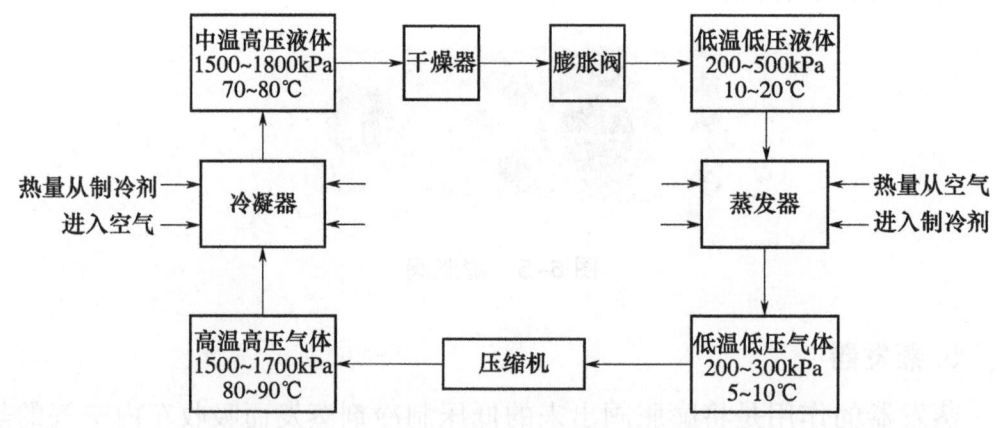

图6-7　新能源汽车空调制冷系统的工作原理

四、空调制暖系统

（一）新能源汽车空调制暖系统分类

新能源汽车空调制暖系统一般分为两大类：热泵式空调制暖系统和PTC电加热制暖系统。

1. 热泵式空调制暖系统

由直流无刷电机驱动的电动汽车热泵式空调系统工作原理如图6-8所

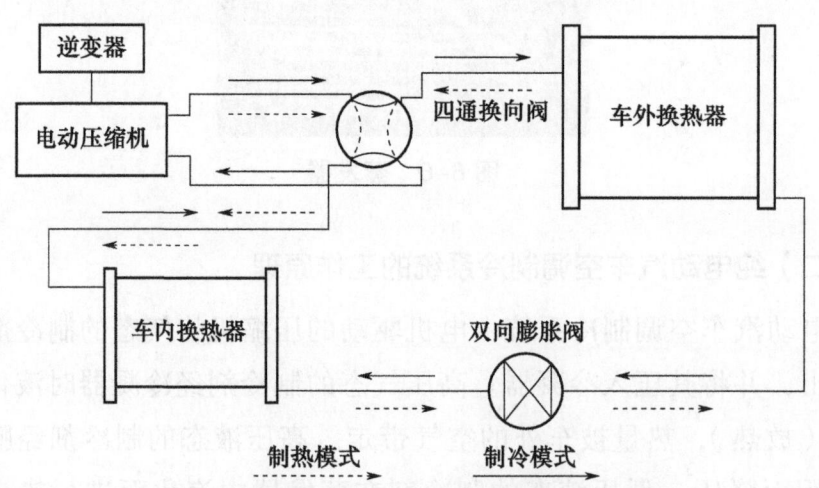

图6-8　电动汽车热泵式空调系统工作原理

示。空调系统的制冷/制热模式由四通换向阀转换,实线箭头表示制冷工况,虚线箭头表示制热工况。

从原理上讲,该系统与普通的热泵空调并无区别,但是用于电动汽车上,其专门开发了双工作腔滑片压缩机、直流无刷电机和逆变器控制系统。在热泵工况下,系统从融霜模式转为制热模式时,风道内换热器上的冷凝水将迅速蒸发,在风窗玻璃上结霜,从而影响驾驶的安全性。

2. PTC电加热制暖系统

PTC电加热器是采用PTC热敏电阻元件作为发热源的一种加热器。PTC热敏电阻通常是用半导体材料制成的,它的电阻值随温度变化而急剧变化,当外界温度降低时,PTC电阻值随之减小,发热量反而会相应增加。PTC热敏电阻按材质可以分为陶瓷PTC热敏电阻和有机高分子PTC热敏电阻。用于空调辅助电加热器的是陶瓷PTC热敏电阻。PTC热敏电阻元件因具有随环境温度高低变化其电阻值增加或减小的特性,所以PTC加热器具有节能、恒温、安全和使用寿命长等特点。目前北汽生产的纯电动汽车空调制暖系统均采用PTC电加热制暖系统。PTC电加热制暖系统如图6-9所示。

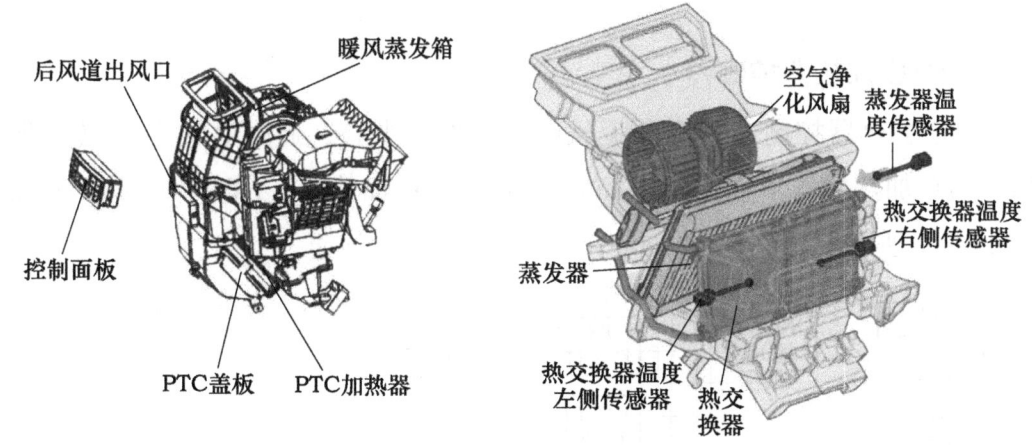

图6-9 PTC电加热制暖系统

(二)新能源汽车空调PTC电加热制暖系统的组成

新能源汽车空调PTC电加热制暖系统由PTC加热器元件、将加热器元件的热量传送到散热器的鼓风机以及PTC加热器控制器等组成。因要求加热器具有较高的制暖性,所以电源使用的是驱动电机的锂离子动力电池的高压,而非辅助蓄电池(12V)。

1. PTC 加热器

纯电动汽车空调 PTC 加热器是一种自控制温度加热器,电阻值会随温度的升高而增加。PTC 是正温度系数（Positive Temperature Coefficient）的英文缩写。当 PTC 加热器通过一定的高压电（380V）时,PTC 加热器会产生大量的热能,同时 PTC 加热器的电阻值会急剧上升。PTC 加热器如图 6-10 所示。

2. 鼓风机

纯电动汽车空调 PTC 电加热制暖系统中鼓风机的作用就是把 PTC 加热器上的热量送至出风口。鼓风机如图 6-11 所示。

图 6-10 PTC 加热器

图 6-11 鼓风机

3. PTC 加热器控制器

PTC 加热器控制器是空调暖风系统的控制中心,通过 PTC 温度传感器检测 PTC 加热器的工作温度来控制和保护 PTC 加热器。PTC 加热器控制器如图 6-12 所示。

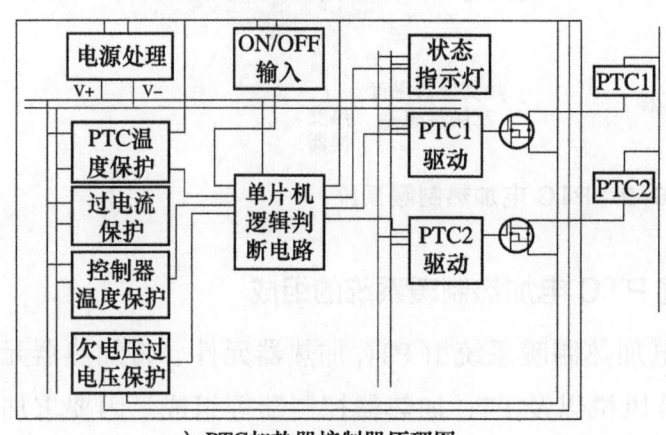

a) PTC加热器控制器原理图 b) PTC加热器控制器实物图

图 6-12 PTC 加热器控制器

典型工作任务

任务1　空调控制模块 IG4 继电器故障检修

一、任务导入

（一）任务描述

现有一辆 2019 款比亚迪 e5，出现仪表不显示室外温度、空调面板不亮、空调不吹风故障现象。作为维修技师，请你分析该车型的电路图，并对故障进行检测，按照维修手册中的标准与规范对系统故障进行维修，依据检测结果确认故障点。

（二）任务分析

要实现该故障的检测，需要按照以下主要步骤进行分析：

1) 确认该车辆的故障现象，是否与用户所述故障现象一致。
2) 根据故障现象分析诊断策略，通过诊断仪进一步确定可能的故障原因。
3) 依据读取到的故障码或者数据流，进一步分析可能存在问题的模块并查阅对应的电路图。
4) 针对可能出现问题的模块，结合相关电路图，进一步分析可能的故障原因，比如模块供电、搭铁、通信、自身损坏等。
5) 实施检测与诊断，确定故障范围。
6) 实现对上述故障的修复，并验证诊断结果。

二、任务资讯

继电器是一种小电流控制大电流的元件，一般有四脚继电器和五脚继电器之分，汽车上常用四脚电磁式继电器。该继电器一般由铁心、线圈、衔铁、触点簧片等组成。继电器具有开关的作用，控制线路的闭合，同时负责过载断电保护及故障断电保护。当电磁继电器线圈两端加上一定的电压或电流时，线圈中就会产生电磁效应，继电器内的衔铁在电磁力的吸引下克服返回弹簧的拉力被吸向铁心，带动衔铁的常开触点吸合。

当线圈断电时，常闭触点部分无电流流过，继电器内部电磁吸力随之消失,衔铁就会在弹簧作用下返回原来的位置,释放动作,实现导通、切断电路的功能。

下面以四脚继电器控制直流电机工作为例分析继电器工作方式(图6-13)。

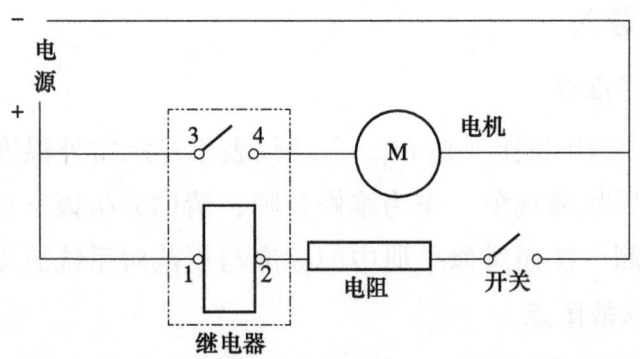

图6-13 继电器控制直流电机工作基本电路图

在按下开关时,继电器的常闭触点部分1、2之间有电流流过,导致继电器能够吸合,使原来处于常开触点部分的3、4触点吸合,则3、4线路导通,电机能正常工作;若断开开关,则继电器的常闭触点部分1、2之间无电流流过,使处于常开触点部分的3、4触点断开,电机供电线路无法正常工作,实现断路。

若上述继电器出现问题时,则可以通过静态测试和动态测试的方式判定继电器是否正常。取出继电器,未通电状态下,用万用表测量继电器常闭触点部分的1、2之间的电阻值是否接近0Ω,3、4之间的电阻值是否是无穷大,若是,则说明静态测试结果正常。动态测试则需要将继电器的常闭触点部分的1、2两端连接电源的两端,在保障1、2之间静态测试正常的前提下,测量常开触点部分的3、4之间的电阻值是否接近0Ω,若是,则说明在继电器工作状态下,能够实现继电器的吸合。若测量结果为无穷大,则说明继电器未吸合,继电器的动态测试有问题,有可能是继电器内部结构导致的,也有可能是3、4两个触点本身原因导致的。

三、任务组织

(一)实施准备

1)所需的各种防护用品准备:工位、隔离带、安全警告标志牌、车辆挡块、灭火器（水基型、干粉型）、绝缘杆、绝缘垫、绝缘工作台、棉线手套、绝缘手套、防静电手套、护目镜、安全帽、车外三件套、车内多件套、车间纸巾、洗手液、急救包、除颤仪。

2）常用工具、设备准备：万用表、诊断仪、万用接线盒、绝缘工具套装。

3）资料准备：维修手册、电路图、其他资料。

（二）制订计划

依据任务要求、任务分析，结合实施准备，小组内相互讨论，制订工作计划，将工作计划步骤、选择该步骤的理由写在表 6-1 相应位置，并选派代表进行汇报展示。

表 6-1 计划表

1. 作业计划			
序号	作业项目	操作要点	注意事项
1			
2			
3			
4			
5			
6			
7			
2. 设备清单				
序号	设备名称	用途	规格型号	数量
1				
2				
3				
4				
5				
6				
3. 其他材料清单				
序号	材料名称	用途	规格型号	数量
1				
2				
3				
4				
审核	小组审核意见： 教师审核意见：		组长签字：　　　年　月　日 教师签字：　　　年　月　日	

四、任务实施

在做好个人安全防护、维修场地安全检查之后，按照维修诊断的准备流程，做好诊断前的各项准备工作。

（一）故障诊断流程

1. 车辆故障现象确认

按下空调面板开关键，出现仪表不显示室外温度、空调面板不亮、空调不吹风故障现象，如图 6-14 所示。

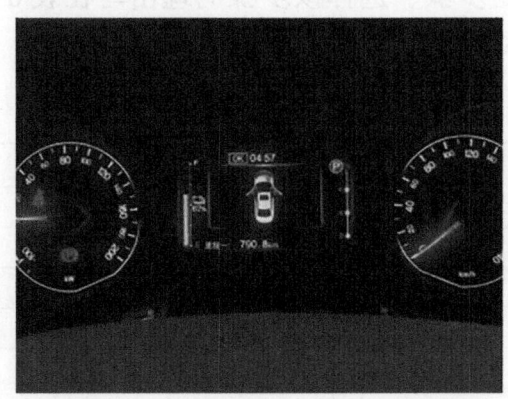

图 6-14　车辆显示的故障现象

2. 模块通信状态及故障码检查

连接故障诊断仪，读取相应故障码，依据故障码或者数据流确定可能的故障原因。

1）故障码文字描述：连接诊断仪，显示电池管理系统模块、整车控制器模块报与空调通信故障，故障诊断仪显示的故障信息，如图 6-15、图 6-16 所示。

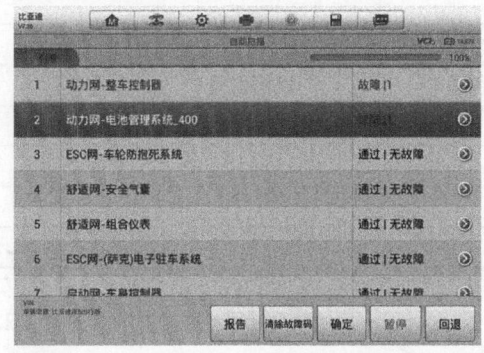

图 6-15　BMS 和 MCU 模块显示有故障

图 6-16　BMS 模块报与空调通信故障

2）相关数据流文字描述：工作状态下风速为 0，鼓风机正端继电器控制断开，工作电源电压显示为无效数据，电动压缩机状态始终为请求。

3）相关数据流文字描述：无法读取数据流，如图 6-17 所示。

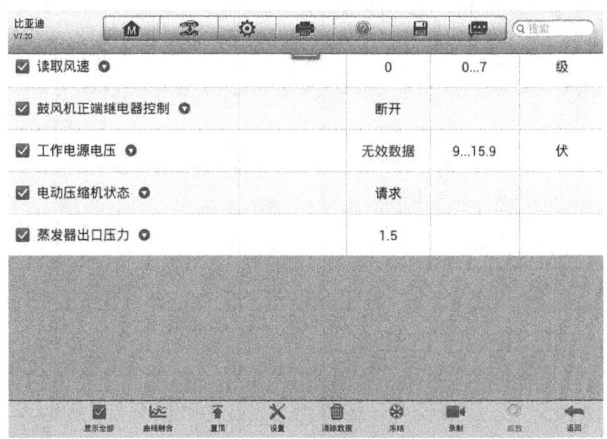

图 6-17　数据流信息

3. 确认故障范围

故障范围是空调控制模块供电线路、搭铁线路及相关元件故障。

4. 检测分析

启动车辆空调时，空调面板不亮，无法正常工作，仪表不显示室外温度，解码仪读电池管理系统模块以及整车控制器模块与空调通信故障。根据此车原理，查阅电路图册，锁定故障范围为空调系统故障，整体显示无法工作，因此需要从整体的供电线路、搭铁线路以及相关元件故障进行分析，进行有序诊断排查。

检测电路图如图 6-18 所示。

5. 具体检测过程

（1）故障点的初步检测

采用背插法测量空调面板及空调控制模块的供电线路，如图 6-19~图 6-21 所示。

上述三条线路均为空调系统的供电线路，不同的供电线路与不同的控制部分进行连接，对三条供电线路进行测量，发现空调控制部分的 G21（A）/1 与搭铁之间的电压值出现异常，需要围绕此故障开展进一步的排查。

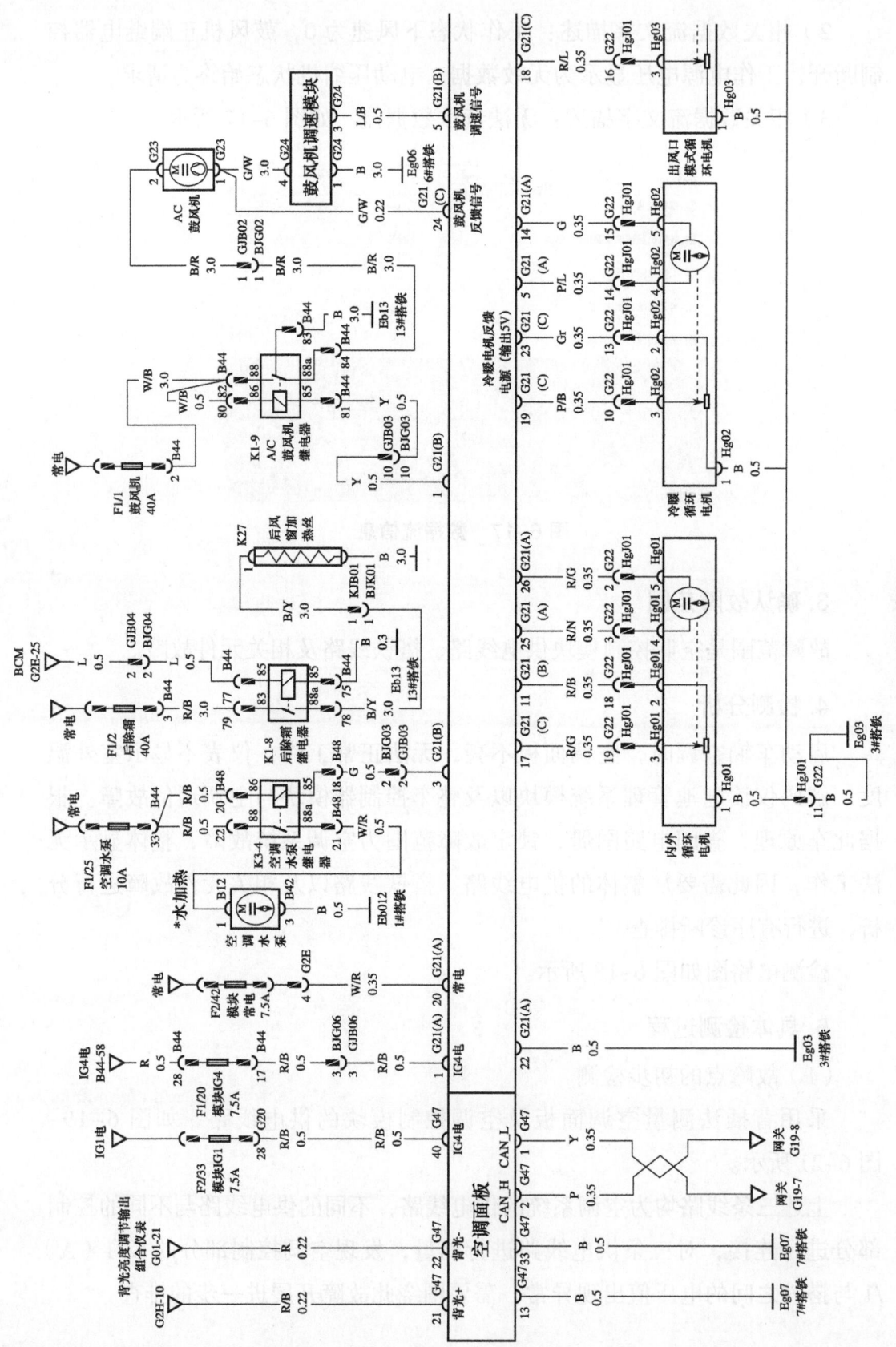

图 6-18 部分电路图

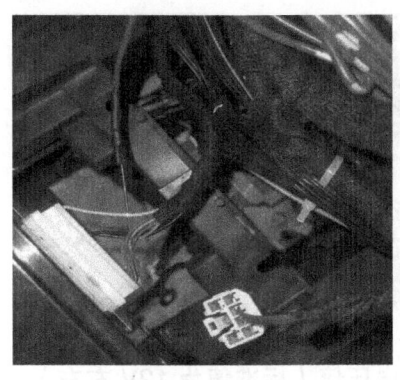

图 6-19　测量空调面板 G47/40 与搭铁之间的电压值（标准值为 12V 左右）

图 6-20　测量空调控制部分 G21（A）/20 与搭铁之间的电压值（标准值为 12V 左右）

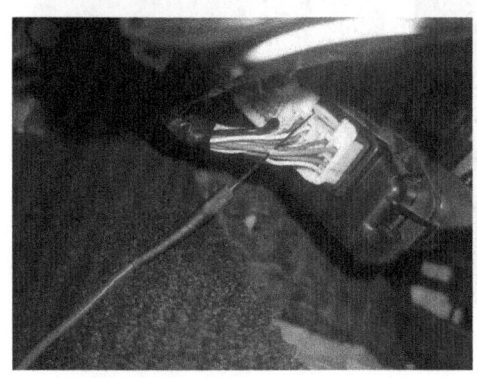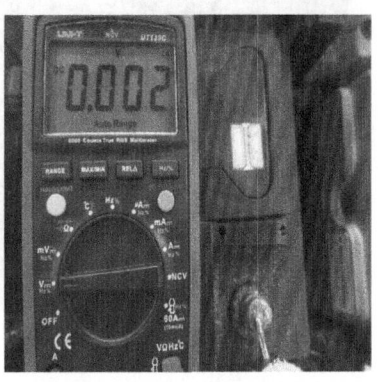

图 6-21　测量空调控制部分 G21（A）/1 与搭铁之间的电压值（标准值为 12V 左右）

（2）详细故障点检测

经过上述步骤的排查后，可知线路电压值异常，需要在断开低压供电的前提下，通过万用表采用分段测量的方式测量线路的通断。具体检测步骤如图 6-22~图 6-29 所示。

图 6-22　测量空调面板 G47/40 号线电压值（标准值为 12V 左右）

图 6-23　测量空调 G21（A）/20 号线的电压值（标准值为 12V 左右）

图 6-24　测量空调 G21（A）/1 号线的电压值（标准值为 12V 左右）

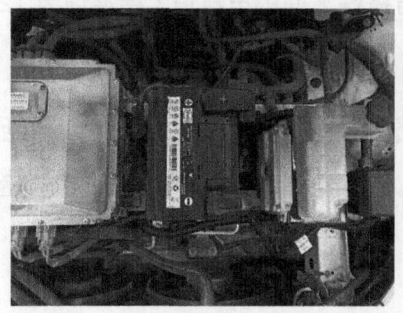

图 6-25　车辆下电，断开低压电源负极

项目六 空调控制系统原理与检测

图 6-26 断开维修开关，置于收纳盒中，车辆静置 5min

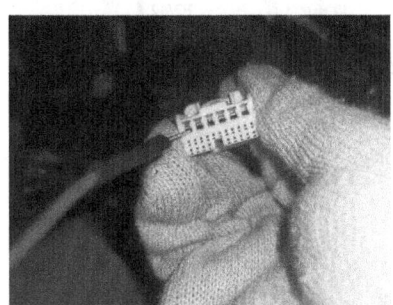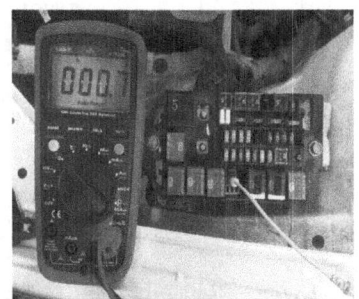

图 6-27 测量空调 IG4 继电器输出端与 G21（A）/1 号之间的电阻值

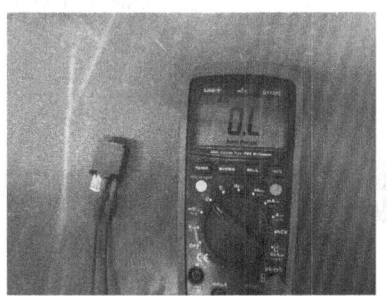

图 6-28 IG4 继电器静态测试（正常）

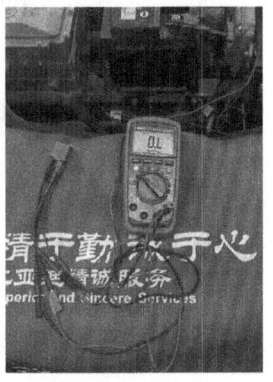

图 6-29 IG4 继电器动态测试（不正常）

（3）故障点确定及修复

经过上述步骤的检测，可以得出空调控制模块供电线路断路导致此故

171

障现象的结论,确定供电线路中继电器 IG4 的动态测试点出现问题,其故障点如图 6-30 所示(截取自图 6-18)。修复该故障后,连接诊断仪,清除故障码,车辆上电正常。

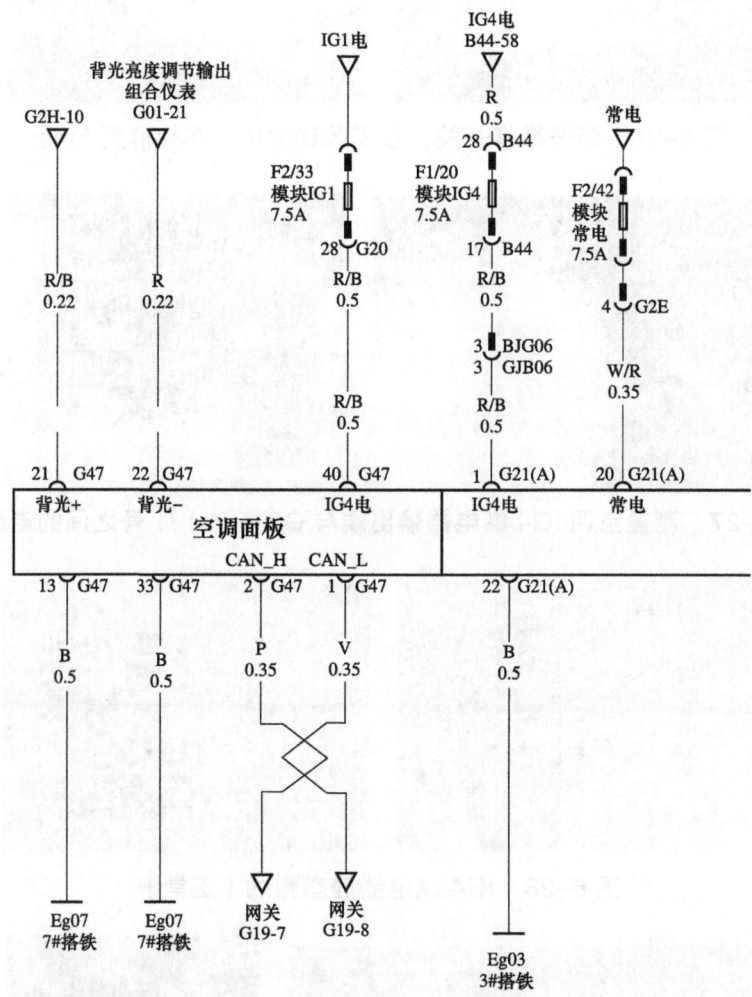

图 6-30 故障点确认,IG4 继电器损坏(或无法吸合)

(二)任务记录工单

任务单	空调控制模块 IG4 继电器触点无法吸合导致空调系统故障检修		班级:	
			姓名:	

1. 车辆信息记录

品牌		整车型号		生产年月	
电机型号		动力电池容量		行驶里程	
车辆识别代码					

(续)

2. 车辆基本检查

检查项目	检查情况	
安全防护		是☐ 否☐
辅助蓄电池电压		异常☐ 正常☐
高压部件安装及插接器连接情况		异常☐ 正常☐
储液罐液位		异常☐ 正常☐
车辆上电		异常☐ 正常☐
环境温度		异常☐ 正常☐

3. 故障现象记录

诊断项目	诊断内容
确认故障现象	

4. 读取相关故障码

诊断项目	诊断内容
相关故障码描述	

5. 记录相关主要数据流

诊断项目	诊断内容
相关数据流描述	

6. 故障范围分析

诊断项目	诊断内容
初步诊断故障范围	

7. 故障检测过程

步骤	检测项目	测量结果	结果分析
1			
2			
3			
4			
5			
6			
7			
8			

(续)

8. 故障诊断结论	
确认故障部位	
故障机理描述	
9. 维修处理方法	
维修建议	零部件/总成　　维修□　更换□
维修工时	

（三）相关故障拓展

按动空调面板开关按键，空调系统无法正常工作，故障基本可以锁定在空调系统的供电、搭铁及元件损坏上。从简单到复杂的故障排除过程中，优先选择同类线束测量，所以优先测量空调控制模块的三条供电线，在确定基本范围的前提下，进一步采用分段测量的方法确定最小故障区间。

五、任务评价

空调控制模块 IG4 继电器触点无法吸合导致空调系统故障检修			姓名：	
日期：		班级：	学号：	
自我评价：□熟练 □不熟练		组长评价：□熟练　□不熟练	教师签名：	
教师评价：□优秀　□良好　□合格　□不合格				

空调控制模块 IG4 继电器触点无法吸合导致空调系统故障检修【评分细则】

序号	评分项	得分条件	分值	评分要求	自我评价	组长评价	教师评价
1	安全/7S/态度	□1. 能接受任务并完成任务 □2. 能进行设备和工具安全检查 □3. 能进行车辆安全防护操作 □4. 能进行人员高压安全防护操作 □5. 能进行三不落地操作 □6. 能进行团队合作作业 □7. 能进行工位 7S 操作 □8. 能进行有效沟通	20	未完成1项扣3分，扣分不得超过20分	□能做到 □做不到	□能做到 □做不到	□优秀 □良好 □合格 □不合格

（续）

序号	评分项	得分条件	分值	评分要求	自我评价	组长评价	教师评价
2	专业技能	□1. 能正确检查车辆基本状态 □2. 能正确检查空调控制模块IG4继电器触点无法吸合导致空调系统故障的故障现象 □3. 能正确读取故障码及数据流信息 □4. 能正确分析故障原因 □5. 能正确制定诊断检测流程 □6. 能正确使用检测设备 □7. 能正确找到故障点 □8. 能正确分析故障机理 □9. 能合理提出维修建议	40	未完成1项扣5分，扣分不得超过40分	□熟练 □不熟练	□熟练 □不熟练	□优秀 □良好 □合格 □不合格
3	工具及设备使用能力	□1. 能正确使用维修工具 □2. 能正确使用充电装置 □3. 能正确使用万用表、诊断仪、示波器等诊断设备 □4. 能正确使用专用工具	5	未完成1项扣3分，扣分不得超过5分	□熟练 □不熟练	□熟练 □不熟练	□优秀 □良好 □合格 □不合格
4	资料、信息查询能力	□1. 能正确查询车辆信息 □2. 能正确使用维修手册查询资料 □3. 能正确记录所查询资料的章节及页码 □4. 能正确记录检查状态信息	10	未完成1项扣3分，扣分不得超过10分	□熟练 □不熟练	□熟练 □不熟练	□优秀 □良好 □合格 □不合格
5	数据判断和分析能力	□1. 能判断空调控制模块IG4继电器触点无法吸合导致空调系统故障仪表状态 □2. 能判断仪表指示灯状态 □3. 能判断故障码 □4. 能判断数据流 □5. 能分析诊断仪器检测结果	10	未完成1项扣2分，扣分不得超过10分	□能做到 □做不到	□能做到 □做不到	□优秀 □良好 □合格 □不合格
6	表单填写及撰写能力	□1. 字迹清晰 □2. 语句通顺 □3. 无错别字 □4. 无涂改 □5. 无抄袭	5	未完成1项扣1分，扣分不得超过5分	□熟练 □不熟练	□熟练 □不熟练	□优秀 □良好 □合格 □不合格
7	素养	□1. 注重团队合作 □2. 注意安全防护 □3. 注意保护实训设备 □4. 做到三不伤害 □5. 保护环境	10	未完成1项扣2分，扣分不得超过10分	□能做到 □做不到	□能做到 □做不到	□优秀 □良好 □合格 □不合格

否决项：1. 操作过程产生高压危险或设备损坏；2. 操作人员或其他人员受伤；3. 隐瞒车辆故障或其他安全隐患

总分：

任务 2　鼓风机控制模块线路故障检修

一、任务导入

（一）任务描述

现有一辆 2019 款比亚迪 e5，出现空调面板背光灯亮，空调不吹风的故障现象。作为维修技师，请你分析该车型电路图，并对故障进行系统检测，按照维修手册中的标准与规范对系统故障进行维修，依据检测结果确认故障点。

（二）任务分析

要实现该故障的检测，需要按照以下主要步骤进行分析：

1）确认该车辆的故障现象，是否与用户所述故障现象一致。

2）根据故障现象分析诊断策略，确定导致空调不吹风的故障原因。

3）利用故障诊断仪进行故障码和数据流读取，进一步确定可能的故障原因。

4）对照相关电路图，进一步分析线束连接情况及可能的故障原因。

5）实施检测与诊断，确定故障范围及最小故障区间。

6）确认故障点，修复故障，并验证诊断结果。

二、任务资讯

在纯电动汽车上，空调鼓风机的作用就是将蒸发器内的冷风或者 PTC 模块产生的热风吹进车内，达到出风的效果。鼓风机调速模块一般在靠近鼓风机电机的位置安装，它与鼓风机电路串联，通过调节自身的导通程度，控制鼓风机电机的电压大小，从而控制鼓风机的转速，实现鼓风机的调速功能。

三、任务组织

（一）实施准备

1）所需的各种防护用品准备：工位、隔离带、安全警告标志牌、车辆挡块、灭火器（水基型、干粉型）、绝缘杆、绝缘垫、绝缘工作台、棉线手套、绝缘手套、防静电手套、护目镜、安全帽、车外三件套、车内多件套、洗手液、急救包、除颤仪。

2）常用工具、设备准备：万用表、诊断仪、万用接线盒、绝缘工具套装。

3）资料准备：维修手册、电路图。

（二）制订计划

依据任务要求、任务分析，结合实施准备，小组内相互讨论，制订工作计划，将工作计划步骤、选择该步骤的理由写在表6-2相应位置，并选派代表进行汇报展示。

表6-2　计划表

1. 作业计划			
序号	作业项目	操作要点	注意事项
1			
2			
3			
4			
5			
6			
7			
2. 设备清单			
序号	设备名称	用途	规格型号	数量
1				
2				
3				
4				
5				
6				
3. 其他材料清单				
序号	材料名称	用途	规格型号	数量
1				
2				
3				
4				
审核	小组审核意见： 　　　　　　　　　　　　　　　　组长签字：　　　年　月　日 教师审核意见： 　　　　　　　　　　　　　　　　教师签字：　　　年　月　日			

四、任务实施

(一) 故障诊断流程

1. 车辆故障现象确认

打开空调面板开关,冷却风扇工作,压缩机、PTC 均正常工作,但空调出风口无风感,鼓风机不工作。

2. 模块通信状态及故障码检查

1) 故障码文字描述:连接故障诊断仪,读取相应故障码,发现诊断仪无故障码显示,如图 6-31 所示。

2) 相关数据流文字描述:按动风力调节按键,动态数据流显示风速正常调节,鼓风机继电器正常控制,空调工作电压正常。故障诊断仪显示的相关数据流如图 6-32 所示。

图 6-31 故障诊断仪无故障码 图 6-32 故障诊断仪显示的数据流信息

3. 确认故障范围

故障范围包括鼓风机调速模块供电线路、搭铁线路、调速信号控制线路及相关元件故障。

4. 检测分析

启动车辆空调时,发现空调鼓风机无法正常工作,无故障码,数据流显示风速正常调节,鼓风机继电器正常闭合,空调工作电压正常。查阅电路图册,锁定故障范围为鼓风机调速模块线路及元件故障,进行有序诊断排查,检测电路图如图 6-33 所示。

5. 具体检测过程

故障诊断与排除准备工作完成之后,进行以下具体诊断过程。

项目六 空调控制系统原理与检测

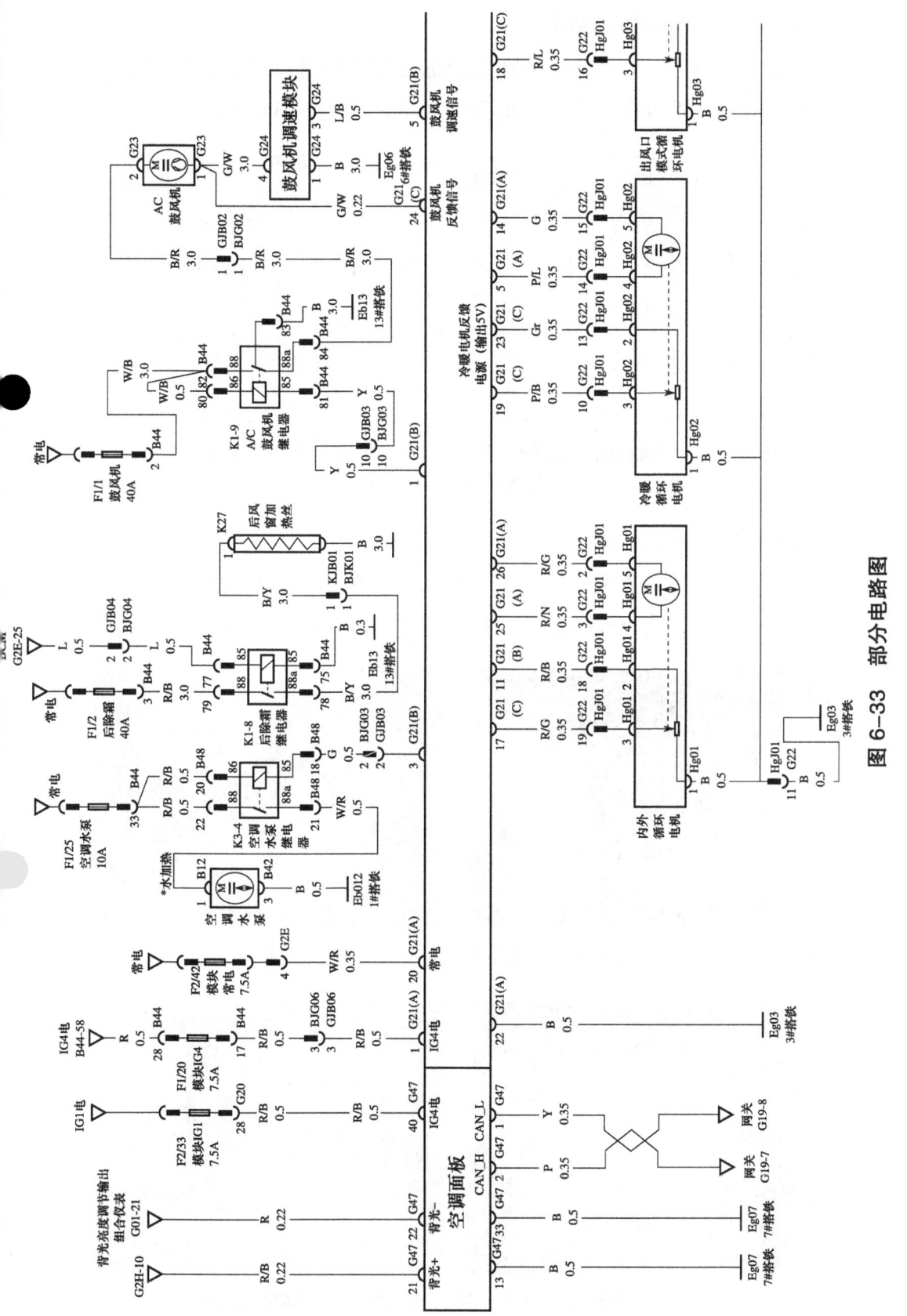

图 6-33 部分电路图

(1) 故障范围的初步判定

根据上述分析,对鼓风机调速模块的相关线束进行测量,发现鼓风机调速模块信号输入线与搭铁之间的电压值异常,如图 6-34 所示。

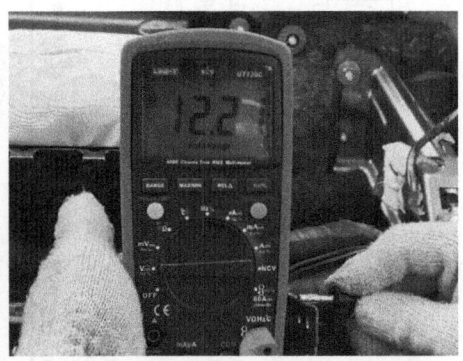

图 6-34 测量鼓风机调速模块 G21(B)/5 号线与地之间的电压值
(标准值为 1~10.5V)

(2) 详细故障点检测

初步判定的结果表明,需要对 G21(B)/5 与鼓风机调速模块之间的线束进行分析,确定最小故障范围,如图 6-35~ 图 6-37 所示。

图 6-35 车辆下电,断开低压电源负极

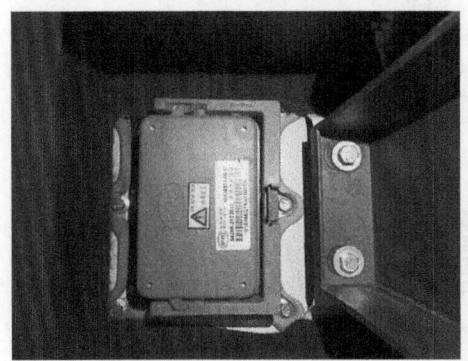

图 6-36 断开维修开关,置于收纳盒中,车辆静置 5min

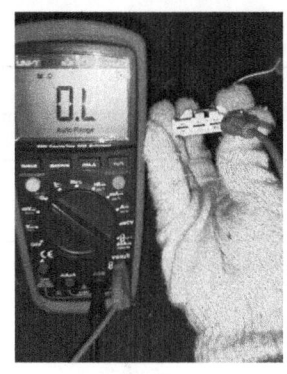
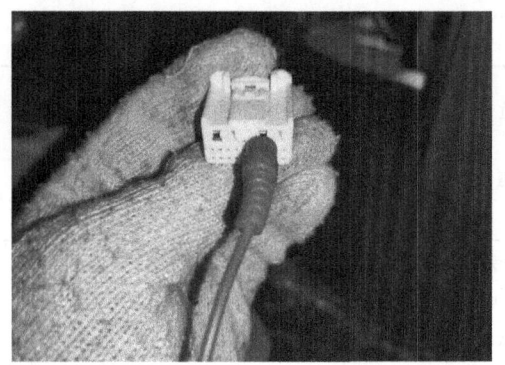

图 6-37　测量鼓风机调速模块与空调控制器 G21（B）/5 线路之间的电阻值
（标准值为小于 5Ω）

（3）故障点确认及修复

经过上述步骤的检测，可以得出鼓风机调速模块与空调控制器的 G21（B）/5 线路之间出现断路故障的结论，其故障点如图 6-38 所示（截取自图 6-33）。

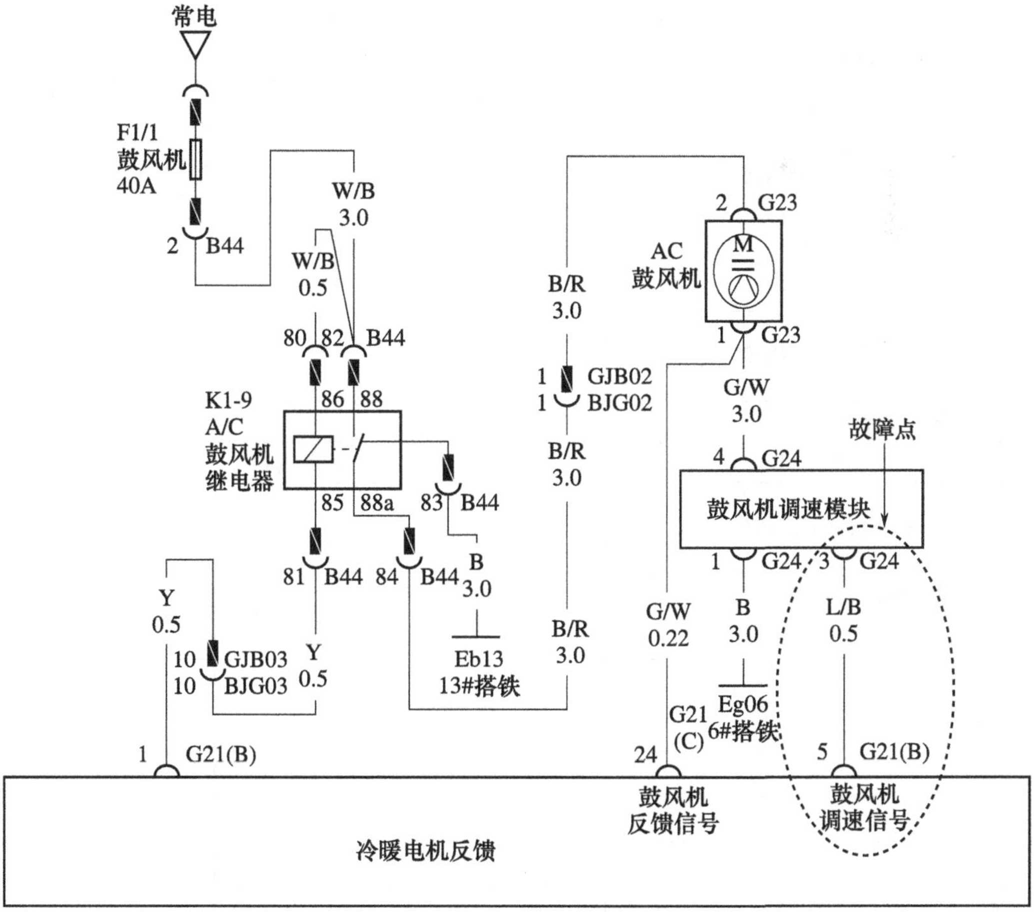

图 6-38　确认故障点

（二）任务记录工单

任务单	鼓风机控制模块线路故障检修	班级：
		姓名：

1. 车辆信息记录

品牌		整车型号		生产年月	
电机型号		动力电池容量		行驶里程	
车辆识别代码					

2. 车辆基本检查

检查项目	检查情况	
安全防护		是□ 否□
辅助蓄电池电压		异常□ 正常□
高压部件安装及插接器连接情况		异常□ 正常□
储液罐液位		异常□ 正常□

3. 故障现象记录

诊断项目	诊断内容
确认故障现象	

4. 读取相关故障码

诊断项目	诊断内容
相关故障码描述	

5. 记录相关主要数据流

诊断项目	诊断内容
相关数据流描述	

6. 故障范围分析

诊断项目	诊断内容
初步诊断故障范围	

7. 故障检测过程

步骤	检测项目	测量结果	结果分析
1			
2			
3			
4			
5			
6			

8. 故障诊断结论	
确认故障部位	
故障机理描述	
9. 维修处理方法	
维修建议	零部件/总成　　维修□　更换□
维修工时	

（三）相关故障拓展

2019 款比亚迪 e5 的鼓风机调速模块的调速信号电压按档位划分见表 6-3。

表 6-3　调速档位与调速信号电压对应关系

调速档位	调速信号电压值
1	10.1~10.2 V
2	8 V
3	7 V
4	6 V
5	4.3~4.5 V
6	2.8~2.9 V
7	1.2~1.3 V

针对上述故障，按动空调面板各按钮开关，空调面板正常工作，鼓风机不工作，故障基本可以锁定在鼓风机及鼓风机调速模块的供电线路、搭铁线路及线路元件损坏上。通过数据分析可知整体的鼓风机的供电线路的继电器能够正常吸合，因此排除了鼓风机的供电线路、搭铁线路及线路相关元件故障的可能，直接考虑鼓风机调速模块的故障即可。从简单到复杂的故障排除过程中，优先选择同类线束测量，所以在上电过程中优先测量鼓风机调速模块的供电线路，有故障时再分段测量其线束，查找最小故障范围。

五、任务评价

鼓风机控制模块线路故障检修		姓名：	
日期：	班级：	学号：	
自我评价：□熟练 □不熟练	组长评价：□熟练 □不熟练	教师签名：	
教师评价：□优秀 □良好 □合格 □不合格			

鼓风机控制模块线路故障检修【评分细则】

序号	评分项	得分条件	分值	评分要求	自我评价	组长评价	教师评价
1	安全/7S/态度	□1. 能接受任务并完成任务 □2. 能进行设备和工具安全检查 □3. 能进行车辆安全防护操作 □4. 能进行人员高压安全防护操作 □5. 能进行三不落地操作 □6. 能进行团队合作作业 □7. 能进行工位7S操作 □8. 能进行有效沟通	20	未完成1项扣3分，扣分不得超过20分	□能做到 □做不到	□能做到 □做不到	□优秀 □良好 □合格 □不合格
2	专业技能	□1. 能正确检查车辆基本状态 □2. 能正确检查鼓风机控制模块线路故障的故障现象 □3. 能正确读取故障码及数据流信息 □4. 能正确分析故障原因 □5. 能正确制定诊断检测流程 □6. 能正确使用检测设备 □7. 能正确找到故障点 □8. 能正确分析故障机理 □9. 能合理提出维修建议	40	未完成1项扣5分，扣分不得超过40分	□熟练 □不熟练	□熟练 □不熟练	□优秀 □良好 □合格 □不合格
3	工具及设备使用能力	□1. 能正确使用维修工具 □2. 能正确使用充电装置 □3. 能正确使用万用表、诊断仪、示波器等诊断设备 □4. 能正确使用专用工具	5	未完成1项扣3分，扣分不得超过5分	□熟练 □不熟练	□熟练 □不熟练	□优秀 □良好 □合格 □不合格
4	资料、信息查询能力	□1. 能正确查询车辆信息 □2. 能正确使用维修手册查询资料 □3. 能正确记录所查询资料的章节及页码 □4. 能正确记录检查状态信息	10	未完成1项扣3分，扣分不得超过10分	□熟练 □不熟练	□熟练 □不熟练	□优秀 □良好 □合格 □不合格

（续）

序号	评分项	得分条件	分值	评分要求	自我评价	组长评价	教师评价
5	数据判断和分析能力	□1. 能判断鼓风机控制模块线路故障仪表状态 □2. 能判断仪表指示灯状态 □3. 能判断故障码 □4. 能判断数据流 □5. 能分析诊断仪器检测结果	10	未完成1项扣2分，扣分不得超过10分	□能做到 □做不到	□能做到 □做不到	□优秀 □良好 □合格 □不合格
6	表单填写及撰写能力	□1. 字迹清晰 □2. 语句通顺 □3. 无错别字 □4. 无涂改 □5. 无抄袭	5	未完成1项扣1分，扣分不得超过5分	□熟练 □不熟练	□熟练 □不熟练	□优秀 □良好 □合格 □不合格
7	素养	□1. 注重团队合作 □2. 注意安全防护 □3. 注意保护实训设备 □4. 做到三不伤害 □5. 保护环境	10	未完成1项扣2分，扣分不得超过10分	□能做到 □做不到	□能做到 □做不到	□优秀 □良好 □合格 □不合格

否决项：1. 操作过程产生高压危险或设备损坏；2. 操作人员或其他人员受伤；3. 隐瞒车辆故障或其他安全隐患

总分：

中国汽车人物

王传福：新能源汽车先行者

王传福一直与"电"密不可分。

1987年，21岁的王传福在中南大学冶金物理化学专业毕业后，到北京有色金属研究总院攻读硕士，毕业后留院工作。

1993年，有色研究院在深圳成立比格电池有限公司，王传福被任命为公司总经理。不久，王传福就发现了商机，于是在1995年辞职创办了比亚迪公司，主营电池业务。之所以看好这项业务，是因为他看到了当时手机的一个痛点：电池电量小、寿命短，但价格却很高。

凭借优秀的产品品质、低廉的价格，比亚迪电池迅速获得了市场的认可。1997年，比亚迪年销售额已接近1亿元。也是在那一年，金融风暴重压之下，飞利浦、松下、索尼、通用电气等先后与比亚迪签订了大额采购订单。在镍镉电池市场，王传福只用了3年时间，便抢占了全球近40%的市场份额，成为全球第一。

2002年，比亚迪在香港上市。同年，比亚迪全资收购了北京吉普旗下的吉驰模具厂，为进入汽车产业布局。第二年，比亚迪收购西安秦川汽车，获得生产资质，成立比亚迪汽车，正式进军汽车产业。在进入汽车市场的很多年里，比亚迪都是以燃油车为主，并取得了非常不错的成绩，其推出的比亚迪F3，连续多年成为市场畅销车型。2009年，比亚迪更是超越奇瑞，成为中国销量最高的自主汽车品牌。不过，虽然燃油车发展更快、盈利更多，但比亚迪却早在2005年，便制定了电动车战略。

2005年，比亚迪推出了首款磷酸铁锂动力电池；2006年，第一款搭载磷酸铁锂电池的比亚迪F3e电动车研发成功。

2008年12月，搭载磷酸铁锂电池的全球首款量产插电式双模电动车——比亚迪F3DM上市。由此，全球新能源汽车变革的序幕，被正式拉开。2008年，也因此被称为新能源汽车元年。不过在当时那个燃油车处于绝对统治地位的时代，这个消息并没有引起太多关注。

转机出现在2010年之后。当时，随着北京汽车限购政策的实施，以及国家产业政策的倾斜，新能源汽车市场出现了难得的机遇。同时，比亚迪王朝系列车型的推出，也恰恰迎合了消费者的需求。拥有足够技术积累，全球唯一同时拥有电池、电机、电控核心技术的比亚迪汽车，厚积薄发，获得了长足发展。

2015年，比亚迪销售新能源车61722台，位居全球第一，占据全球市场份额11%。此后比亚迪连续四年夺得全球销量冠军。

身处行业中心的王传福，在能源方面所具备的前瞻性眼光，是很多人所不具备的，也因此，他获得了第六届"扎耶德未来能源奖"个人终身成就奖。这个奖可谓实至名归。但在奖之外，王传福的新能源汽车故事，还在继续。

项目七
整车 CAN 数据传输原理与检测

新能源汽车整车控制系统检修

项目描述

新能源汽车控制需要良好的通信协调性和运行可靠性，良好的通信系统是实现新能源汽车可靠运行的关键。CAN 数据总线作为汽车环境中的微控制器通信系统，在车载各电子控制装置 ECU 之间交换信息，形成汽车电子控制网络。在电动汽车中，CAN 总线控制单元与整车控制器之间相互配合，大大提高了微控制器之间的数据传输速度，从而保证整车控制系统的稳定与安全。

本任务主要介绍 CAN 数据总线的含义、分类和特点，CAN 通信协议的含义、功能等，CAN 数据传输系统的构成和传输过程以及 CAN 总线在新能源汽车中的应用。

目标要求

1）掌握 CAN 的含义、CAN 总线的分类和特点。
2）了解 CAN 通信协议的含义和功能。
3）了解 CAN 数据传输过程。
4）运用相关工具完成 CAN 总线检测。

知识准备

一、CAN 总线概述

（一）CAN 总线含义

1. 什么是 CAN？

CAN 是控制器局域网（Controller Area Network）的简称，是德国博世（Bosch）公司为解决现代汽车控制系统之间的数据交换而开发的一种串行数据通信协议，并最终成为国际标准 ISO11898（高速应用）和 ISO11519（低速应用），是国际上应用最广泛的现场总线之一。汽车上的 CAN 总线主要用来实现车载各电控单元之间的信息交换，形成车载网络系统，CAN 数据总线又称为 CAN-BUS 总线。

一个由 CAN 总线构成的单一网络中，理论上可以挂接无数个节点，但在实际应用中，所挂接的节点数目会受到网络硬件的电气特性或延迟时间的限制。使用计算机网络进行通信的前提是，各电控单元必须使用和解读相同的"电子语言"，这种语言称为"协议"。汽车计算机网络常见的传输协议有多种，为了实现与众多的控制与测试仪器之间的数据交换，就必须制定标准的通信协议。随着 CAN 在各种领域的应用和推广，1991 年 9 月 Philips Semiconductors 制定并发布了 CAN 技术规范（Version2.0）。该技术包括 A 和 B 两部分。2.0A 给出了 CAN 报文标准格式，而 2.0B 给出了标准的和扩展的两种格式。1993 年 11 月 ISO 颁布了关于"道路交通运输工具 – 数据信息交换 – 高速通信局域网"的国际标准 ISO11898，为控制器局域网的标准化和规范化铺平了道路。美国 SAE 于 2000 年提出的 J1939，成为货车和客车中控制器局域网的通用标准。

2. 为什么CAN可以广泛使用？

现代汽车电子技术分为三类：单独控制系统、集中控制系统和控制器局域网络系统。这三者的含义如下。

1）单独控制系统：由一个电子控制单元（ECU）控制一个工作装置或系统的电子控制系统，如发动机控制系统、自动变速器等。

2）集中控制系统：由一个电子控制单元（ECU）同时控制多个工作装置或系统的电子控制系统，如汽车底盘控制系统。

3）控制器局域网络系统（CAN总线系统）：由多个电子控制单元（ECU）同时控制多个工作装置或系统，各控制单元（ECU）的共用信息通过总线互相传递。

单独控制系统和集中控制系统属于传统的控制信号系统。随着现代汽车越来越多地装备各种电子器件，控制系统越来越复杂，线束也越来越多、越来越长，传统的控制信号和通信信号系统已远远不能满足现代汽车电子技术发展的要求。如果要设计为抗干扰通信线束系统，还将更大地增加系统的成本。例如，大众宝来轿车发动机电控单元J220与自动变速器电控单元J217之间就需要有5条信号传输线。如果传递信号项目多，那么还需要更多的信号传输线，这样会导致电控单元针脚数增加、线路复杂、故障率增多及维修困难。

控制器局域网络系统是目前广泛应用的控制传输系统。电动汽车采用的网络控制系统，代替了传统的线束控制信号和通信信号传递系统。网络控制系统中大量的控制数据，能够在共同的电子单元中共享，控制信息能够实时进行交换，传输快、响应快、可靠性高。在某些控制信号和通信信号系统中，还要求网络功能冗余，在某些系统出现故障时，仍然能够保持该系统的基本功能。

由此可见，采用CAN总线，大大减少了汽车内部的线束数量，提高了整车通信可靠性，而且各外围部件如传感器可以实现在ECU之间共享。

（二）CAN总线的分类和特点

1. CAN总线的分类

按系统的复杂程度、信息量、必要的动作响应速度、可靠性要求等将多路传输系统分为低速（A）、中速（B）、高速（C）三类。

1) A类是面向传感器执行器控制的低速网络，数据传输位速率通常小于10kbit/s，主要用于后视镜调整、电动车窗、灯光照明等控制。

2) B类是面向独立模块间数据共享的中速网络，位速率在10～125kbit/s，主要应用于车身电子舒适性模块、仪表显示等系统。

3) C类是面向高速、实时闭环控制的多路传输网，位速率在125kbit/s～1Mbit/s之间，主要用于牵引控制、先进发动机控制、ABS等系统。

在汽车应用中，车身舒适性控制模块都连接到CAN总线上，并借助于LIN总线进行外围设备控制。而汽车高速控制系统通常会使用高速CAN总线连接在一起。远程信息处理和多媒体连接需要高速互连，视频传输又需要同步数据流格式，这些都可由DDB（Domestic Digital Bus）或MOST（Media Oriented Systems Transport）协议来实现。

2. CAN总线的特点

CAN总线的特点如下：

1) 具有实时性强、传输距离较远、抗电磁干扰能力强、成本低等优点。

2) 采用双线串行通信方式，检错能力强，可在高噪声干扰环境中工作。

3) 具有优先权和仲裁功能，多个控制模块通过CAN控制器挂到CAN-bus上，形成多主机局部网络。

4) 可根据报文的ID决定接收或屏蔽该报文。

5) 可靠的错误处理和检错机制。

6) 发送的信息遭到破坏后，可自动重发。

7) 节点在错误严重的情况下具有自动退出总线的功能。

8) 报文不包含源地址或目标地址，仅用标志符来指示功能信息、优先级信息。

二、CAN通信协议

（一）通信协议含义及分类

通俗讲，通信协议就是两个实体要想成功地通信，它们必须"说同样的语言"，并按既定控制法则来保证相互的配合。具体地说，在通信内容、怎样通信以及何时通信等方面，两个实体要遵从相互可以接受的一组约定和规则。这些约定和规则的集合称为协议。因此，通信协议定义为在两实体间控制信息交换规则的集合。

通信协议的种类繁多，主要介绍如下两类：

1）在一个简单的通信协议中，模块不分主从，根据规定的优先规则，模块相互传递信息，并且都知道该接受什么信息。通俗地讲，所有的模块都像旋转木马上的骑马人，一个上面有"免费券"挂环的转圈围绕着它们旋转。当一个模块有了有用的信息，它便抓住挂环挂上这条信息，任何一个需要这条信息的模块都可以从挂环上取下这条信息。

2）一个模块是主模块，其他为从属模块，根据优先规则，主模块决定哪个从属模块发送信息以及何时发送信息。通信协议中有个仲裁系统，通常这个系统按照每条信息的数字拼法为各数据传输设定优先规则。例如，以 1 结尾的数字信息要比以 0 结尾的数字信息有优先权。

（二）接口与实体

接口是为两个系统、设备或部件之间连接服务的数据穿越的界面。计算机通信接口由设备（或部件）和说明组成，一般包括 4 个方面：物理、电气、逻辑和过程。

1）在物理方面，要指出插接器有多少个插脚。

2）在电气方面，要确定接口电路信号的电压、宽度以及它们的时间关系。

3）在逻辑方面，包括说明为了传送如何把数据位或字符变换成字段，以及说明传输控制字符的功能使用等。换句话说，计算机通信接口的逻辑说明，提供了一种用于控制和实现穿越接口交换数据的语言。

4）在过程方面，它说明通信控制字符的规定顺序、各种字段的规定内容以及控制数据穿越接口的命令和应答。如果把逻辑说明看成确定数据穿越接口的语法，那么过程说明就可作为语义。

在计算机网路内，不同系统中的实体需要通信。一般地说，实体是能够发送或接收信息的东西，而系统是包含一个或多个实体的物理设备。

（三）协议要素及其功能

1. 协议的三要素

1）语法：确定通信双方之间"如何讲"，即由逻辑说明构成，要对信息或报文中各字段格式化，说明报头（或标题）字段、命令和应答结构。

2)语义:确定通信双方之间"讲什么",即由过程说明构成,要对发布请求、执行动作以及返回应答予以解释,并确定用于协调和差错处理的控制信息。

3)定时规则:指出事件的顺序,予以速度匹配、排序。

2. 协议功能

协议的功能是控制并指导两个对话实体的对话过程,发现对话过程的差错并确定处理策略。具体来说,每个协议都具有针对性,用于特定的目的,所以各协议的功能会不一样,但是还有一些公共的功能是大多数协议都具有的,这些功能见表7-1。

表7-1 协议功能

项目	功能
差错检测	面向通信传输的协议常使用应答-重发、循环冗余检验、软件检查等机制进行差错的检测和纠正工作;而面向应用的协议常采用重新同步、恢复以及托付等更为高级的方法进行差错的检测、纠正检测和纠正工作。一般来说,协议中对异常情况的处理说明要占很大的比重
分块和重装	用协议控制进行传送的数据长度是有一定限制的,参加交换的数据都要求有一定的格式。为满足这个要求,就需要将实际应用中的数据进行加工处理,使之符合协议交换时的格式要求,只有这样才能应用协议进行数据交换。分块与重装就是这种加工处理操作。分块操作是将大的数据划分成若干小块,如将报文划分成几个报文分组;重装操作则是将划分的小块数据重新组合复原,如将报文分组还原成报文
排序	排序就是对发送出的数据进行编号以标识它们的顺序。通过排序,可达到按序传递、信息流控制和差错控制等目的
流量控制	通过限制发送的数据量或速率,防止在信道中出现堵塞现象

三、CAN 数据传输系统

CAN 总线所传输的数据又称为报文,是一帧一帧地传送,每帧数据是由一组二进制数或数字脉冲组成,这组二进制数按功能又分为一段一段的,每一段称为帧的域或场。CAN 总线所传输的数据有数据帧、远程帧和错误帧等。CAN 的帧有两种不同的帧格式,不同之处为识别符的长度不同,具有 11 位识别符的帧称为标准帧,含有 29 位识别符的帧为扩展帧。

(一)CAN 数据类型

1. 数据帧

CAN 数据总线在极短的时间内,在各控制单元间传递数据。一条数据的形成由 7 个区域组成，即开始域、状态域、检查域、数据域、安全域、确认域和结束域，如图 7-1 所示。

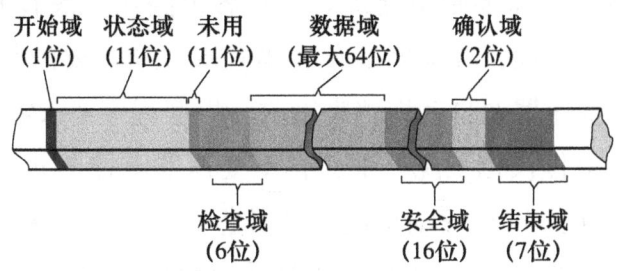

图 7-1　CAN 数据的构成

CAN 数据总线在极短的时间里完成一组数据传递，每组数据最多由 108 位组成，可以将其分为 7 部分，每一部分位数的多少由数据域的大小决定。"1 位"是信息的最小单位，指此时的电路状态，在电子学中，"1 位"只有"0"或"1"两个值，也就是说只有 0V 或 5V 两个状态。各区域的功能见表 7-2。

表 7-2　CAN 数据中各区域的功能

区域	功能
开始域（1 位）	标志数据传输开始，此时 CAN 高位传输线为 5V 电压，低位传输线为 0V 电压
状态域（11 位）	判断数据中的优先权，举例说明：如果两个控制单元同时发送各自的数据，接收控制单元将优先接收具有较高优先权的发送控制单元发送的数据
检查域（6 位）	显示数据域中所包含的信息项目数，接收控制单元的接收器依据此项目数检查是否已经接收到所有传递过来的信息
数据域（最大 64 位）	是发送控制单元传递给接收控制单元的所有信息
安全域（16 位）	发送控制单元检测传递数据中是否有错误
确认域（2 位）	在确认域中，是由发送控制单元的发送器发出信号，通知接收控制单元的接收器，告知已经正确发送数据。如果接收器检查出错误，则立即通知发送器，发送器将再发送一次数据
结束域（7 位）	标志数据传递结束，也是发送器检查错误和再次发送数据的最后一次机会

2. 远程帧

CAN 总线上电控单元的数据发布，有以下两种基本形式：

1）按设定或需要主动发布。例如制动信号，当踩制动踏板时 ABS 电控单元就会主动发布，发动机电控单元接收后立即调控发动机转速由高速降为低速。

2）接受请求后发布。例如 A 电控单元需要 B 电控单元的数据，A 电控单元先发布请求信号,这个请求信号的数据形式就是远程帧。CAN 总线上的所有电控单元都可以接收到这个远程帧,并对远程帧中的标识符进行识别,需要则接收,不需要则不处理。在对各电控单元编程时,已设定 B 电控单元接收这个远程帧,并随即发布 A 电控单元所需要的数据。

例如,自动变速器在自动换档决策前,根据程序要求需要发动机的转速数据,以便确定最佳换档工况,那么自动变速器电控单元要先发布远程帧,请求发动机电控单元发布发动机的转速数据;发动机电控单元收到这个远程帧的请求后,随即发布发动机的即时转速数据;自动变速器电控单元收到发动机的转速数据后,再决定是否换档或等待发动机的转速达到一定数值后再换档。

远程帧由开始域、仲裁域、控制域、安全域、应答域和结束域 6 个不同的域组成。与数据帧相反,远程帧的远程发送请求位(RTR 位)是"隐性"的(即逻辑"1")。它没有数据域,数据长度代码的数值是不受制约的(可以标注为容许范围内 0~8 的任何数值)。其余域功能同数据帧。

3. 错误帧

任何电控单元一旦检测到总线错误就会发出错误帧。错误帧的功能是对所发送的数据进行错误检测、错误标定及错误自检。错误帧由两个不同的域组成:第一个域为不同控制单元提供错误标志的叠加;第二个域是错误界定符。

1)错误标志。错误标志包括主动错误标志和被动错误标志两种形式。

① 主动错误标志:由 6 个连续显性位组成,检测到错误条件的"错误主动"控制单元通过发送主动错误标志以指示错误。

② 被动错误标志:由 6 个连续隐性位组成,除非被其他 CAN 控制器的显性位改写,检测到错误条件的"错误被动"控制单元通过发送被动错误标志以指示错误。

2)错误界定符。错误界定符由 8 个隐性位组成,传送了错误标志以后,每一节点就发送 1 个隐性位,并一直监视总线直到检测出 1 个隐性位为止,然后就开始发送其余 7 个隐性位。

(二)CAN 数据传输系统构成

CAN 数据传输系统中每块控制单元的内部增加了一个 CAN 控制器、一个 CAN 收发器，每块控制单元外部连接了两条 CAN 数据总线，如图 7-2 所示。在系统中作为终端的两块控制单元，其内部还装有一个数据传递终端（有时数据传递终端安装在控制单元外部）。

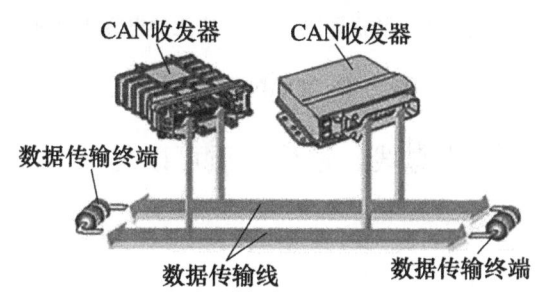

图 7-2　CAN 数据传输系统的组成

1. CAN 控制单元

CAN 控制单元的作用是接收控制单元中微处理器发出的数据，处理数据并传给 CAN 收发器。同时 CAN 控制器也接收收发器收到的数据，处理数据并传给微处理器。

2. CAN 收发器

CAN 收发器是一个发送器和接收器的组合，它将 CAN 控制器提供的数据转化成电信号并通过数据总线发送出去，同时，它也接收数据总线发出的数据，并将数据传到 CAN 控制器。

3. 数据传输终端

数据传输终端实际是一个电阻，其作用是终端电阻可以防止数据在到达线路终端后像回声一样返回，并因此而干扰原始数据，从而保证了数据的正确传送。终端电阻装在控制单元内。

4. CAN 数据总线

CAN 数据总线用以传输数据的双向数据线，分为 CAN-H 高位和 CAN-L 低位数据线。数据没有指定接收器，数据通过数据总线发送给各控制单元，各控制单元接收后进行计算。为了防止外界电磁波干扰和向外辐射，两条数据线缠绕在一起，要求至少每 2.5cm 就要扭绞一次，两条线上的电位是相反的，电压的和恒等于常值，如图 7-3 所示。

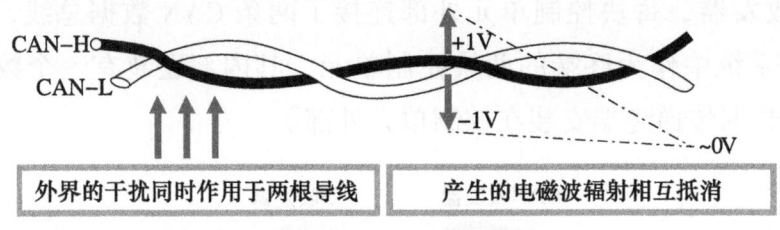

图 7-3 CAN 数据总线

CAN 总线是一种多主总线，通信介质可以是双绞线、同轴电缆或光导纤维。

（1）双绞线

双绞线能传输模拟信号和数字信号，通信距离可达几千米到十几千米，当通信距离长时，要加放大器或中继器。双绞线电缆中封闭着一对或一对以上的双绞线，在其外面包上硬的护套。每一对双绞线由两根绝缘铜导线按一定密度互相绞合在一起，以降低信号干扰。每根铜导线的绝缘层上分别涂以不同的颜色以示区别。

（2）同轴电缆

同轴电缆由内导体铜导线、绝缘层、网状编织的外导体屏蔽层及塑料保护层构成，铜芯线与网状导体同轴，称同轴电缆。同轴电缆的屏蔽性能和抗干扰性能优于双绞线，具有较高的带宽和较低的误码率。通常其传输速率越高，传输距离越短。

（3）光导纤维

光导纤维没有网状屏蔽层，中心是光传播的玻璃芯。多条光纤组成一束构成光纤电缆，简称光缆。光纤传输信号不受电磁干扰的影响，其传输频带非常宽，数据传输速率非常高，误码率很低，传输损耗小，中继距离长，抗电磁干扰性能很强，具有保密性好、质量轻、体积小等特点。因此，光缆是数据传输中最有效、最有前途的一种传输介质。

CAN 数据总线作为汽车环境中的微控制器通信系统，在车载各电子控制装置 ECU 之间交换信息，形成汽车电子控制网络。其工作采用单片机作为直接控制单元，用于对传感器和执行部件的直接控制。每个单片机都是控制网络上的一个节点，一辆汽车不管有多少块电控单元，不管信息容量有多大，每块电控单元都只需引出两条导线共同接在节点上，这两条导线就称作数据总线（Bus）。CAN 数据总线中数据传递就像一个电话会议，一个电话用户就相当于控制单元,它将数据"讲入"网络中,其他用户通过网络"接听"数据,对这组数据感兴趣的用户就会利用数据,不感兴趣的用户可以忽略该数据。

(三)CAN 总线数据传输过程

每条数据的传递包括 5 个过程,如图 7-4 所示。

图 7-4　CAN 数据的传递过程

1)提供数据:控制单元向 CAN 控制器提供需要发送的数据。

2)发送数据:CAN 收发器接收由 CAN 控制器传来的数据,转为电信号并发送。

3)接收数据:CAN 系统中,所有控制单元转为接收器。

4)检查数据:控制单元检查判断所接收的数据是否是所需要的数据。

5)接受数据:如果接收的数据是所需数据,它将被接受并进行处理,否则忽略掉。

例如,发动机 ECU 向某 ECU CAN 收发器发送数据,某 ECU CAN 收发器接收到由发动机 ECU 传来的数据,转换信号并发给本 ECU 的控制器。CAN 数据传输系统的其他 ECU 收发器均接收到此数据,但是要检查判断此数据是否是所需要的数据,如果不是将忽略掉。

(四)仲裁

如果多个控制单元同时发送信息,那么数据总线上就必然会发生数据冲突,为了避免发生这种情况,CAN 总线采用了仲裁方法来处理这类冲突。下面主要介绍先进的位仲裁以及位仲裁的具体工作过程。

1. 先进的位仲裁

要对数据进行实时处理,就必须将数据快速传送,这就要求数据的物理传输通路有较高的速度。在几个站同时需要发送数据时,要求快速地进行总线分配。实时处理通过网络交换的紧急数据有较大的不同。一个快速变化的物理量,如汽车发动机负载,将比汽车发动机温度这类相对变化较慢的物理量，需要更频繁地传送数据并要求更短的延时。CAN总线以报文为单位进行数据传送，报文的优先级结合在11位标识符中。具有最低二进制数的标识符有最高的优先级。这种优先级一旦在系统设计时被确立就不能再被更改。总线读取中的冲突可通过位仲裁解决。

例如，当3个站同时发送报文时，站1的报文标识符为0111110，站2的报文标识符为0100110，站3的报文标识符为0100111。通过比较3个站的报文标识符，发现所有标识符前面2位相同，都为01，直到对第3位进行比较时，站1的报文被丢掉，因为它的第3位为高，而其他两个站的报文第3位为低。站2和站3报文的4、5、6位相同，直到比较第7位时，站3的报文才被丢掉。注意，总线中的信号持续跟踪最后获得总线读取权的站的报文。在此例中，站2的报文被跟踪。这种非破坏性位仲裁方法的优点在于，在网络最终确定哪一个站的报文被传送以前，报文的起始部分已经在网络上传送了。所有未获得总线读取权的站都成为具有最高优先权报文的接收站，并且不会在总线再次空闲前发送报文。CAN具有较高的效率是因为总线仅仅被那些请求总线悬而未决的站利用，这些请求是根据报文在整个系统中的重要性按顺序处理的。这种方法在网络负载较重时有很多优点。因为总线读取的优先级已被按顺序放在每个报文中了，这可以保证在实时系统中较低的个体隐伏时间。对于主站的可靠性，由于CAN协议执行非集中化总线控制，所有主要通信，包括总线读取（许可）控制，在系统中分几次完成。这是实现有较高可靠性的通信系统的唯一方法。

2. 位仲裁具体工作过程

1）控制单元发送的每个信息都要分配优先权，且不同的信息量具有不同的优先权（优先权隐含在数据的"标识符"中），优先权高的信息优先发送。

2）所有的控制单元都是通过各自的RX线来跟踪总线上的一举一动，并获知总线的状态。

3）请求发送信息的控制单元，每个发射器将对TX线和RX线的状态一位一位地进行比较，它们可以不一致。

4）CAN是这样来进行调整的：如果某个控制单元向外发送"1"（TX线为1），但通过RX线在总线接收到"0"，则该控制单元退出对总线的控制，转为接收信息，故可保证按重要程度的顺序来发送信息。规则是，标识符中的号码越小，表示该信息越重要，这种方法称为仲裁。

例如，现在有三个控制单元，发动机控制单元、ABS 控制单元和仪表控制单元同时向外发送信息，其中发动机控制单元向外发送的信息为"10101010"，ABS 控制单元向外发送的信息为"10101011"，仪表控制单元向外发送的信息为"10111111"。

三个控制单元向外发送信息的第 1 位、第 2 位、第 3 位是一样的，都是"101"，此时不存在冲突；但三个控制单元向外发送的第 4 位不同，此时仪表控制单元的第 4 位为"1"，其他两个控制单元的第 4 位为"0"。根据三个收发器耦合在一根总线的原理（图 7-5），三个收发器耦合于一根总线，此时总线的状态应为"0"，对仪表控制单元来说，它向外发送"1"（TX 状态 1），但接收到的是"0"（RX 状态 0）。根据仲裁原则，仪表控制单元停止发送信息，转为接收状态，该信息等待下一次发送周期，再次请求发送。

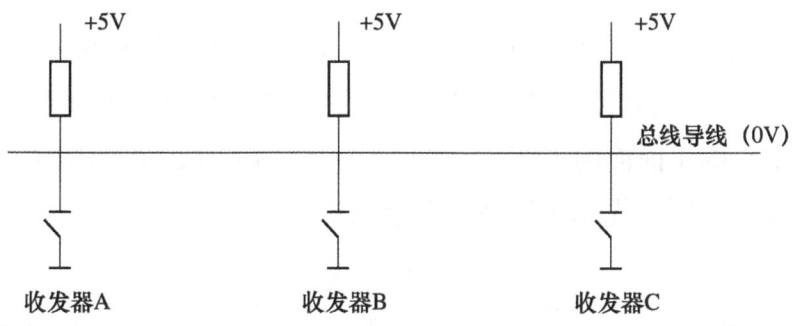

图 7-5　三个收发器耦合于一根总线

同理，发动机控制单元和 ABS 控制单元继续向外发送信息的第 5 位、第 6 位、第 7 位（101），且这 3 位的信息是一样的，不存在冲突。在发送第 8 位时，发动机控制单元的第 8 位为"0"，而 ABS 控制单元的第 8 位为"1"，根据三个收发器耦合于一根总线的原理，此时总线的状态应为"0"，对 ABS 控制单元来说，它向外发送"1"（TX 状态 1），但接收到的是"0"（RX 状态 0）。根据仲裁原则，ABS 控制单元停止发送信息，转为接收状态，该信息等待下一次发送周期，再次请求发送。结果，发动机控制单元接管数据总线控制权，继续发送剩余的信息，最终数据总线的信息与发动机控制单元向外发送的信息是一样的，如图 7-6 所示。

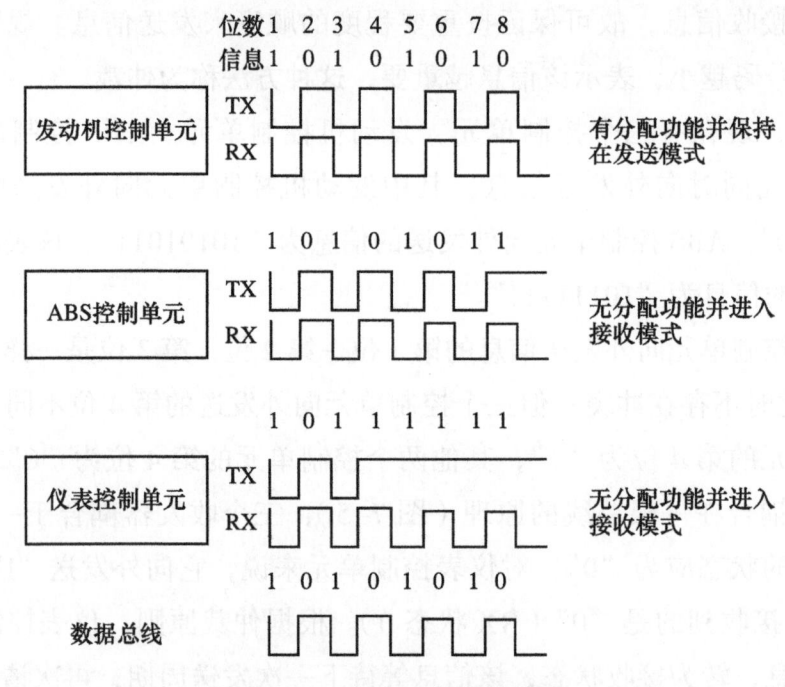

图 7-6　发动机发送的信息

表 7-3 所列为信息与标识符,可以看出,当数个控制单元想同时发送信息时,转向角传感器拥有最高的优先级别,它的信息就先被发送。

数字最小的(前面的"0"最多),优先级别最高,由于转向角传感器标识符数字最小,所以优先级最高,数字最先传递。

表 7-3　信息与标识符

标识符	二进制	十六进制
发动机 1	01010000000	280
制动	01010100000	2A0
仪表	01100100000	320
转向角传感器 1	00011000000	0C0
自动变速器 1	10001000000	440

(五)CAN 数据传输系统的优点

CAN 数据传输系统具有以下几个优点:

1)将传感器信号线减至最少,使更多的传感器信号进行高速数据传递。

2)电控单元和电控单元插脚最小化应用,节省电控单元的有限空间。

3）如果系统需要增加新的功能，仅需软件升级即可。

4）各电控单元对所连接的CAN总线进行实时监测，如出现故障，该电控单元会存储故障码。

5）CAN数据总线符合国际标准，以便于一辆车上不同厂家的电控单元间进行数据交换。

四、新能源汽车中CAN总线的应用

（一）纯电动汽车中CAN总线的应用

通常，纯电动汽车CAN网络控制系统根据网络中各个模块对实时性的要求来分别选择。在北汽EV160电动汽车动力系统控制网络中，最主要的控制模块是整车控制器、电池管理系统、电机控制器。图7-7表示的是三者之间的关系。其中在电池管理系统和整车控制器中各有一个120Ω的终端电阻，这是因为CAN是多主传输，为了消除短路现象，其CAN-L和CAN-H电平的性质是不一样的，如CAN-H的两种逻辑状态为高电平和高阻状态，CAN-L的两种逻辑状态为低电平和高阻状态，高阻状态其实电平是不确定的，因此在差分传输的CAN总线中，终端电阻不仅作为匹配用还起到降低CAN-H与CAN-L回路阻抗的作用，使CAN-H和CAN-L具有确定的电平。

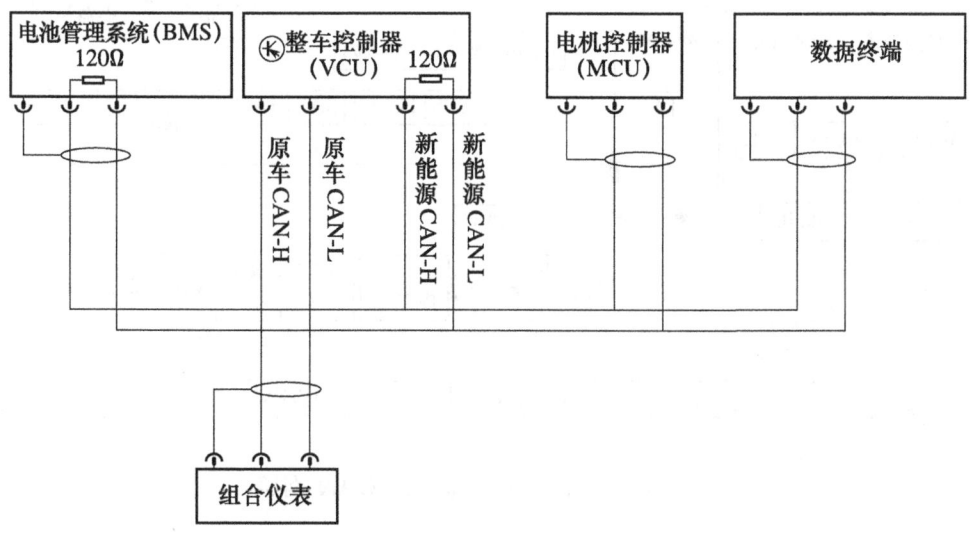

图7-7 动力控制模块之间的关系图

（二）混合动力汽车中 CAN 总线的应用

CAN 网络系统在混合动力汽车上的应用很多，以比亚迪·秦为例，按照系统加以划分，可分为 5 个系统，不同的系统对数据传送的速率要求也不一样，如图 7-8 所示。其中，ECM（Engine Control Module，发动机控制模块）网和 ESC（Electronic Stability Control，电子稳定程序控制系统）网用的是高速 CAN 线，对数据的传输速率的要求最高，传输速率为 500kbit/s，因为这两个系统影响到车辆的动力性能、制动性能以及安全性能，为保障这些性能，就要求较高的数据传送速率，这样才能及时地接收信息、处理信息和发送信息。动力网主要用来处理车辆的能源系统，相对前两个系统，对传输速率的要求不是很高，传输速率为 250kbit/s。对传输速率要求最低的是启动网和舒适网，启动网主要用于车辆的启动，舒适网主要用来处理驾驶员和乘客乘坐舒适度的数据，因此对于这两个系统，数据传输速率 125kbit/s 就能满足。

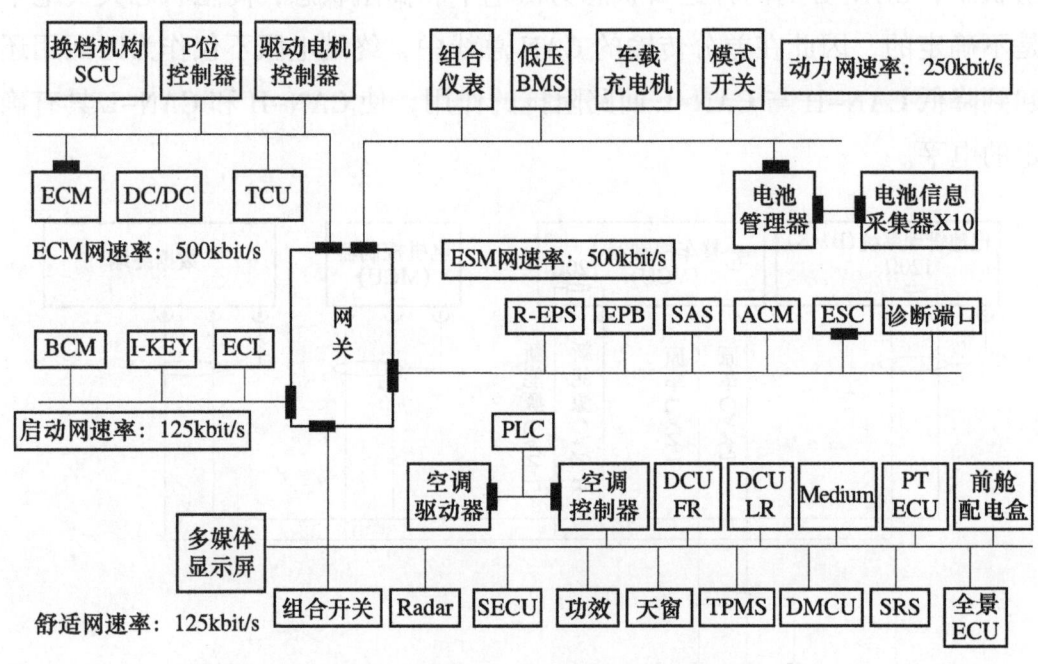

图 7-8　比亚迪·秦车型的 CAN 网络

典型工作任务

任务1　BMS CAN-L 线断路故障检修

一、任务导入

（一）任务描述

现有一辆 2019 款比亚迪 e5，在启动时，出现高压不上电、仪表显示"动力电池电量为 0"、仪表上多个故障指示灯点亮的故障现象。作为维修技师，请你分析该车型的电路图，并对故障进行系统检测，依据检测结果确认故障点，按照维修手册中的标准与具体操作规范对故障进行维修。

（二）任务分析

要实现该故障的检测，需要按照以下主要步骤进行分析：

1）确认该车辆的故障现象，是否与用户所述故障现象一致。

2）根据故障现象分析诊断策略，分析故障现象，初步判定故障的范围及模块。

3）依据读取到的故障码或者数据流，进一步分析，并查阅相应的电路图。

4）针对可能出现问题的模块，结合相关电路图，进一步分析可能的故障原因，缩小故障范围，比如模块供电、搭铁、通信、自身损坏等原因造成的故障。

5）实施检测与诊断，确定故障范围。

6）实现对上述故障的修复，并验证诊断结果。

二、任务资讯

CAN 的数据总线有两条，分别为 CAN-H 线、CAN-L 线，两条数据线的电压值之和为一定值。当没有数据发送时，两条线的电压一样，都为 2.5V，称为静电压；当有信号发送时，CAN-H 的电压会升高，CAN-L 的电压会降低。

CAN2.0B 规范定义了两种互补的逻辑数值："显性"和"隐性"，同时传送"显性"和"隐性"位时，总线结果值为"显性"。"显性"数值表示逻辑"0"，而"隐性"表示逻辑"1"。CAN 规范中并未定义代表逻辑电压的物理状态（例如电压），CAN 网络使用符合 ISO11898-2 标准的电压信号，CAN 总线为"隐性"（逻辑 1）时，CAN-H 和 CAN-L 的电压为 2.5V（电位差为 0V）；CAN 总线为"显性"（逻辑 0）时，CAN-H 和 CAN-L 的电压分别是 3.5V 和 1.5V（电位差为 2.5V），任意时刻两者电压之和保持额定值为 5V。

比亚迪 e5 的 CAN 总线为"显性"时，CAN-H 和 CAN-L 的理论电压值分别是 2.7V 和 2.3V（电压值为信号的有效电压值，非某一时刻的具体值），实际测量过程中会允许有些偏差。用示波器进行波形显示时会发现，在同一时刻，两者波形之和始终保持为额定的 5V 电压。

三、任务组织

（一）实施准备

1）所需的各种防护用品准备：工位、隔离带、安全警告标志牌、车辆挡块、灭火器（水基型、干粉型）、绝缘杆、绝缘垫、绝缘工作台、棉线手套、绝缘手套、防静电手套、护目镜、安全帽、车外三件套、车内多件套、洗手液、急救包、除颤仪。

2）常用工具、设备准备：万用表、示波器、诊断仪、万用接线盒、绝缘工具套装。

3）资料准备：维修手册、电路图、其他资料。

（二）制订计划

依据任务要求、任务分析，结合实施准备，小组内相互讨论，制订工作计划，将工作计划步骤、选择该步骤的理由写在表 7-4 相应位置，并选派代表进行汇报展示。

表 7-4 计划表

1. 作业计划

序号	作业项目	操作要点	注意事项
1			
2			
3			

（续）

1. 作业计划			
序号	作业项目	操作要点	注意事项
4			
5			
6			
7			

2. 设备清单				
序号	设备名称	用途	规格型号	数量
1				
2				
3				
4				
5				
6				

3. 其他材料清单				
序号	材料名称	用途	规格型号	数量
1				
2				
3				
4				

审核	小组审核意见： 组长签字： 年 月 日 教师审核意见： 教师签字： 年 月 日

四、任务实施

在做好个人安全防护、维修场地安全检查之后，按照维修诊断的准备流程，做好诊断前的各项准备工作。

（一）故障诊断流程

1. 车辆故障现象确认

按下 POWER 键，发现车辆高压无法上电，动力系统故障指示灯点亮、危险警告故障灯亮，仪表显示"请检查动力系统、请及时充电""动力电池电量为 0"等信息。故障现象如图 7-9 所示。

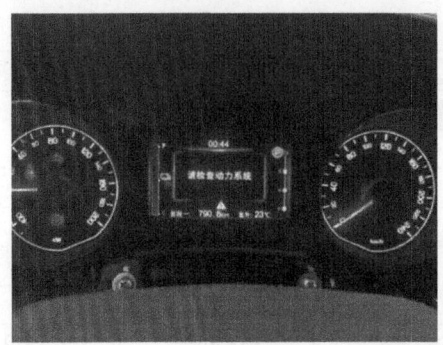 

图 7-9 车辆启动时的故障现象

2. 模块通信状态及故障码检查

连接故障诊断仪，读取相应故障码，依据故障码或者故障流确定可能的故障原因。

1）故障码文字描述：根据显示的故障现象，连接诊断仪进行故障码读取，显示整车控制器、电机控制器有故障，且整车控制器、电机控制器与 BMS 通信失败，故障信息如图 7-10~ 图 7-13 所示。

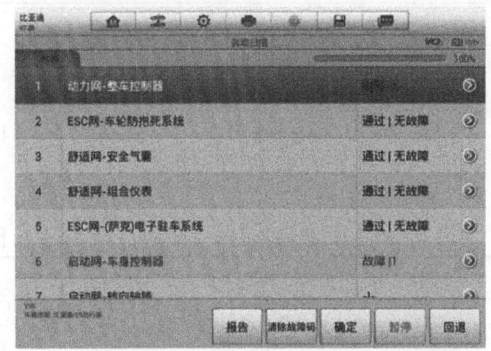 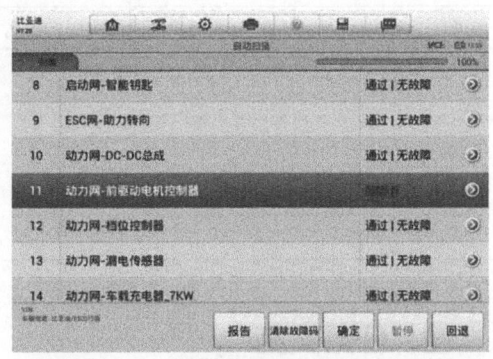

图 7-10　整车控制器模块显示有故障　　图 7-11　电机控制器模块显示有故障

 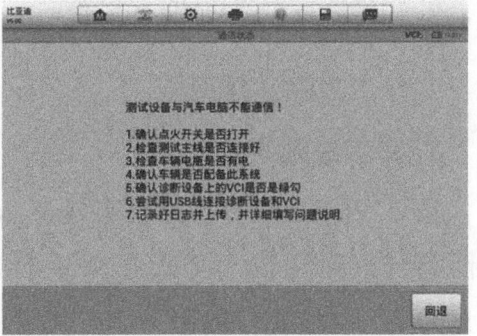

图 7-12　两模块与电池管理系统　　　　图 7-13　电池管理系统模块无法进入
　　　　　通信丢失故障

2）相关数据流文字描述：无法读取数据流。

3. 确认故障范围

故障范围包括电池管理系统的供电线路、搭铁线路、通信线路及线路相关元件，以及电池管理系统模块自身损坏。

4. 检测分析

在对车辆进行上电时，发现高压无法正常上电，整车控制器和电机控制器均显示故障，两模块与电池管理系统通信失败，电池管理系统无法进入。根据此车的故障现象，查阅电路图册，锁定故障范围为电池管理系统的供电、搭铁和通信线路（包含线路相关元件），以及电池管理系统模块自身故障等，需要根据故障现象结合诊断仪诊断信息进行有序故障诊断排查。

检测电路图如图 7-14 所示。

5. 具体检测过程

（1）故障点的初步检测

测量电池管理控制器的供电线路、搭铁线路及通信线路，初步判定是否存在故障。

电池管理控制器的供电线路测量如图 7-15 所示。

同理可以测量该模块的搭铁线路，关闭点火开关，断开低压蓄电池负极，万用表电阻档测量模块搭铁，电阻值为 0Ω，表明搭铁线路连接也是正常的。

测量电池管理控制通信模块与搭铁之间的电压值，测量结果如图 7-16、图 7-17 所示。

对于 CAN 线的测量，直接用电压法测量与搭铁之间的电压值，只能大体上测量出该条通信线路是否正常，并不能从细节上反映出该通信信号线的特征，需要进一步通过示波器查看该线路的波形，确定通信的信号线是否存在问题。BK45（B）/16、BK45（B）/17 的波形对比如图 7-18 所示。

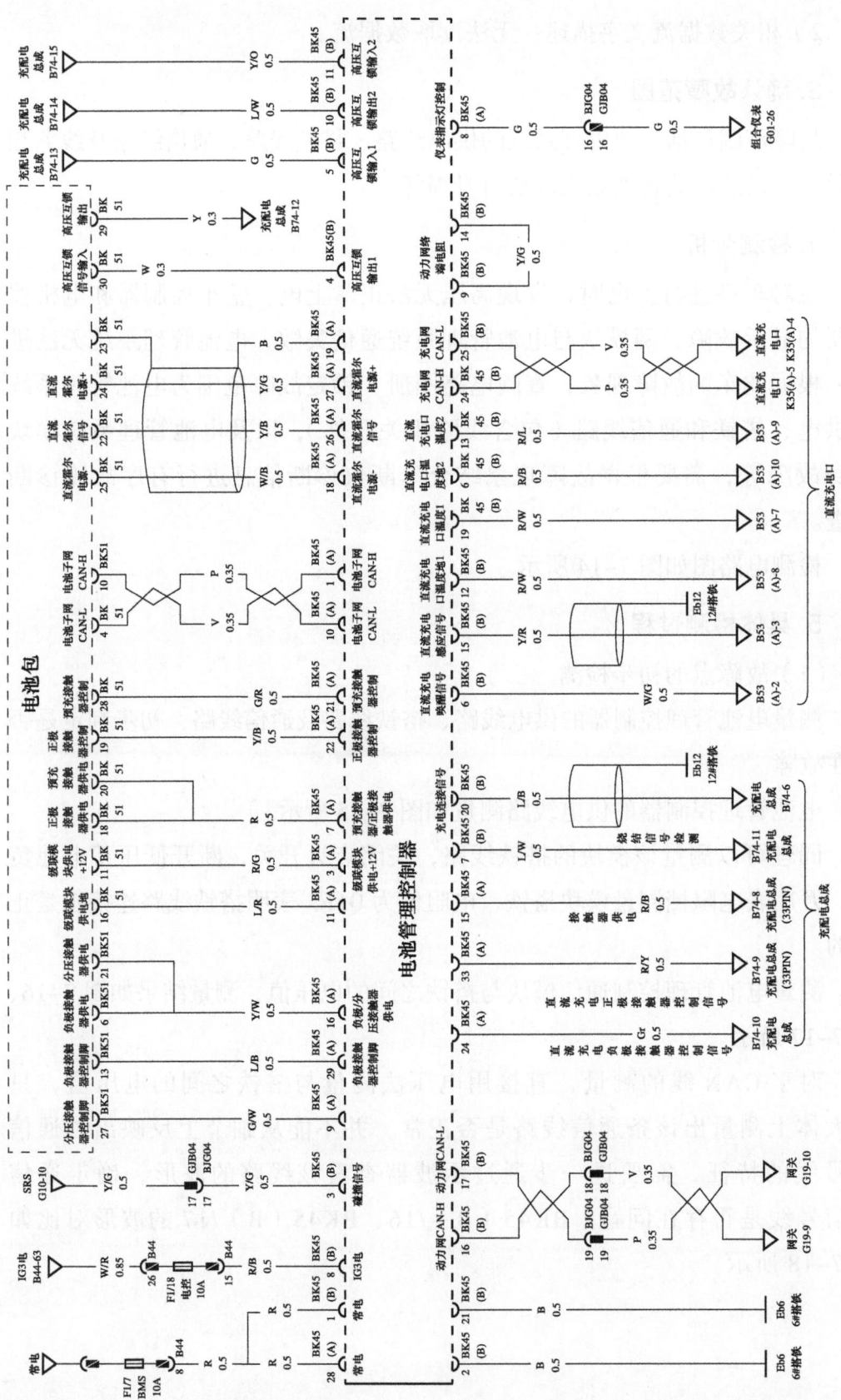

图 7-14 部分电路图

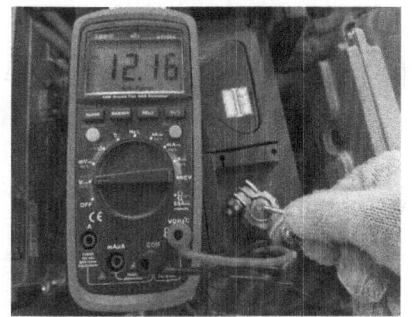

图 7-15　背插测量 BMS 模块 BK45（B）/1 与搭铁之间的电压值
（标准值为 12V 左右）

图 7-16　测量电池管理器模块 BK45（B）/17 与搭铁之间的电压值
（标准值为 2.3V 左右，正常）

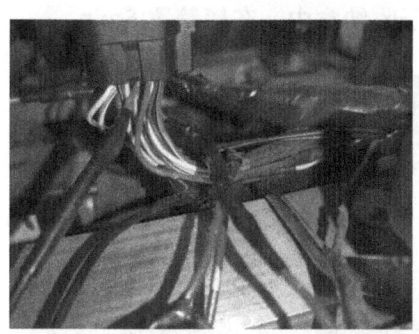

图 7-17　测量电池管理控制器模块 BK45（B）/16 号线电压值
（标准值为 2.7V 左右，异常）

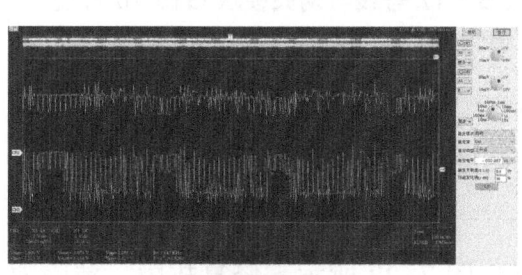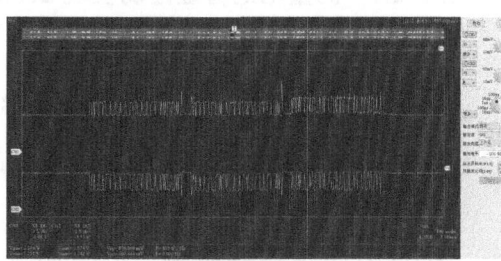

a）不正常的波形图　　　　　　　　　　　　b）正常的波形图

图 7-18　读取电池管理控制器的 BK45（B）/16、BK45（B）/17 波形图

（2）详细故障点检测

根据上述步骤的排查结果，排查详细故障点，如图 7-19~图 7-21 所示。

图 7-19　车辆下电，断开低压电源负极

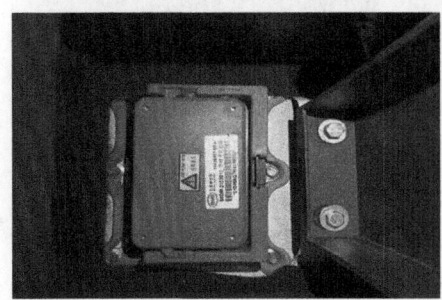

图 7-20　断开维修开关，置于收纳盒中，车辆静置 5min

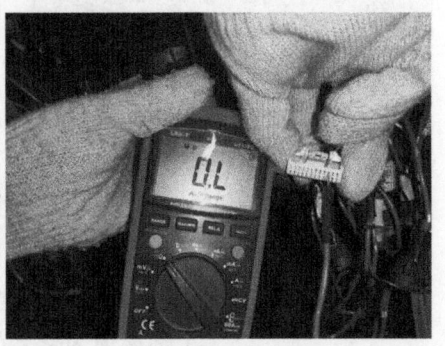

图 7-21　测量电池管理控制模块 BK45（B）17 号线与网关模块 G19/10 号线
之间的电阻值（标准值为 0.1Ω 左右）

测量电池管理控制模块 BK45（B）17 号线与网关模块 G19/10 号线之间的电阻值为无穷大，说明线路存在断路故障。

（3）故障点确定及修复

通过上述步骤的检测，确定故障点如图 7-22 所示，修复故障，清除故障码，车辆上电后，恢复正常。

项目七　整车 CAN 数据传输原理与检测

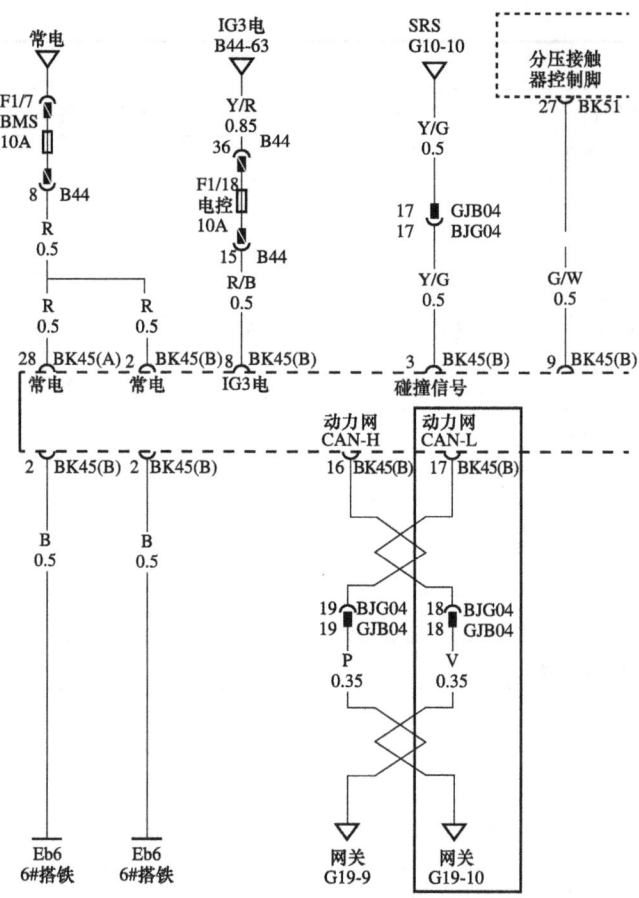

图 7-22　确定故障点

（二）任务记录工单

任务单	电池管理控制器模块 CAN-L 线断路引起车辆无法工作的故障检修		班级：	
			姓名：	

1. 车辆信息记录

品牌		整车型号		生产年月	
电机型号		动力电池容量		行驶里程	
车辆识别代码					

2. 车辆基本检查

检查项目	检查情况	
安全防护		是□ 否□
辅助蓄电池电压		异常□ 正常□
高压部件安装及插接器连接情况		异常□ 正常□
储液罐液位		异常□ 正常□
车辆上电		异常□ 正常□

211

（续）

3. 故障现象记录	
诊断项目	诊断内容
确认故障现象	

4. 读取相关故障码	
诊断项目	诊断内容
相关故障码描述	

5. 记录相关主要数据流	
诊断项目	诊断内容
相关数据流描述	

6. 故障范围分析	
诊断项目	诊断内容
初步诊断故障范围	

7. 故障检测过程			
步骤	检测项目	测量结果	结果分析
1			
2			
3			
4			
5			
6			
7			
8			

8. 故障诊断结论	
确认故障部位	
故障机理描述	

9. 维修处理方法	
维修建议	零部件/总成　　维修□　更换□
维修工时	

（三）相关故障拓展

对于通信类的故障现象，在故障诊断排除过程中，需要围绕相关模块依次进行供电线路、搭铁线路以及相关线路元器件的排查，但是对于 CAN 通信线路的排查过程中，在用电压法或者电阻法确定线路基本故障的前提下，需要通过示波器进一步显示该条通信线路的波形。因为波形可以反映出通信线路的信号特征,更能从实际的角度说明该线路的传输信号出现的问题,所以在上述诊断过程中加入相关的波形确认过程。

五、任务评价

电池管理控制器模块 CAN-L 线断路引起车辆无法工作的故障检修		姓名:	
日期:	班级:	学号:	教师签名:
自我评价:□熟练 □不熟练	组长评价:□熟练 □不熟练		
教师评价:□优秀 □良好 □合格 □不合格			

电池管理控制器模块 CAN-L 线断路引起车辆无法工作的故障检修 【评分细则】

序号	评分项	得分条件	分值	评分要求	自我评价	组长评价	教师评价
1	安全/7S/态度	□1. 能接受任务并完成任务 □2. 能进行设备和工具安全检查 □3. 能进行车辆安全防护操作 □4. 能进行人员高压安全防护操作 □5. 能进行三不落地操作 □6. 能进行团队合作作业 □7. 能进行工位 7S 操作 □8. 能进行有效沟通	20	未完成1项扣3分,扣分不得超过20分	□能做到 □做不到	□能做到 □做不到	□优秀 □良好 □合格 □不合格
2	专业技能	□1. 能正确检查车辆基本状态 □2. 能正确检查电池管理控制器模块 CAN-L 线断路引起车辆无法工作的故障现象 □3. 能正确读取故障码及数据流信息 □4. 能正确分析故障原因 □5. 能正确制定诊断检测流程 □6. 能正确使用检测设备 □7. 能正确找到故障点 □8. 能正确分析故障机理 □9. 能合理提出维修建议	40	未完成1项扣5分,扣分不得超过40分	□熟练 □不熟练	□熟练 □不熟练	□优秀 □良好 □合格 □不合格
3	工具及设备使用能力	□1. 能正确使用维修工具 □2. 能正确使用充电装置 □3. 能正确使用万用表、诊断仪、示波器等诊断设备 □4. 能正确使用专用工具	5	未完成1项扣3分,扣分不得超过5分	□熟练 □不熟练	□熟练 □不熟练	□优秀 □良好 □合格 □不合格

(续)

序号	评分项	得分条件	分值	评分要求	自我评价	组长评价	教师评价
4	资料、信息查询能力	□ 1. 能正确查询车辆信息 □ 2. 能正确使用维修手册查询资料 □ 3. 能正确记录所查询资料的章节及页码 □ 4. 能正确记录检查状态信息	10	未完成1项扣3分，扣分不得超过10分	□熟练 □不熟练	□熟练 □不熟练	□优秀 □良好 □合格 □不合格
5	数据判断和分析能力	□ 1. 能判断电池管理控制器模块CAN-L线断路引起车辆无法工作的故障仪表状态 □ 2. 能判断仪表指示灯状态 □ 3. 能判断故障码 □ 4. 能判断数据流 □ 5. 能分析诊断仪器检测结果	10	未完成1项扣2分，扣分不得超过10分	□能做到 □做不到	□能做到 □做不到	□优秀 □良好 □合格 □不合格
6	表单填写及撰写能力	□ 1. 字迹清晰 □ 2. 语句通顺 □ 3. 无错别字 □ 4. 无涂改 □ 5. 无抄袭	5	未完成1项扣1分，扣分不得超过5分	□熟练 □不熟练	□熟练 □不熟练	□优秀 □良好 □合格 □不合格
7	素养	□ 1. 注重团队合作 □ 2. 注意安全防护 □ 3. 注意保护实训设备 □ 4. 做到三不伤害 □ 5. 保护环境	10	未完成1项扣2分，扣分不得超过10分	□能做到 □做不到	□能做到 □做不到	□优秀 □良好 □合格 □不合格

否决项：1. 操作过程产生高压危险或设备损坏；2. 操作人员或其他人员受伤；3. 隐瞒车辆故障或其他安全隐患

总分：

任务2　动力CAN线互短故障检修

一、任务导入

（一）任务描述

现有一辆2019款比亚迪e5，出现高压不上电、无法充电、仪表中多个故障指示灯点亮的故障现象。作为维修技师，请你分析该车型电路图，并对故障进行系统检测，按照维修手册中的标准与规范对系统故障进行维修，依据检测结果确认故障点。

（二）任务分析

要实现该故障的检测，需要按照以下主要步骤进行分析：

1）确认该车辆的故障现象，是否与用户所述故障现象一致。

2）根据故障现象分析诊断策略，分析大体的故障范围区间。

3）利用故障诊断仪进行故障码和数据流读取，进一步确定可能的故障原因。

4）对照相关电路图，进一步分析线束连接情况及可能的故障原因。

5）实施检测与诊断，确定故障范围。

6）确认故障点，修复故障并验证诊断结果。

二、任务资讯

当 CAN-H 与 CAN-L 短路时，CAN 网络会关闭，无法再进行通信，并且会有相应的网络故障码。当两者相互短路之后，CAN 电压电位置于隐性电压值（约 2.3V）。实际测量两条 CAN 导线的电压，会发现电压值始终在 2.3V 左右，基本不发生变化。

三、任务组织

（一）实施准备

1）所需的各种防护用品准备：工位、隔离带、安全警告标志牌、车辆挡块、灭火器（水基型、干粉型）、绝缘杆、绝缘垫、绝缘工作台、棉线手套、绝缘手套、防静电手套、护目镜、安全帽、车外三件套、车内多件套、洗手液、急救包、除颤仪。

2）常用工具、设备准备：万用表、诊断仪、万用接线盒、绝缘工具套装。

3）资料准备：维修手册、电路图。

（二）制订计划

依据任务要求、任务分析，结合实施准备，小组内相互讨论，制订工作计划，将工作计划步骤、选择该步骤的理由写在表 7-5 相应位置，并选派代表进行汇报展示。

表 7-5　制订计划

1. 作业计划

序号	作业项目	操作要点	注意事项
1			
2			
3			
4			
5			
6			
7			

2. 设备清单

序号	设备名称	用途	规格型号	数量
1				
2				
3				
4				
5				
6				

3. 其他材料清单

序号	材料名称	用途	规格	数量
1				
2				
3				
4				

审核	小组审核意见：	组长签字：　　　年　月　日
	教师审核意见：	教师签字：　　　年　月　日

四、任务实施

（一）故障诊断流程

1. 车辆故障现象确认

按下 POWER 键，发现车辆高压无法上电、无法充电，仪表中 P 位指示灯闪烁、显示"检查电子驻车系统""检查动力系统""检查制动系统"信息，以及仪表中冷却液温度故障指示灯亮、制动故障指示灯亮、警告故障指示灯亮、动力系统故障指示灯亮、充电故障指示灯亮、电池温度警告灯亮，无动力电池电量显示。故障现象如图 7-23、图 7-24 所示。

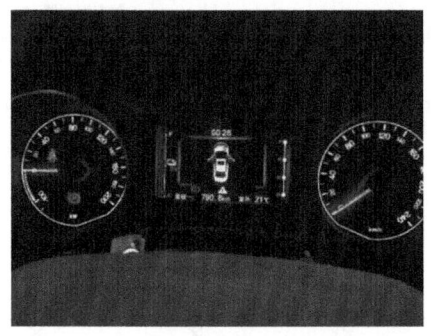 

图 7-23　刚启动时的故障现象　　　　图 7-24　启动一段时间后的故障现象

2. 模块通信状态及故障码检查

1）故障码文字描述：根据故障现象显示，连接诊断仪，发现诊断仪无法与多个模块进行通信，只能与 ESC 网通信，故障诊断仪显示的故障信息如图 7-25、图 7-26 所示。

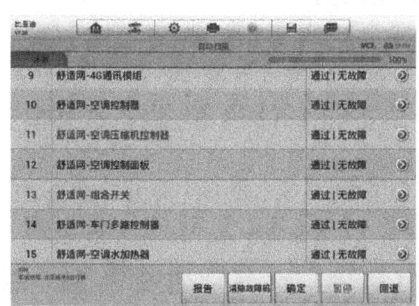 

图 7-25　与动力网有关的模块无法被检测　　图 7-26　网关模块报动力网通信故障

2）相关数据流文字描述：无法读取数据流。

3. 确认故障范围

故障范围包括网关模块及相关网络线路。

4. 检测分析

在对车辆进行上电时，发现车辆无法正常上电，解码仪只能读到舒适网和 ESC 网的有关模块，网关模块报动力网故障码。根据此车网络控制原理，查阅电路图册，锁定故障范围为网络故障，依次进行有序诊断排查。

检测电路图如图 7-27 所示。

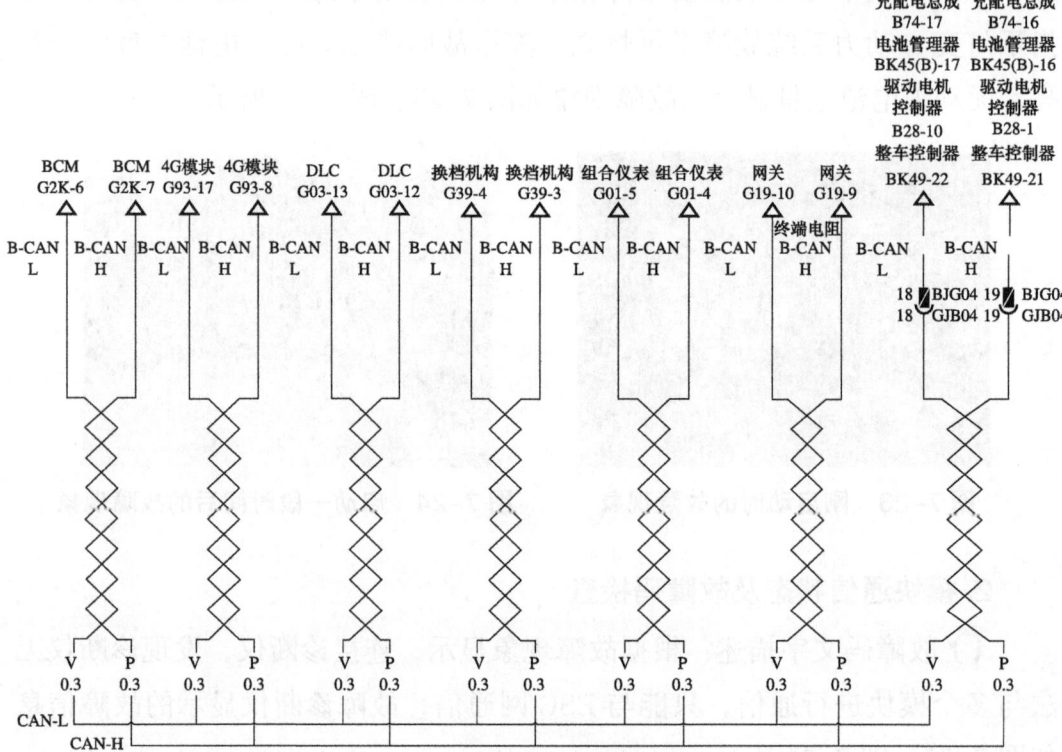

图 7-27 部分电路图

5. 具体检测过程

故障诊断与排除准备工作完成之后，进行具体诊断过程，由电路图可知，网络线束可以通过诊断接口直接进行测量。

（1）故障点的初步检测

诊断接口 CAN-H、CAN-L 的电压值测量结果分别如图 7-28~图 7-30 所示。

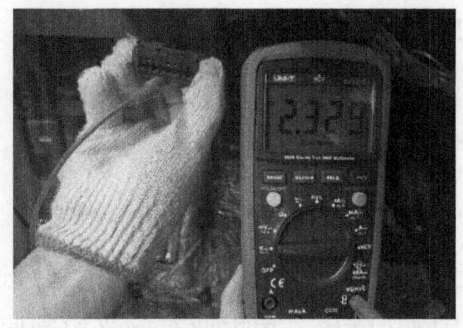 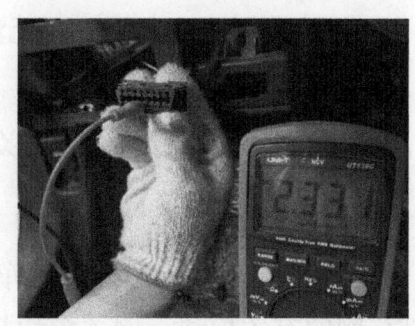

图 7-28 测量诊断接口 12 号线与搭铁之间的电压值（标准值为 2.7V 左右）　　图 7-29 测量诊断接口 13 号线与搭铁之间的电压值（标准值为 2.3V 左右）

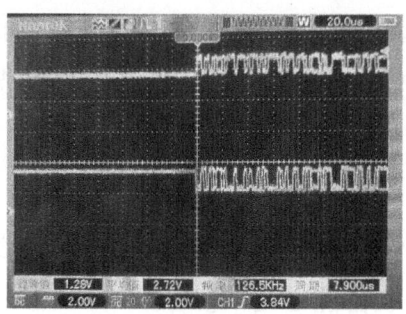 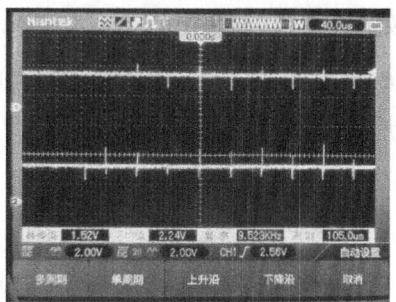

图 7-30　诊断接口 12 号线与 13 号线正常波形与非正常波形

（2）详细故障点检测

详细故障点检测如图 7-31~ 图 7-33 所示。

图 7-31　车辆下电，断开低压电源负极

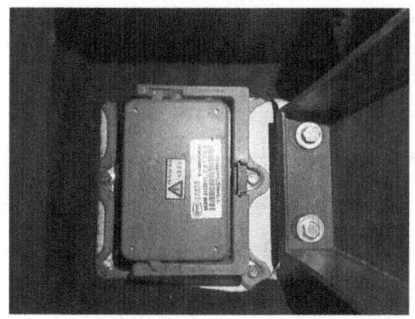 

图 7-32　断开维修开关，置于收纳盒中，车辆静置 5min

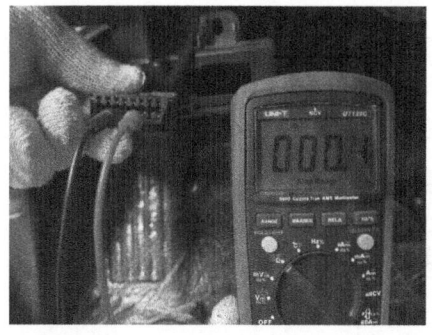

图 7-33　诊断接口 12 号线和 13 号线之间的电阻值（标准值为 60Ω 左右）

后续可根据实际情况进行分段测量,此车网络线束中间没有插接器,都是与模块直接联系,可直接分析几个模块的对应网络线束连接状况,确定具体的动力 CAN 线路互短位置。

(3) 故障点确认及修复

经过上述步骤的检测,可以得出网络线束 CAN-H 与 CAN-L 线间短路的结论,其故障点如图 7-34 所示(截取自图 7-27)。

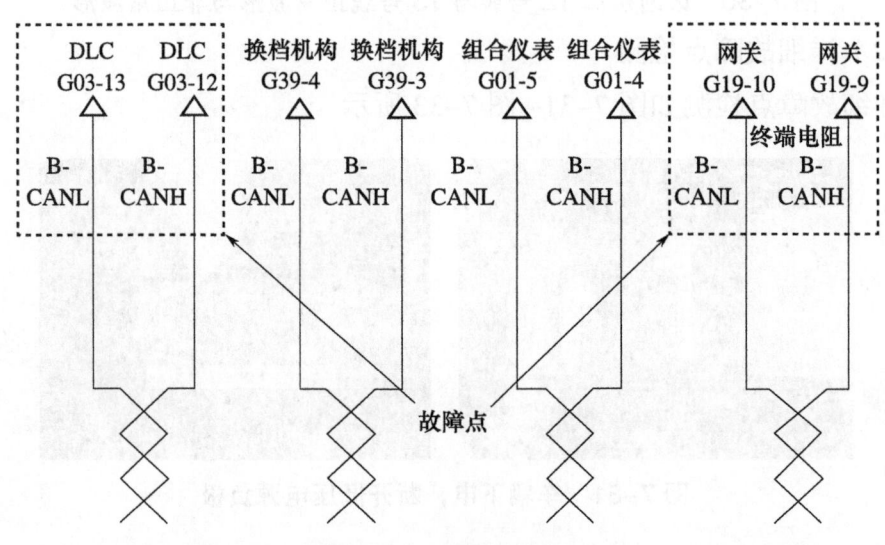

图 7-34 故障点确认

(二)任务记录工单

任务单	动力 CAN 线互短引起车辆无法正常工作的故障	班级:
		姓名:

1. 车辆信息记录

品牌		整车型号		生产年月	
电机型号		动力电池容量		行驶里程	
车辆识别代码					

2. 车辆基本检查

检查项目	检查情况	
安全防护		是☐ 否☐
辅助蓄电池电压		异常☐ 正常☐
高压部件安装及插接器连接情况		异常☐ 正常☐
储液罐液位		异常☐ 正常☐

（续）

3. 故障现象记录

诊断项目	诊断内容
确认故障现象	

4. 读取相关故障码

诊断项目	诊断内容
相关故障码描述	

5. 记录相关主要数据流

诊断项目	诊断内容
相关数据流描述	

6. 故障范围分析

诊断项目	诊断内容
初步诊断故障范围	

7. 故障检测过程

步骤	检测项目	测量结果	结果分析
1			
2			
3			
4			
5			
6			
7			

8. 故障诊断结论

确认故障部位	
故障机理描述	

9. 维修处理方法

维修建议	零部件/总成　维修□　更换□
维修工时	

(三)相关故障拓展

比亚迪 e5 的动力 CAN 网络工作时,CAN-H 的电压为 2.7V,CAN-L 的电压为 2.3V,两条 CAN 线的终端电阻标准值应为 60Ω 左右。在测量结果显示两条 CAN 线电压值均为 2.3V,电压值相同的情况下,两条 CAN 线之间互为导通状态,即判定故障为 CAN 线线间短路故障。由于动力 CAN 网络可以通过诊断接口相关端子直接进行测量,可尽量降低测量的难度,直接通过诊断接口进行测量即可。此车网络线束中间没有插接器,都是与模块直接联系,可采用拔下模块直接连接的形式,利用电阻法直接测量对应网络线束连接状况,确定具体的动力 CAN 线路互短位置。

五、任务评价

动力 CAN 线互短引起车辆无法正常工作的故障		姓名:	
日期:	班级:	学号:	
自我评价:□熟练 □不熟练	组长评价:□熟练 □不熟练	教师签名:	
教师评价:□优秀 □良好 □合格 □不合格			

动力 CAN 线互短引起车辆无法正常工作的故障 【评分细则】

序号	评分项	得分条件	分值	评分要求	自我评价	组长评价	教师评价
1	安全/ 7S/ 态度	□1.能接受任务并完成任务 □2.能进行设备和工具安全检查 □3.能进行车辆安全防护操作 □4.能进行人员高压安全防护操作 □5.能进行三不落地操作 □6.能进行团队合作作业 □7.能进行工位 7S 操作 □8.能进行有效沟通	20	未完成1项扣3分,扣分不得超过20分	□能做到 □做不到	□能做到 □做不到	□优秀 □良好 □合格 □不合格

（续）

序号	评分项	得分条件	分值	评分要求	自我评价	组长评价	教师评价
2	专业技能	□1. 能正确检查车辆基本状态 □2. 能正确检查动力CAN线互短引起车辆无法正常工作的故障现象 □3. 能正确读取故障码及数据流信息 □4. 能正确分析故障原因 □5. 能正确制定诊断检测流程 □6. 能正确使用检测设备 □7. 能正确找到故障点 □8. 能正确分析故障机理 □9. 能合理提出维修建议	40	未完成1项扣5分，扣分不得超过40分	□熟练 □不熟练	□熟练 □不熟练	□优秀 □良好 □合格 □不合格
3	工具及设备使用能力	□1. 能正确使用维修工具 □2. 能正确使用充电装置 □3. 能正确使用万用表、诊断仪、示波器等诊断设备 □4. 能正确使用专用工具	5	未完成1项扣3分，扣分不得超过5分	□熟练 □不熟练	□熟练 □不熟练	□优秀 □良好 □合格 □不合格
4	资料、信息查询能力	□1. 能正确查询车辆信息 □2. 能正确使用维修手册查询资料 □3. 能正确记录所查询资料的章节及页码 □4. 能正确记录检查状态信息	10	未完成1项扣3分，扣分不得超过10分	□熟练 □不熟练	□熟练 □不熟练	□优秀 □良好 □合格 □不合格
5	数据判断和分析能力	□1. 能判断动力CAN线互短引起车辆无法正常工作的故障仪表状态 □2. 能判断仪表指示灯状态 □3. 能判断故障码 □4. 能判断数据流 □5. 能分析诊断仪器检测结果	10	未完成1项扣2分，扣分不得超过10分	□能做到 □做不到	□能做到 □做不到	□优秀 □良好 □合格 □不合格
6	表单填写及撰写能力	□1. 字迹清晰 □2. 语句通顺 □3. 无错别字 □4. 无涂改 □5. 无抄袭	5	未完成1项扣1分，扣分不得超过5分	□熟练 □不熟练	□熟练 □不熟练	□优秀 □良好 □合格 □不合格
7	素养	□1. 注重团队合作 □2. 注意安全防护 □3. 注意保护实训设备 □4. 做到三不伤害 □5. 保护环境	10	未完成1项扣2分，扣分不得超过10分	□能做到 □做不到	□能做到 □做不到	□优秀 □良好 □合格 □不合格

否决项：1. 操作过程产生高压危险或设备损坏；2. 操作人员或其他人员受伤；3. 隐瞒车辆故障或其他安全隐患

总分：

中国汽车人物

曹德旺：全球最大汽车玻璃集团的创建者

曹德旺，1946年5月出生于福建福清，福耀玻璃集团创始人、董事长。

9岁才上学、14岁就被迫辍学的曹德旺，在街头卖过烟丝、贩过水果、拉过板车、修过自行车，经年累月一日两餐食不果腹，在歧视者的白眼下艰难谋生，尝遍了常人难以想象的艰辛。

经过多年奋斗，1983年，曹德旺承包了福清市高山镇异形玻璃厂，并将其主业转向汽车玻璃生产，从此改变了中国汽车玻璃市场100%靠进口的局面。

20世纪80年代初期，在国内的汽车后市场，汽车玻璃基本依赖进口，从日本进口的汽车玻璃一块就高达几千元，而成本却只有一两百元，相当暴利。曹德旺暗自下定决心："中国人应该有一块自己的汽车玻璃！"

在曹德旺的带领下，他们从芬兰引进了最先进的生产设备，在全国各地搜罗技术人才攻关，经历了无数次失败考验，终于研制出了汽车专用玻璃。随着企业的发展，到90年代初，中国市场上的日本玻璃几乎销声匿迹。

此前的1987年，曹德旺联合11位股东，正式成立了福耀玻璃有限公司。1993年，福耀玻璃在A股上市，成为中国第一家引入独立董事的公司。

随后到了2001—2005年，曹德旺带领福耀团队艰苦奋战，历时数年，花费一亿多元，相继打赢了加拿大、美国两个反倾销案，震惊世界。福耀玻璃也成为中国第一家状告美国商务部并赢得胜利的中国企业。以至于2006年美国商务部部长访问中国时，点名约见曹德旺。

由于曹德旺的杰出成就，2009年5月30日，他获得了"安永全球企业家大奖"。这也是该奖项设立以来，首位华人企业家获此殊荣。

如今，福耀公司生产的汽车玻璃占中国汽车玻璃市场70%的市场份额，是国内最大的汽车玻璃生产商；同时占据了全球25%的市场份额，也是全球第一大汽车玻璃厂商。除了丰田、本田、大众等品牌外，宾利、劳斯莱斯、奔驰、宝马、沃尔沃、路虎等高端品牌也都是福耀的客户。曹德旺的艰苦付出，使中国、乃至全球的汽车玻璃行业的发展历程彻底改变。

他经常说："企业家的事业是风险事业，是非常麻烦的一个事业。但企业家精神不提倡冒险,'挑战自我,挑战极限;谋求发展,兼善天下',这四句话伴随着我走过了这二十多年。"

曹德旺除了在汽车玻璃行业取得杰出成就,同时他还是一位慈善家。据胡润慈善榜统计,从1983年第一次捐款至今,曹德旺累计个人捐款已达80亿元。2018年9月10日,他还获得了民政部第十届"中华慈善奖"。

项目八
整车综合故障诊断

项目描述

现有一辆 2019 款比亚迪 e5，在启动车辆时，发现车辆无法解锁、整车动力系统故障、交流无法充电等一系列故障现象。请合理分析每一阶段可能的故障原因，结合相关电路图册，按照车辆的上电、充电顺序进行故障排查。

目标要求

1）学会分析故障产生的原因。
2）学会利用电路图进行故障的分析。
3）学会绘制故障树状图。
4）能够自行开展故障测试和诊断，完成相应的报告。
5）能够修复故障，并验证诊断结果。

知识准备

在进行纯电动汽车综合故障排除时，需要按照车辆无法进入、低压不上电、高压不上电、充电故障等顺序进行故障的排查，本着"先考虑车辆是否可以进入、低压系统是否正常工作、高压系统是否能够正常上电、充电系统是否正常工作"的思路进行故障的排除。对于特定的某一类型故障，则需要按照供电线路、搭铁线路、通信线路的顺序进行排查，然后再根据故障范围，确定是由供电线路、搭铁线路、通信线路还是模块本身及相关线路元件所导致的故障。对于综合的故障诊断，具体每一项的故障排除流程可能会发生改变，但整个的排除故障的思路不会发生根本性改变。

典型工作任务

任务1 整车综合故障诊断（一）

一、任务导入

（一）任务描述

根据车辆所表现出的车辆无法解锁、整车动力系统故障、交流充电故障等一系列故障现象，作为维修技师，请你通过确认故障现象，分析故障产生的原因，利用故障诊断仪，结合电路图对故障进一步判定，进一步确定故障大体范围，依据故障排除的思路，形成树状图，开展故障的排查，并能验证故障诊断结果、形成分析报告。

（二）任务分析

要实现该故障的检测，需要按照以下主要步骤进行分析：

1）确认该车辆的故障现象，是否与用户所述故障现象一致。

2）根据故障现象进行大体分析，通过诊断仪进一步确定可能的故障原因。

3）依据读取到的故障码或者数据流，进一步分析可能存在问题的模块并查阅对应的电路图。

4）针对可能出现问题的模块，结合相关电路图，进一步分析可能的故障原因，形成树状图。

5）能够自主实施检测与诊断，确定故障范围。

6）实现对上述故障的修复，并验证诊断结果。

二、任务组织

（一）实施准备

1）所需的各种防护用品准备：工位、隔离带、安全警告标识牌、车辆挡块、灭火器（水基型、干粉型）、绝缘杆、绝缘垫、绝缘工作台、棉线手套、绝缘手套、防静电手套、护目镜、安全帽、车外三件套、车内多件套、洗手液、急救包、除颤仪。

2）常用工具、设备准备：万用表、示波器、诊断仪、万用接线盒、绝缘工具套装。

3）资料准备：维修手册、电路图、其他资料。

（二）制订计划

依据任务要求、任务分析，结合实施准备，小组内相互讨论，制订工作计划，将工作计划步骤、选择该步骤的理由写在表 8-1 相应位置，并选派代表进行汇报展示。

表 8-1　计划表

1. 作业计划			
序号	作业项目	操作要点	注意事项
1			
2			
3			
4			
5			
6			
2. 设备清单			
序号	设备名称	用途	规格型号	数量
1				
2				
3				
4				
5				
6				

（续）

3. 其他材料清单				
序号	材料名称	用途	规格型号	数量
1				
2				
3				
4				
审核	小组审核意见：		组长签字：	年　月　日
	教师审核意见：		教师签字：	年　月　日

三、任务实施

在做好个人安全防护、维修场地安全检查之后，按照维修诊断的准备流程，做好诊断前的各项准备工作。

（一）故障诊断流程

以具体五个故障点所构成的综合故障诊断为例，分析综合故障诊断的流程。

1. 车辆故障现象确认

钥匙无法遥控车辆解锁，踩下制动踏板后按动启动按钮，仪表提示"未检测到钥匙"，启动按钮指示灯不亮。

2. 故障排查的流程

首先根据初次验车时钥匙无法遥控车门锁及车内仪表提示智能钥匙控制模块无法进入的故障现象，基本可以将故障范围缩小在智能钥匙控制模块上。借助诊断仪进一步锁定故障范围，依据对整车电路图及维修手册的理解，针对智能钥匙控制模块的供电线路、搭铁线路、通信线路、模块本身及线路元件进行测量，按照测量思路，确定故障点如图8-1所示（截取自图2-15）。

清除故障码之后，尝试上电，仪表"OK"指示灯不亮，仪表中多个系统故障指示灯及警告灯点亮的同时，着重提醒了车主"请检查动力系统、请及时充电、请检查制动系统、请检查电子驻车系统"。使用诊断仪器读取所有模块故障码及数据流，发现与动力网有关的所有模块均无法进入，基本确定是动力网相关故障。网关模块读取到动力网通信故障，进一步锁定

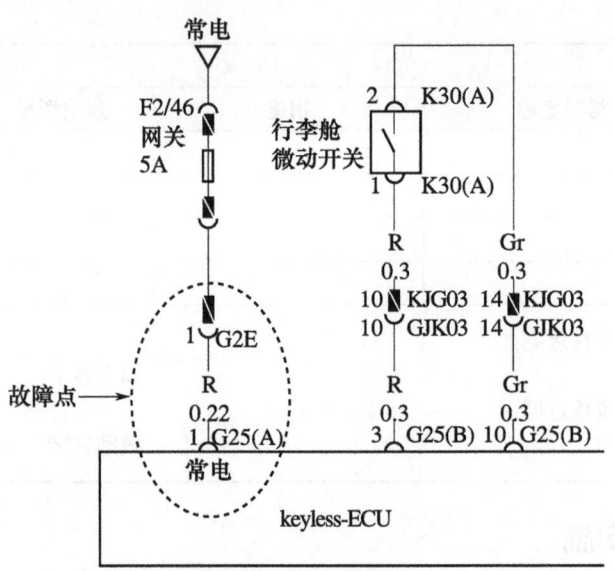

图 8-1 确定故障点

了故障在动力网线束及模块、元件上,针对动力网各模块及线路进行有序排查,确定故障点如图 8-2 所示(截取自图 7-27)。

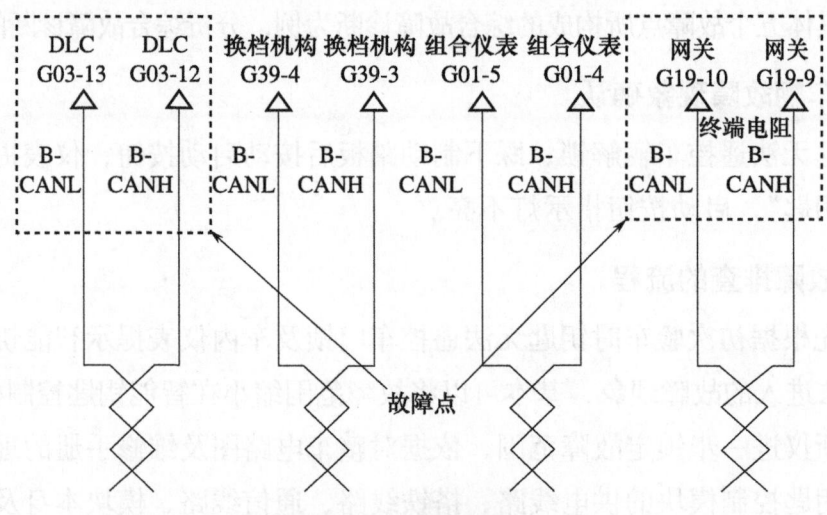

图 8-2 确定故障点

清除故障码之后,再次尝试上电,车辆依旧无法启动,但已消除多个故障指示灯及警告灯,仪表盘显示屏着重提示了"请检查动力系统、请检查制动系统、请检查电子驻车系统",诊断仪器动力网各模块已可以进入,多个模块显示与电机控制器通信故障、DC/DC 模块与动力电池管理器通信故障、整车控制器无法通信。查询电路图及维修手册,依据故障诊断思路,诊断最终故障范围为三个模块的共同点 F1/18 熔丝,确定故障点如图 8-3 所示。

项目八 整车综合故障诊断

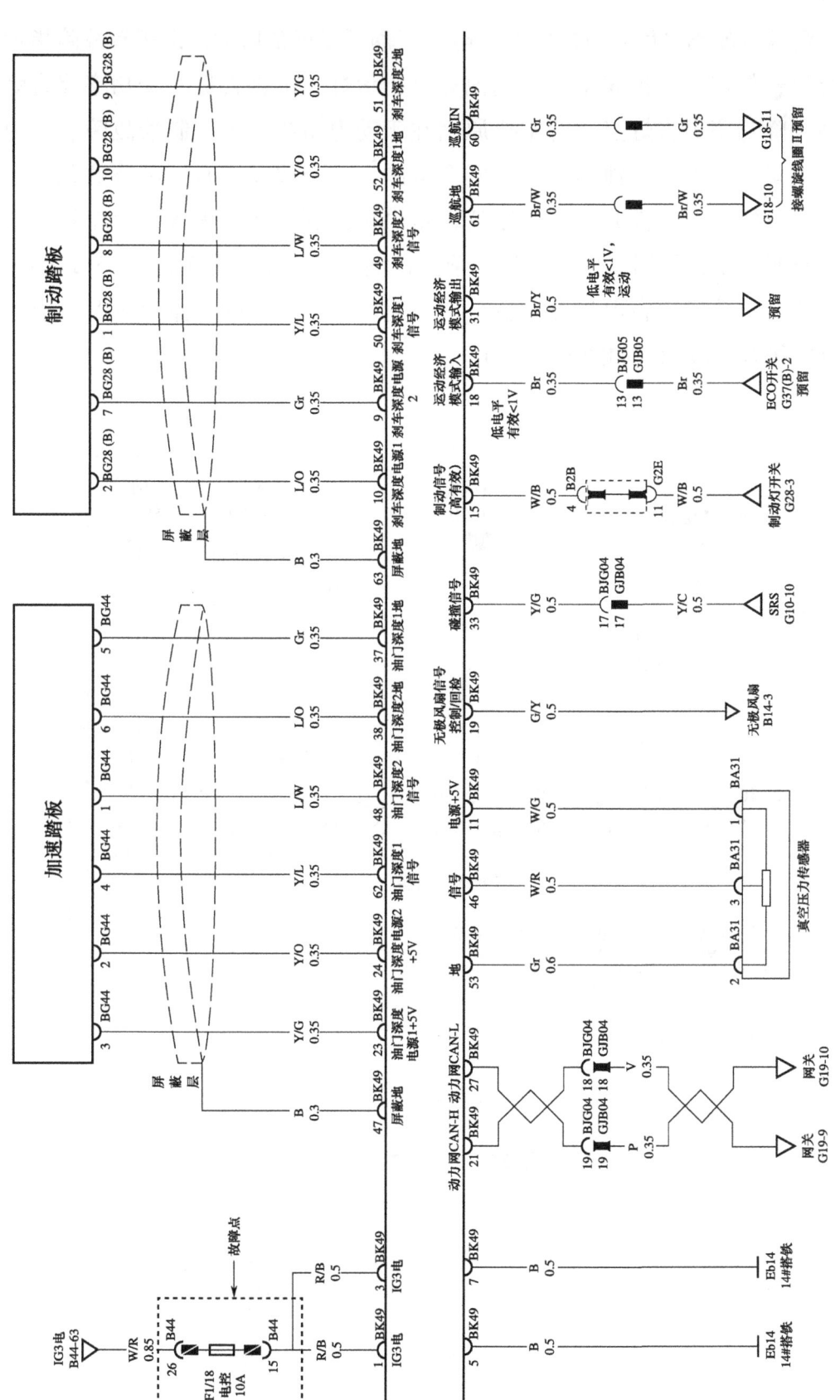

图 8-3 确定故障点

清除故障码之后，再次尝试上电，车辆可以正常启动，但仍有故障指示灯及警告灯点亮。仪表中低压电池充电指示灯、主警告灯、降功率警告灯点亮，降功率警告灯点亮的主要原因在于动力系统电机控制器故障、动力电池电量低、动力电池温度超出安全范围，排查故障点时可围绕这几个模块的控制线路及元件开展。诊断仪显示电机控制器无法进入，整车控制器显示与驱动电机控制器失去通信，依据诊断思路确定故障范围，经过诊断，进一步把故障锁定在电机控制器上。针对电机控制器的电路原理及特点进行有序排查，故障点如图8-4所示。

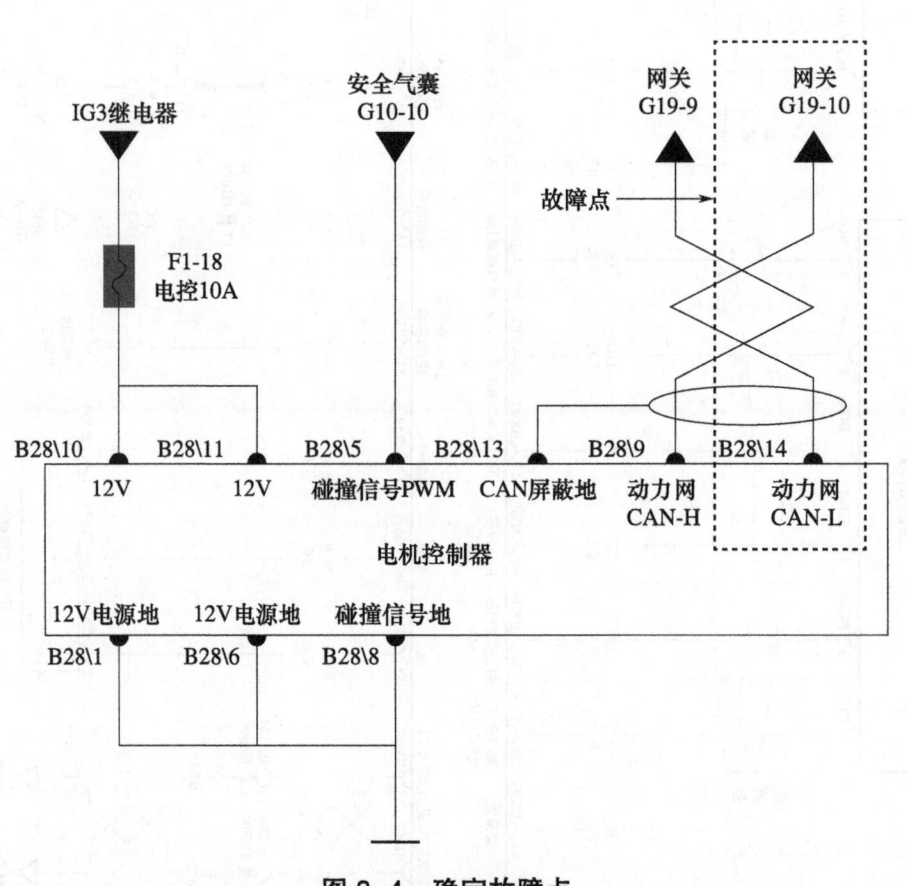

图 8-4　确定故障点

清除故障码之后，车辆正常上电，且无其他多余故障指示灯，车辆下电，使用交流充电枪对车辆进行充电测试，车辆无法充电，但显示"充电枪已连接"。既然显示"充电枪已连接"，则可以抛开充电枪连接问题，着重考虑充电是否被允许的问题。经过测试和诊断，最终确定故障点如图8-5所示（截取自图5-36）。

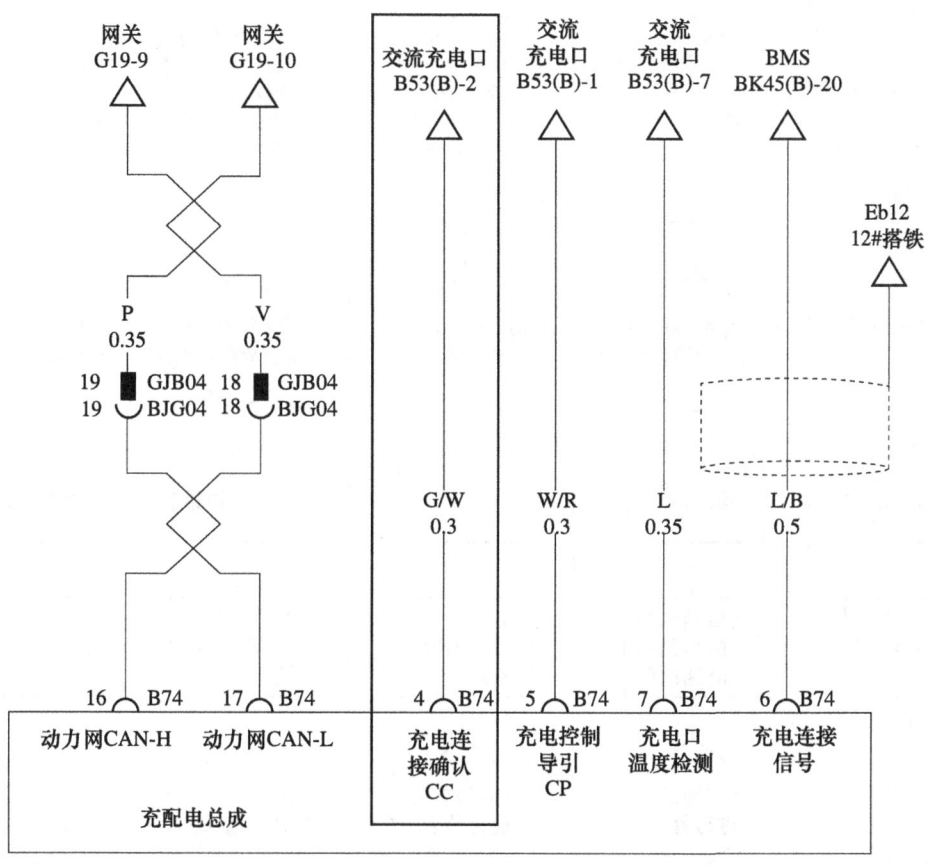

图 8-5 确定故障点

（二）绘制故障的树状图

针对以上典型综合故障形成的树状图如图8-6所示。

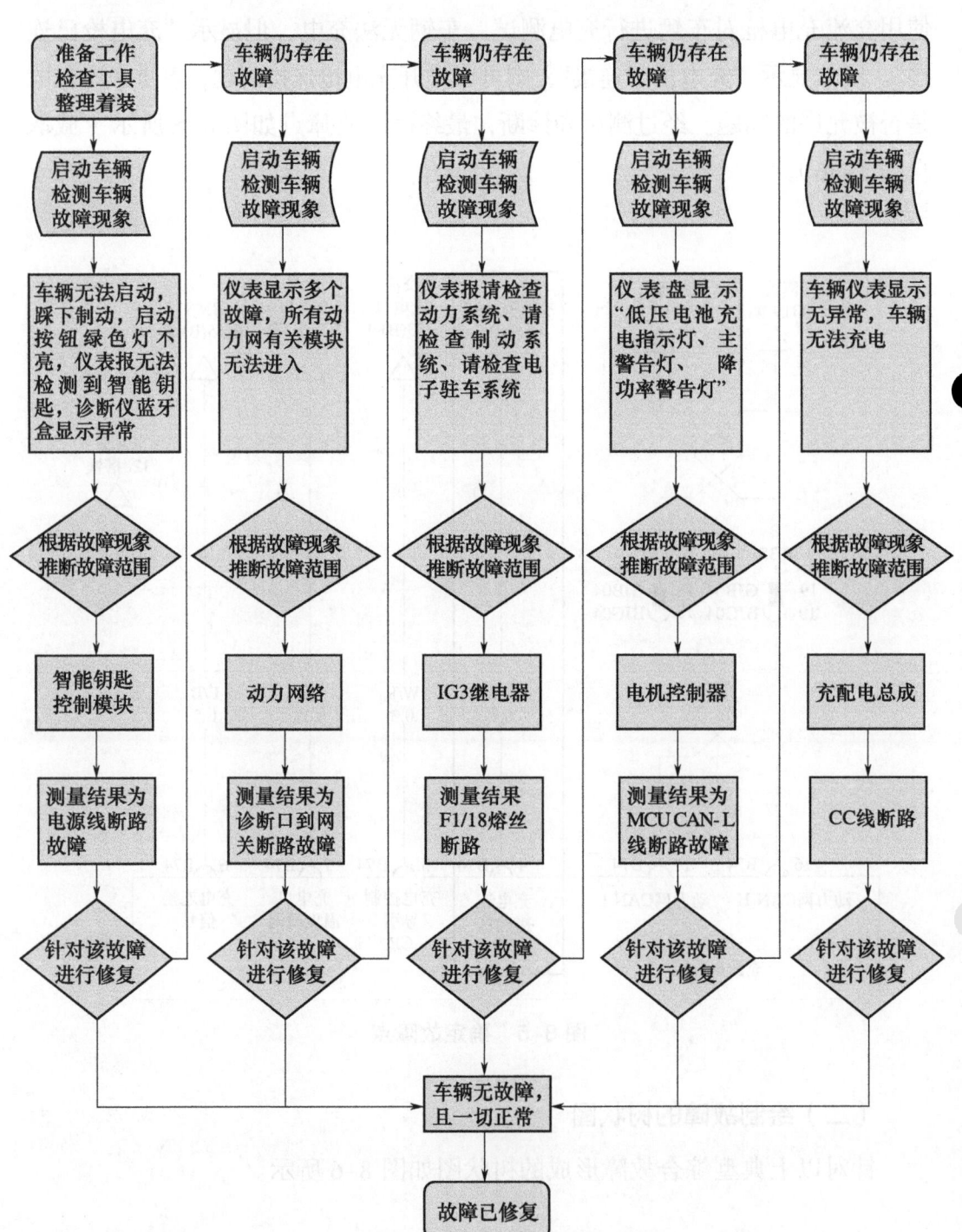

图 8-6 综合故障诊断的树状图

（三）任务记录工单

任务单	整车综合故障诊断（一）	班级：
		姓名：

1. 车辆信息记录

品牌		整车型号		生产年月	
电机型号		动力电池容量		行驶里程	
车辆识别代码					

2. 车辆基本检查

检查项目	检查情况	
安全防护		是□ 否□
辅助蓄电池电压		异常□ 正常□
高压部件安装及插接器连接情况		异常□ 正常□
储液罐液位		异常□ 正常□
智能钥匙电池电量		异常□ 正常□

3. 故障现象记录

诊断项目	诊断内容
确认故障现象	

4. 读取相关故障码

诊断项目	诊断内容
相关故障码描述	

5. 记录相关主要数据流

诊断项目	诊断内容
相关数据流描述	

6. 故障范围分析

诊断项目	诊断内容
初步诊断故障范围	

7. 故障检测过程

步骤	检测项目	测量结果	结果分析
1			
2			
3			
4			
5			
6			
7			
8			

（续）

8. 故障诊断结论	
确认故障部位	
故障机理描述	
9. 维修处理方法	
维修建议	零部件/总成　　维修□　　更换□
维修工时	

（四）相关故障拓展

当车辆无法进入故障、动力系统故障与其他系统故障组合时，优先排除基本的无法进入故障之后，再考虑排除动力系统故障，最后排除其他系统，例如空调系统、充电系统、车身系统等故障。

每排除一个故障，应保证各类线束插头安装牢固，检查档位以及确认周边安全，启动车辆试车，清码、读码，确保不会有重复或历史故障干扰判断，并且能准确读取出最新的相关故障码。

四、任务评价

整车综合故障诊断（一）		姓名：	
日期：	班级：	学号：	
自我评价：□熟练　□不熟练	组长评价：□熟练　□不熟练	教师签名：	
教师评价：□优秀　□良好　□合格　□不合格			

整车综合故障诊断（一）【评分细则】

序号	评分项	得分条件	分值	评分要求	自我评价	组长评价	教师评价
1	安全/7S/态度	□1. 能接受任务并完成任务 □2. 能进行设备和工具安全检查 □3. 能进行车辆安全防护操作 □4. 能进行人员高压安全防护操作 □5. 能进行三不落地操作 □6. 能进行团队合作作业 □7. 能进行工位7S操作 □8. 能进行有效沟通	20	未完成1项扣3分，扣分不得超过20分	□能做到 □做不到	□能做到 □做不到	□优秀 □良好 □合格 □不合格

（续）

序号	评分项	得分条件	分值	评分要求	自我评价	组长评价	教师评价
2	专业技能	□1. 能正确检查车辆基本状态 □2. 能正确检查整车故障现象 □3. 能正确读取故障码及数据流信息 □4. 能正确分析故障原因 □5. 能正确制定诊断检测流程 □6. 能正确使用检测设备 □7. 能正确找到故障点 □8. 能正确分析故障机理 □9. 能合理提出维修建议	40	未完成1项扣5分，扣分不得超过40分	□熟练 □不熟练	□熟练 □不熟练	□优秀 □良好 □合格 □不合格
3	工具及设备使用能力	□1. 能正确使用维修工具 □2. 能正确使用充电装置 □3. 能正确使用万用表、诊断仪、示波器等诊断设备 □4. 能正确使用专用工具	5	未完成1项扣3分，扣分不得超过5分	□熟练 □不熟练	□熟练 □不熟练	□优秀 □良好 □合格 □不合格
4	资料、信息查询能力	□1. 能正确查询车辆信息 □2. 能正确使用维修手册查询资料 □3. 能正确记录所查询资料的章节及页码 □4. 能正确记录检查状态信息	10	未完成1项扣3分，扣分不得超过10分	□熟练 □不熟练	□熟练 □不熟练	□优秀 □良好 □合格 □不合格
5	数据判断和分析能力	□1. 能判断整车故障仪表状态 □2. 能判断仪表指示灯状态 □3. 能判断故障码 □4. 能判断数据流 □5. 能分析诊断仪器检测结果	10	未完成1项扣2分，扣分不得超过10分	□能做到 □做不到	□能做到 □做不到	□优秀 □良好 □合格 □不合格
6	表单填写及撰写能力	□1. 字迹清晰 □2. 语句通顺 □3. 无错别字 □4. 无涂改 □5. 无抄袭	5	未完成1项扣1分，扣分不得超过5分	□熟练 □不熟练	□熟练 □不熟练	□优秀 □良好 □合格 □不合格
7	素养	□1. 注重团队合作 □2. 注意安全防护 □3. 注意保护实训设备 □4. 做到三不伤害 □5. 保护环境	10	未完成1项扣2分，扣分不得超过10分	□能做到 □做不到	□能做到 □做不到	□优秀 □良好 □合格 □不合格

否决项：1. 操作过程产生高压危险或设备损坏；2. 操作人员或其他人员受伤；3. 隐瞒车辆故障或其他安全隐患

总分：

任务2　整车综合故障诊断（二）

一、任务导入

（一）任务描述

根据车辆所表现出的车辆无法解锁、整车动力系统故障、交流充电故障等一系列故障现象，作为维修技师，请你通过确认故障现象，分析故障产生的原因，形成树状图，开展故障的排查，并能验证故障诊断结果、形成分析报告。

（二）任务分析

要实现该故障的检测，需要按照以下主要步骤进行分析：

1）确认该车辆的故障现象，是否与用户所述故障现象一致。

2）根据故障现象进行大体分析，通过诊断仪进一步确定可能的故障原因。

3）依据读取到的故障码或者数据流，进一步分析可能存在问题的模块并查阅对应的电路图。

4）针对可能出现问题的模块，结合相关电路图，进一步分析可能的故障原因，形成树状图。

5）能够按照树状图，自主实施检测与诊断，逐步确认故障点。

6）实现对上述故障的修复，并验证诊断结果。

二、任务组织

（一）实施准备

1）所需的各种防护用品准备：工位、隔离带、安全警告标识牌、车辆挡块、灭火器（水基型、干粉型）、绝缘杆、绝缘垫、绝缘工作台、棉线手套、绝缘手套、防静电手套、护目镜、安全帽、车外三件套、车内多件套、急救包、除颤仪。

2）常用工具、设备准备：万用表、示波器、诊断仪、万用接线盒、绝缘工具套装。

3）资料准备：维修手册、电路图、其他资料。

（二）制订计划

依据任务要求、任务分析，结合实施准备，小组内相互讨论，制订工作计划，将工作计划步骤、选择该步骤的理由写在表8-2相应位置，并选派代表进行汇报展示。

表 8-2　计划表

1. 作业计划

序号	作业项目	操作要点	注意事项
1			
2			
3			
4			
5			
6			
7			

2. 设备清单

序号	设备名称	用途	规格型号	数量
1				
2				
3				
4				
5				
6				

3. 其他材料清单

序号	材料名称	用途	规格	数量
1				
2				
3				
4				

审核	小组审核意见： 组长签字：　　　　　年　月　日
	教师审核意见： 教师签字：　　　　　年　月　日

三、任务实施

在做好个人安全防护、维修场地安全检查之后，按照维修诊断的准备流程，做好诊断前的各项准备工作。

（一）故障诊断流程

以五个具体的故障点所构成的综合故障诊断为例，分析综合故障诊断与排除的流程。

1. 车辆故障现象确认

车辆低压不供电，仪表不亮，仪表显示未检测到智能钥匙；连接诊断仪后诊断盒无法与车辆连接；遥控钥匙无法解锁。

2. 故障排查的流程

首先根据初次验车时的故障现象，判断与故障现象一致的诊断接口是否正常，主要涉及故障诊断仪本身及接口相关故障，检查故障诊断仪与车的连接情况，发现诊断盒连接指示灯不亮。通过对诊断接口的供电线、诊断接口的搭铁线、诊断接口的通信线等线路的分析后，确定了诊断接口供电线断路导致了最初的故障现象，确定故障点如图 8-7 所示。

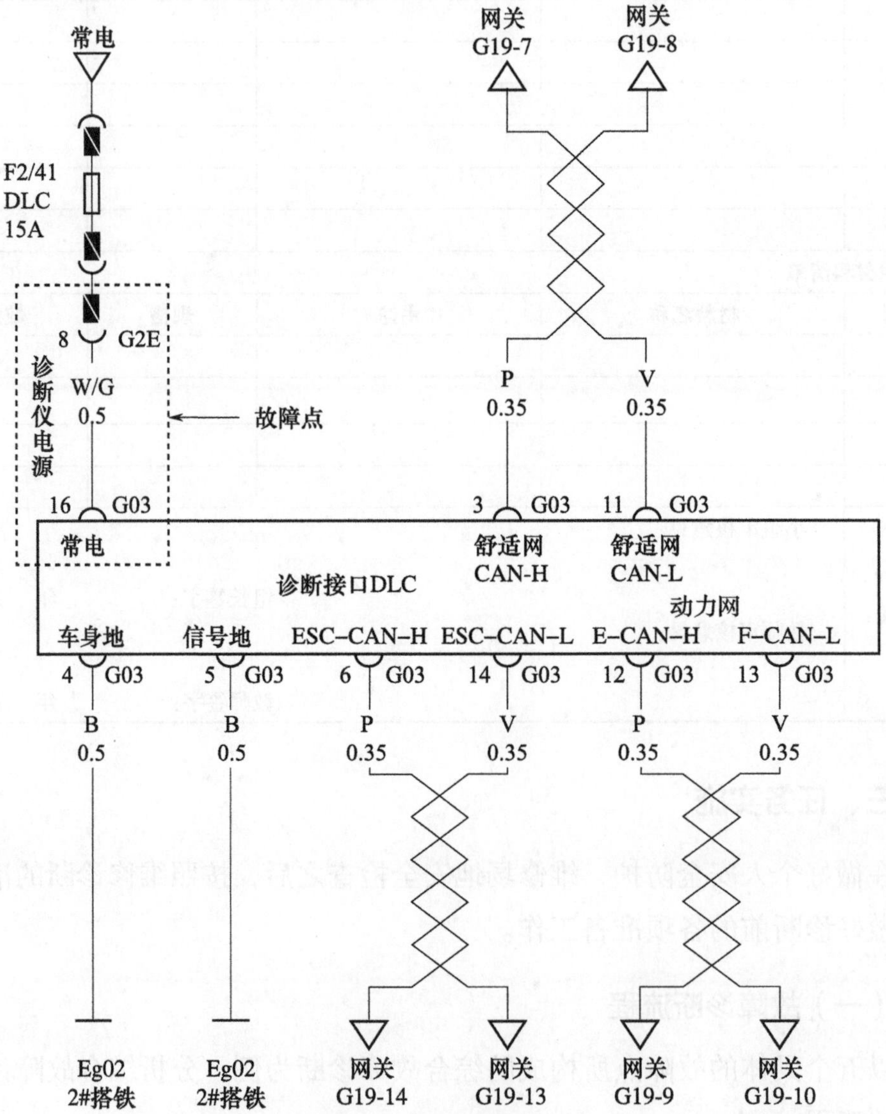

图 8-7　确定故障点

清除故障码之后，尝试上电，发现车辆无法上电且仪表显示未检测到智能钥匙，基本可以将故障范围缩小到智能钥匙控制模块上。借助诊断仪进一步锁定故障范围，对智能钥匙控制模块的供电线路、搭铁线路、通信线路、模块本身及线路元件进行测量，按照诊断思路，确定故障点如图 8-8 所示（截取自图 2-15）。

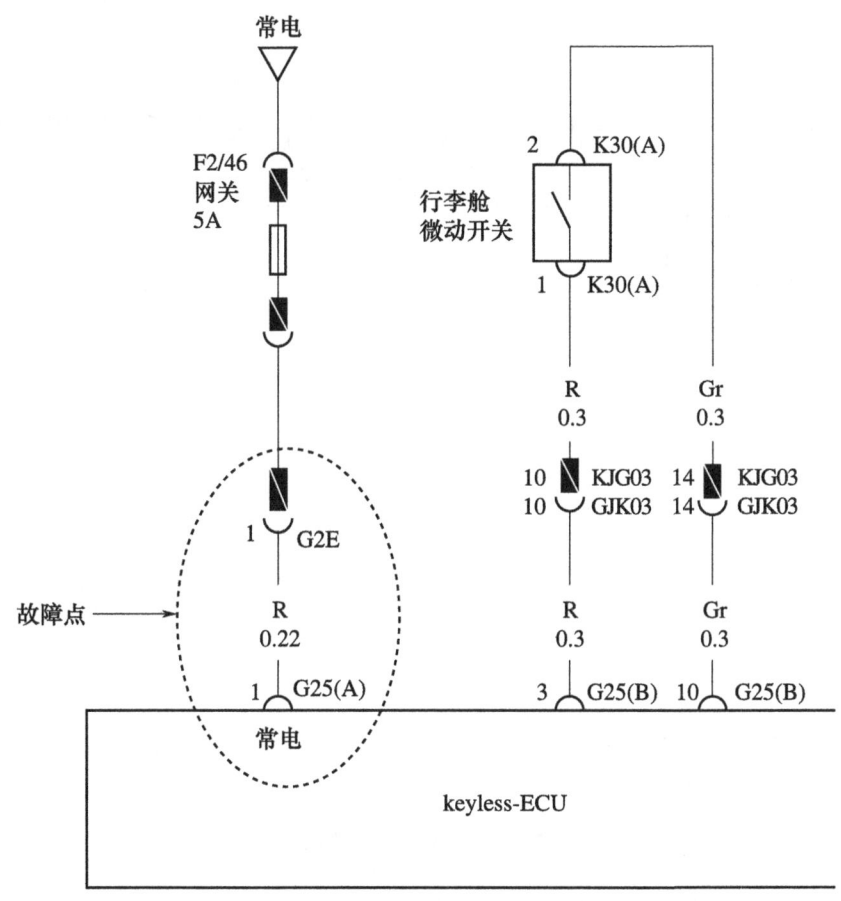

图 8-8　确定故障点

清除故障码之后，再次尝试上电，车辆依旧无法启动，仪表未显示"READY"，仪表提示"请检查动力系统""请及时充电"，故障诊断仪读取故障码显示 ESC 网故障，对动力系统进行故障排查，确认故障为 ESC 网络的 CAN-L 线路断路，确认故障点如图 8-9 所示。

清除故障码之后，再次尝试上电，ESC 网故障排除以后，再针对仪表显示"请检查动力系统"及"请及时充电"，查看相应的故障，通过故障诊

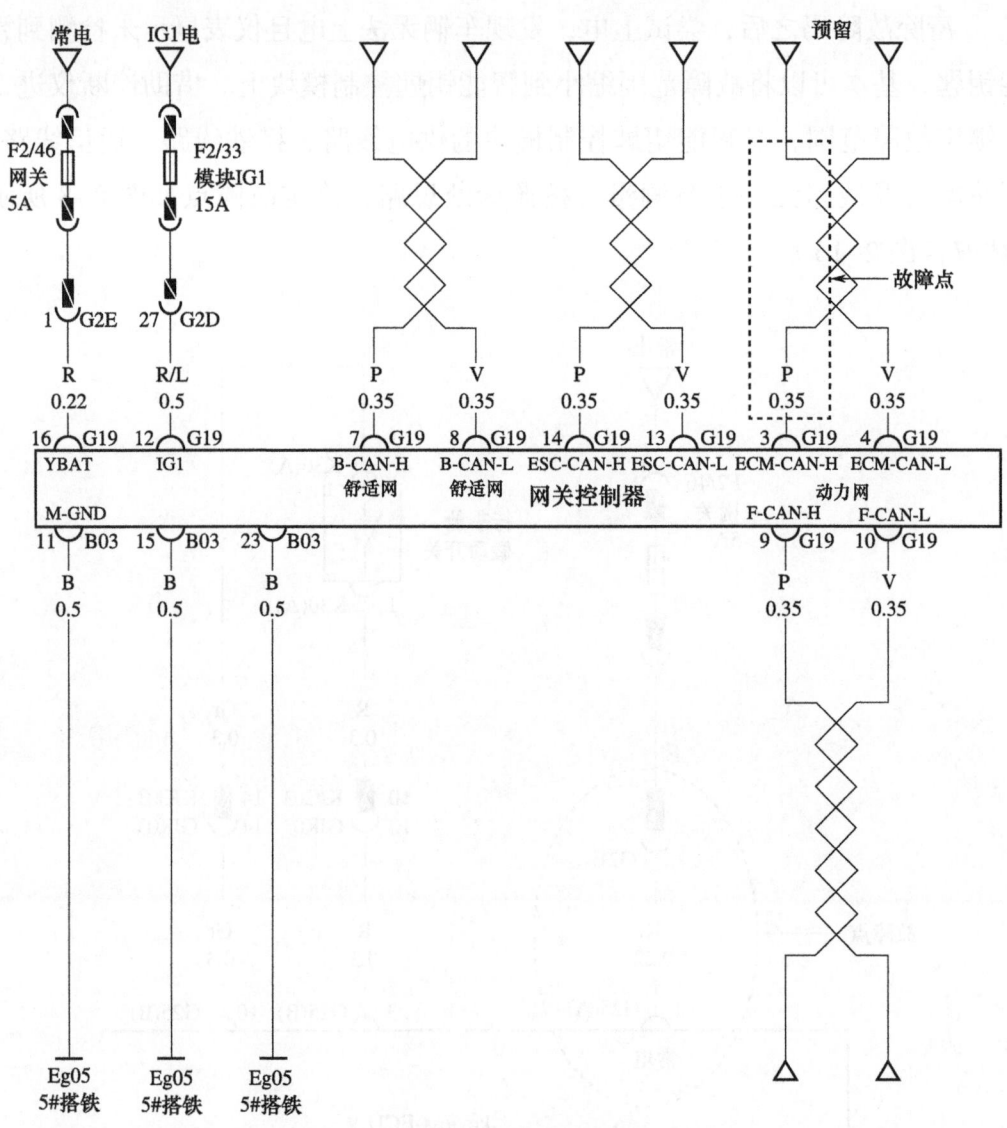

图 8-9 确认故障点

仪读取整车控制器模块,显示与电池管理系统通信故障,进一步排查,获知该故障现象是由电池管理系统本身及相关线路引起。故障点如图 8-10 所示。

　　车辆正常上电,且无其他多余故障指示灯,车辆下电,使用交流充电枪对车辆进行充电测试,车辆无法充电,但显示"充电枪已连接"。既然显示"充电枪已连接",说明充电枪 CC 线不存在连接问题,可着重考虑充电是否被允许的问题,经过测试和诊断,最终确定故障点如图 8-11 所示。

项目八 整车综合故障诊断

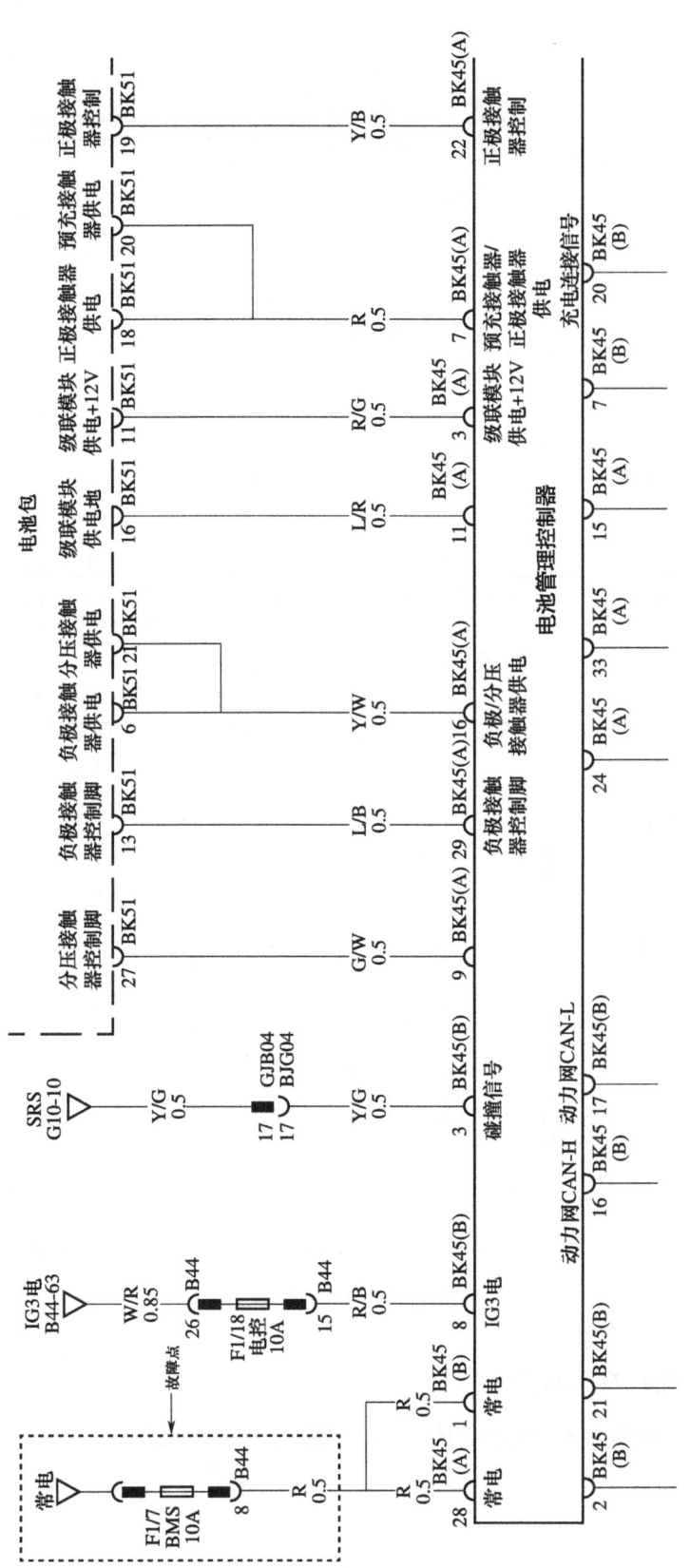

图 8-10 确定故障点

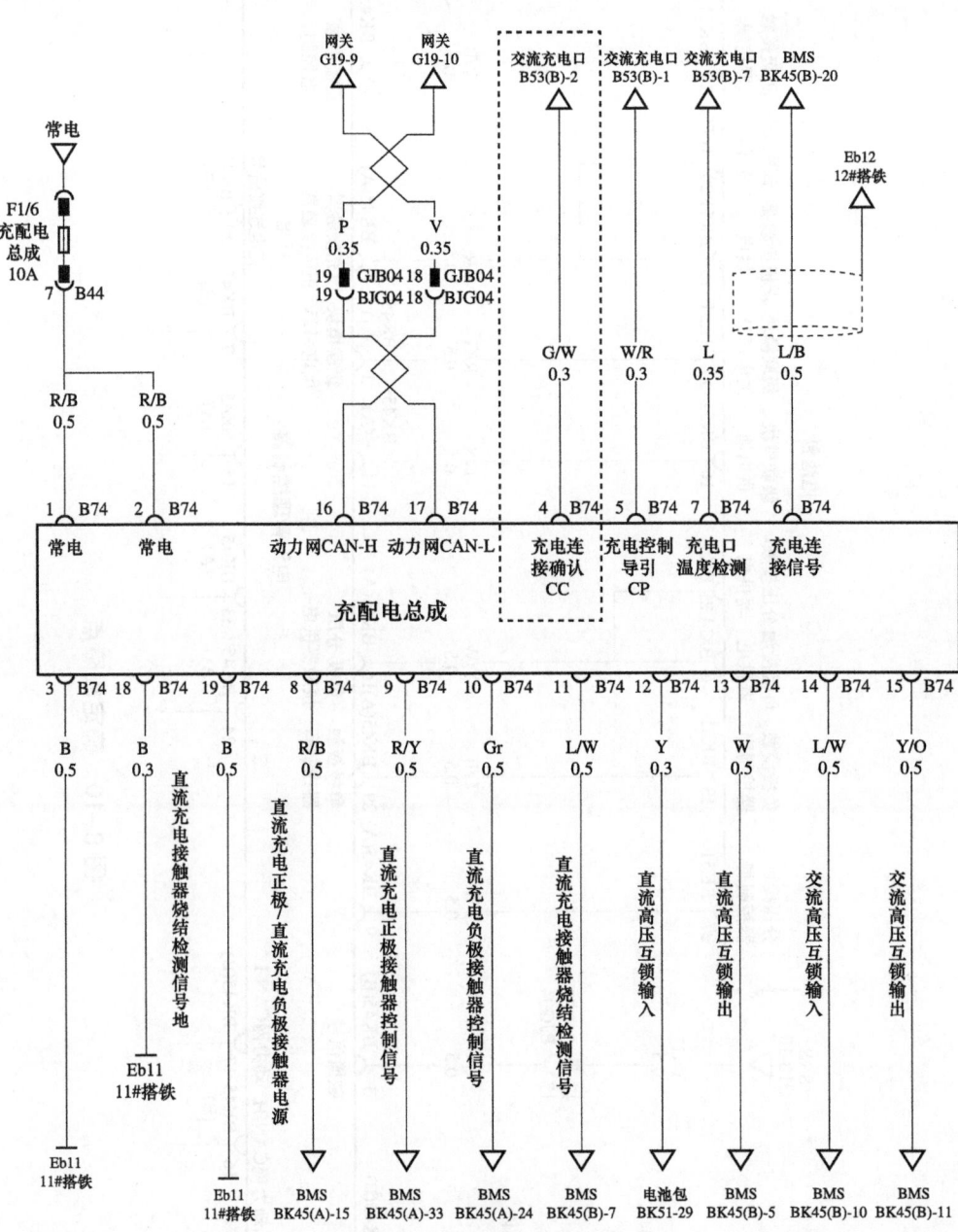

图 8-11 确定故障点

3. 绘制故障的树状图

针对以上典型综合故障形成的树状图如图 8-12 所示。

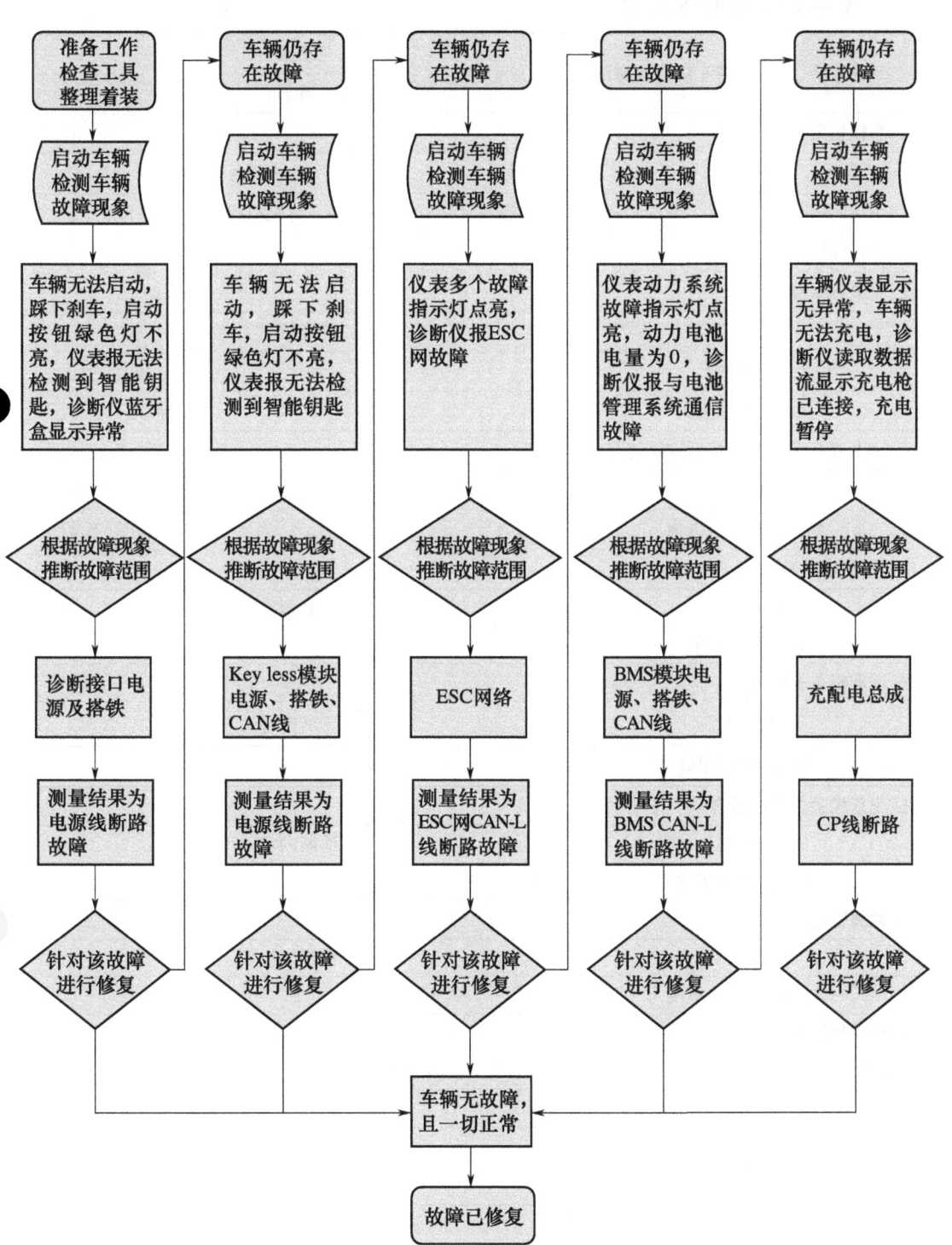

图 8-12 综合故障诊断的树状图

（二）任务记录工单

任务单	整车综合故障诊断（二）	班级：
		姓名：

1. 车辆信息记录

品牌		整车型号		生产年月	
电机型号		动力电池容量		行驶里程	
车辆识别代码					

2. 车辆基本检查

检查项目	检查情况	
安全防护		是□ 否□
辅助蓄电池电压		异常□ 正常□
高压部件安装及插接器连接情况		异常□ 正常□
储液罐液位		异常□ 正常□
智能钥匙电池电量		异常□ 正常□

3. 故障现象记录

诊断项目	诊断内容
确认故障现象	

4. 读取相关故障码

诊断项目	诊断内容
相关故障码描述	

5. 记录相关主要数据流

诊断项目	诊断内容
相关数据流描述	

6. 故障范围分析

诊断项目	诊断内容
初步诊断故障范围	

7. 故障检测过程

步骤	检测项目	测量结果	结果分析
1			
2			
3			
4			
5			
6			
7			
8			

（续）

8. 故障诊断结论

确认故障部位	
故障机理描述	

9. 维修处理方法

维修建议	零部件/总成　　维修□　　更换□
维修工时	

四、任务评价

整车综合故障诊断（二）		姓名：	
日期：	班级：	学号：	
自我评价：□熟练 　　　　　□不熟练	组长评价：□熟练　□不熟练	教师签名：	
教师评价：□优秀　□良好　□合格　□不合格			

整车综合故障诊断（二）【评分细则】

序号	评分项	得分条件	分值	评分要求	自我评价	组长评价	教师评价
1	安全/7S/态度	□1. 能接受任务并完成任务 □2. 能进行设备和工具安全检查 □3. 能进行车辆安全防护操作 □4. 能进行人员高压安全防护操作 □5. 能进行三不落地操作 □6. 能进行团队合作作业 □7. 能进行工位7S操作 □8. 能进行有效沟通	20	未完成1项扣3分，扣分不得超过20分	□能做到 □做不到	□能做到 □做不到	□优秀 □良好 □合格 □不合格
2	专业技能	□1. 能正确检查车辆基本状态 □2. 能正确检查整车故障现象 □3. 能正确读取故障码及数据流信息 □4. 能正确分析故障原因 □5. 能正确制定诊断检测流程 □6. 能正确使用检测设备 □7. 能正确找到故障点 □8. 能正确分析故障机理 □9. 能合理提出维修建议	40	未完成1项扣5分，扣分不得超过40分	□熟练 □不熟练	□熟练 □不熟练	□优秀 □良好 □合格 □不合格

(续)

序号	评分项	得分条件	分值	评分要求	自我评价	组长评价	教师评价
3	工具及设备使用能力	□1.能正确使用维修工具 □2.能正确使用充电装置 □3.能正确使用万用表、诊断仪、示波器等诊断设备 □4.能正确使用专用工具	5	未完成1项扣3分，扣分不得超过5分	□熟练 □不熟练	□熟练 □不熟练	□优秀 □良好 □合格 □不合格
4	资料、信息查询能力	□1.能正确查询车辆信息 □2.能正确使用维修手册查询资料 □3.能正确记录所查询资料的章节及页码 □4.能正确记录检查状态信息	10	未完成1项扣3分，扣分不得超过10分	□熟练 □不熟练	□熟练 □不熟练	□优秀 □良好 □合格 □不合格
5	数据判断和分析能力	□1.能判断整车故障仪表状态 □2.能判断仪表指示灯状态 □3.能判断故障码 □4.能判断数据流 □5.能分析诊断仪器检测结果	10	未完成1项扣2分，扣分不得超过10分	□能做到 □做不到	□能做到 □做不到	□优秀 □良好 □合格 □不合格
6	表单填写及撰写能力	□1.字迹清晰 □2.语句通顺 □3.无错别字 □4.无涂改 □5.无抄袭	5	未完成1项扣1分，扣分不得超过5分	□熟练 □不熟练	□熟练 □不熟练	□优秀 □良好 □合格 □不合格
7	素养	□1.注重团队合作 □2.注意安全防护 □3.注意保护实训设备 □4.做到三不伤害 □5.保护环境	10	未完成1项扣2分，扣分不得超过10分	□能做到 □做不到	□能做到 □做不到	□优秀 □良好 □合格 □不合格

否决项：1.操作过程产生高压危险或设备损坏；2.操作人员或其他人员受伤；3.隐瞒车辆故障或其他安全隐患

总分：

中国汽车人物

郭孔辉：中国汽车人才的培育者

作为中国工程院首批院士，也是中国第一位汽车院士，郭孔辉对于整个中国汽车工业，都有着非同寻常的意义。

郭孔辉，1935年7月12日出生，福建省福州市人，著名汽车工程专家，1994年当选为中国工程院院士。

郭孔辉出生在一个家境优渥的华侨之家。中学时，因为跳级和顽皮，他的数学常常不及格。后来遇到两位优秀的数学老师，他们的循循善诱，使郭孔辉喜欢上了学习，立志要当一名"为祖国工业化做贡献的科学家"。

中学毕业后，郭孔辉以优异的成绩考取了清华大学航空专业（他入学的第二年，该专业并入北京航空航天大学）。大三时，他转到了华中科技大学汽车拖拉机系，该系后来并入长春汽车拖拉机学院（吉林工业大学前身）。

1956年，郭孔辉大学毕业后，被分配到北京汽车拖拉机研究所工作。不久以后，研究所一分为二，他又随新的汽车研究所来到长春。

1971年，初到一汽的郭孔辉就临危受命，开发新一代红旗轿车，并要解决红旗轿车高速稳定性的问题。郭孔辉带领着一拨人，在没有样车、没有仪器的情况下，迎难而上，从汽车高速试验运动轨迹和有效占地面积的分析入手，积极研究汽车操纵的稳定性。经过试验，他发现了汽车在高速下的特殊运动规律，提出了后来被称为"巧用场地，背道而驰，预调方向，以弧代圆"的高速试验法，为改进中国汽车设计提供了理论指导。

很多年以后，郭孔辉还带头负责了中国首台开发型汽车驾驶模拟器的开发与研制，该项目于1996年12月通过国家验收。专家委员一致认为，该装备在规模和功能上已达到国际先进水平，填补了国内空白，使中国成为世界上少数几个拥有该装备的国家之一。

此外，他的研究课题"汽车操纵稳定性的计算机动态模拟研究""轮胎力学特性研究""汽车转弯制动稳定性研究""人－车闭环操纵系统动力学仿真研究"以及若干国家标准的研究，接连获得部级和国家级科技进步奖。

"我毕生都在从事自己喜欢的科研事业，虽遇到过不少辛酸和苦闷，但也尝到许多快乐和甘甜。"作为中国工程院首批院士，也是中国第一位汽车院士，郭孔辉近期在接受采访时曾发出这样的感慨。

目前为止，郭孔辉已出版了《汽车操纵稳定性》《汽车操纵动力学》《汽车操纵动力学原理》三部专著，主持制定了《汽车操纵稳定性试验方法》等10多项技术标准，在国内外发表论文400余篇，影响了不计其数的汽车技术人才。

参考文献

[1] 宋广辉，陈东. 新能源汽车维护与故障诊断[M]. 北京：机械工业出版社，2018.

[2] 吕丕华，刘国军. 纯电动汽车整车控制系统故障诊断与维修[M]. 北京：中国劳动社会保障出版社，2020.

[3] 中华人民共和国工业和信息化部. 电动汽车安全要求：GB/T 18384—2020[S]. 北京：中国标准出版社，2020.

[4] 陈黎明. 电动汽车结构原理与故障诊断[M]. 北京：机械工业出版社，2015.

[5] 李伟. 新能源汽车构造原理与故障诊断[M]. 北京：化学工业出版社，2015.